Karl-Hans Grünauer

Katholische Religion

Lebensplanung und Sinnfindung
8. Jahrgangsstufe

ISBN 3-89291-**919**-4

Unterrichtspraxis
SEKUNDARSTUFE I

KARL-HANS GRÜNAUER

Weltreligionen

unter religiösen und sozial-ethischen Gesichtspunkten

● TAFELBILDER ● FOLIENVORLAGEN
● ARBEITSBLÄTTER mit LÖSUNGEN

Inhaltsübersicht:

1. Auf der Suche nach einem höheren Wesen
2. Völker suchen Gott
3. Wie und warum beten Menschen?
4. Ist der Mensch ein religiöses Wesen?
5. Was verbindet die Weltreligionen?
6. Wie können wir die Weltreligionen vergleichen?
7. Was wir über den Islam wissen wollen!
8. Was islamischen Gläubigen wichtig ist!
9. Der Prophet Mohammed - Leben, Berufung und Wirken
10. Was das Verhältnis Christen und Mohammedaner stark belastete!
11. Wie leben islamische Mitschüler nach ihrem Glauben?
12. Wie gläubige Muslime leben
13. Welche religiösen Pflichten erfüllen Muslime?
14. Ehen mit Ausländern
15. Muslime bei uns - einander besser verstehen
16. Muslimische Kultur bei uns - wir müssen sie nur entdecken!
17. Wie sich Christentum und Islam kulturell bereicherten
18. Was Christen und Muslime unterscheidet und verbindet
19. Was wir über das Judentum wissen wollen!
20. Was jüdischen Gläubigen wichtig ist!
21. Jüdische Gläubige erinnern sich ihrer Geschichte
22. Der Jahreskreis im jüdischen Kalender
23. Die Juden - das Volk vieler Völker
24. Wo fanden Juden ihr Zuhause?
25. Wichtiges über das Judentum
26. Info-Text: Feste und Feiern der Juden
27. Judentum und Christentum haben gemeinsame Wurzeln oder: Wie aus dem jüdischen Paschafest das christliche Osterfest wurde!
28. Info-Text: Eliezer Ben-Yehuda - der Mann, der die Bibelsprache wiederbelebte
29. Info-Text: Wurde Edith Stein als gläubige Katholikin oder als geborene Jüdin umgebracht?
30. Was wir über den Hinduismus wissen wollen!
31. Der Hinduismus - die älteste Religion der Welt
32. Religionen aus Fernost, aber doch sehr nah!
33. Das große Bad
34. Info-Text: Die Götterwelt der Hindus
35. Welchen Weg gehen Hindus bis zur Erlösung?
36. Mahatma Gandhi (1869-1948) - ein bedeutender Hindu
37. Was wir über den Buddhismus wissen wollen!
38. Wer gründete den Buddhismus?
39. Der Buddhismus war anfangs eine Mönchsbewegung
40. Der Buddhismus im Fernen Osten - und doch so nah!
41. Die wichtigsten Glaubensinhalte des Buddhismus
42. Das Wesen der buddhistischen Religion
43. Mandalas - Wegweiser für die Reise ins Innere
44. Was ist Meditation?
45. Was wir über das Christentum wissen wollen!
46. Was Christen wichtig ist!
47. Die 7 Sakramente der katholischen Kirche - was bedeuten sie?
48. Was feiern Christen beim Gottesdienst?
49. Warum glauben Christen an ein Leben nach dem Tod?
50. Wer war Jesus Christus?
51. Jesus Christus - sein Leben und Wirken und wie ihn damals die Menschen beurteilten!
52. Die "Ameise" im Land der Mapuche - Wie Christen missionieren und in aller Welt helfen!
53. Wie kann sich der Mensch von Schuld befreien?
54. Warum Jugendsekten nichts mit echter Religion zu tun haben!
55. "Das Problem des Überlebens"

Weltreligionen
Nr. 615 *120 Seiten* € 17,90

Unterrichtspraxis
SEKUNDARSTUFE I

KARL-HANS GRÜNAUER

Ethik

Nach ethischen Maßstäben entscheiden + handeln

● TAFELBILDER ● FOLIENVORLAGEN
● ARBEITSBLÄTTER mit LÖSUNGEN

Inhaltsübersicht:

Nach ethischen Maßstäben entscheiden und handeln
Sich entscheiden und stets richtig handeln?
Situationen, in denen ich mich entscheiden muss
Den anderen achten, verstehen und annehmen Immer diese Entscheidungen! Situationen, in denen ich mich entscheiden muss! Sich richtig entscheiden. Wie verhalte ich mich gegenüber dicken Mitschülern? Sei fair! Monis Gast. Wie können wir verlassenen Tieren helfen? Pflanzen brauchen Pflege. Sinnvolle Freizeit - sinnlose Freizeit
Wege zur Entscheidungsfindung
Handeln oder nicht handeln? Sind Streiche immer lustig? Die Folgen einer Handlung wahrnehmen und abschätzen können
Wie verhalten wir uns bei Konflikten?
Eigene innere Einstellungen bei Entscheidungs- und Handlungskonflikten
Verletzt, verärgert, wütend. Mit Konflikten leben lernen. Sympathisch - unsympathisch. "Mobbing" - eine böse Form der Konfliktbewältigung. Ein "prägendes" Jugenderlebnis mit Konsequenzen. Steine für oder gegen den Konflikt?
Möglichkeiten der Konfliktlösung
Sich Konflikten stellen und Konflikte wagen. Beispiele der Versöhnung. Wie soll sich Kurt entscheiden? Zeichen und Gesten der Versöhnung. Durch Konfliktbewältigung innerlich reifen
Versöhnung - Verständnis - Vertrauen - Frieden
Woran sollen wir uns orientieren? Maßstäbe, die in einigen Bereichen unser Handeln beeinflussen können
Was haben Spielregeln, Brauchtum und Schulordnung gemeinsam? Sich an Normen orientieren. Sich an Maßstäben orientieren
Maßstäbe, denen eine umfassende Regelungsfunktion zukommt
Die Zehn Gebote des Volkes Israel. Muss man sich immer an Gebote und Gesetze halten? Ein schlechtes Gewissen haben ... Gewissen haben bedeutet ... Wie können wir uns das Gewissen vorstellen? Gebote und Verbote
Richtlinien und Orientierungspunkte Werte - Normen - Achtung der Menschenwürde
Welche Werte sind für andere wichtig? Unsere "Werte" - Pyramide. Werte und Tugenden sehen Jugendliche und Erwachsene unterschiedlich. Was für andere gilt, muss nicht für mich gelten! Stadt ohne Gesetze. Was Lehrlinge und Ausbilder von Arbeitstugenden halten! Was ist jungen Leuten wichtig? Schlecht fürs Image? Welche Werte sind für uns Menschen besonders wichtig? Menschenwürde - was ist das? Verletzung der Menschenwürde - was ist das?
Soziale Kompetenz entwickeln und stärken

Ethische Maßstäbe
Nr. 616 *88 Seiten* € 15,90

Unterrichtspraxis

KARL-HANS GRÜNAUER

Ethik

Ethische Grundfragen in der Literatur

● TAFELBILDER ● FOLIENVORLAGEN
● ARBEITSBLÄTTER mit LÖSUNGEN

Inhaltsverzeichnis

1. Elisabeth von Thüringen und Mutter Teresa: Für andere - einfach nur - da sein
2. Es gibt nichts Gutes, außer man tut es! Oder: Die Fabel vom großen Löwen und der kleinen Maus
3. Veronika am Kreuz und ai: Warum alte Überlieferungen sehr aktuell sein können!
4. Vom Nachmachen und Nachahmen: Ist Tarzan ein Vorbild?
5. Die Frage aller Fragen: Was zählt wirklich auf der Welt?
6. Wunschlos glücklich? Auf der Suche nach dem Hemd des Glücklichen (Leo Tolstoi)
7. Ein echter Hans im Glück - oder: Wie man sich selbst in die eigene Tasche lügt!
8. Die drei Wünsche eines Ehepaares (Johann Peter Hebel)
9. Eine Frage der inneren Einstellung: Die lebenslustige Sonne und die missmutige Wolke
10. Übermut tut selten gut - oder: Die Fabel vom frechen Flachfisch
11. Auf der Suche nach dem großen Glück - auch eine Frage des Mutes

12a. Was ist Glück? Antworten aus dem Alten und Neuen Testament
12b. Was ist Glück? Was weise Männer und das einfache Volk dazu sagen!

13. Jeder sagt, er sieht das gleiche - und doch ist es verschieden!
14. Wie nehmen wir die Welt wahr? Im Land der Hinkenden ist der normal Gehende die Ausnahme!
15. Eine Frage der Konzentration: Wenn ich stehe, dann stehe ich!
16. Die Zeit stellt viele Fragen: Dreiundfünfzig Minuten
17. Das Problem, Außenseiter zu sein: Allein und ohne Freunde
18. Wie Konflikte entstehen: Die beiden Geschichten von der Nuss
19. Diebstahl oder nicht? Die Geschichte von der Möhre (Peter Härtling)
20. Der erste Schritt zum Frieden: Fehlt vielleicht nur eine einzige Stimme?
21. Gewaltlosigkeit: Das Harte und Starke wird fallen
22. So lassen sich Konflikte vermeiden!
23. Kain und Abel - oder: Die uralte Geschichte vom Neid und von der Missgunst
24. Abraham und Lot - oder: Die Geschichte, wie Konflikte ohne Gewalt gelöst werden können!
25. Schafft endlich den Krieg ab!
26. Bewaffneter Friede, ein Kriegsgedicht von Wilhelm Busch?
27. „Für den Frieden gerüstet?" fragt Carl Friedrich von Weizsäcker

28a. „Hiroshima!" ein Gedicht von Marie Luise Kaschnitz
28b. „Ich bedauere absolut nichts!" - und die Frage der Schuldfähigkeit

29. Für Gewaltlosigkeit in der Geschichte gibt es viele Beispiele: Lao-tse, Christus, Gandhi
30. Eine Frage des Gewissens
31. Die Wozu-Frage, gestellt von Luise Rinser
32. Das Gleichnis von der Eisenbahn - oder: Wohin geht unsere Lebensreise? (Erich Kästner)
33. Der Tunnel - oder: Was kommt danach? (Friedrich Dürrenmatt)
34. „Ich kann nicht!" - oder: Wie man sich selbst am besten nicht verwirklicht!
35. Der kranke Regenwurm - Das Leben ist ein Risiko oder: Wenn die Angst lähmt!
36. Was ist Freiheit? oder: Bei keiner Frage gehen die Meinungen so weit auseinander!
37. „I have a dream" - Visionen und Utopien von Martin Luther King
38. SOS-Kinderdörfer - die Lebensaufgabe des Österreichers Hermann Gmeiner
39. Fragen an den Wind, gesungen und getextet von Bob Dylan
40. „Es ist der Name für das blanke Metall..." oder: Darf für alles Geld verlangt werden?
41. Vom Haben und nicht haben (müssen)
42. Etwas besitzen wollen - sich an etwas erfreuen - oder: Wozu ist eine Blume gut?
43. Haben wollen und Sein - Der Kompromissvorschlag des Johann Wolfgang von Goethe
44. Die Geschichte vom Eichenwald - ein modernes Märchen?
45. Albert Schweitzers Umwelterziehung: Die Ehrfurcht vor dem Leben ist Erziehungsziel Nr. 1
46. Franz von Assisi: Ist das Leben schützenswert? - Und: Wer hat die Welt so schön erschaffen?

47a. Ich bin für meine Rose verantwortlich, sagte der kleine Prinz
47b. Man sieht nur mit dem Herzen gut, sagte der Fuchs

48. Der eigensüchtige Riese, mehr als ein Märchen von Oscar Wilde
49. Luis Trenker: „Wer nie fortgeht, kommt nie heim!"
50. Wo ist das Göttliche gerboren? fragt eine alte Hindu-Legende

Ethische Grundfragen i. d. Literatur
Nr. 617 *102 Seiten* € 16,90

Unterrichtspraxis
SEKUNDARSTUFE I

KARL-HANS GRÜNAUER

Ethik

In sozialer Verantwortung leben + lernen

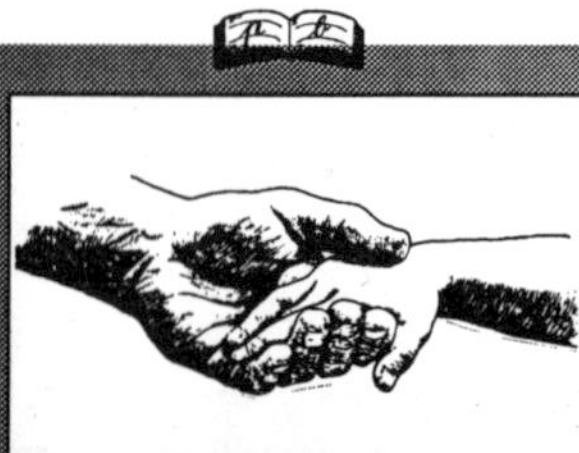

● TAFELBILDER ● FOLIENVORLAGEN
● ARBEITSBLÄTTER mit LÖSUNGEN

Inhaltsübersicht:

Wahrnehmen von Personen
Personenwahrnehmung
Stärken und Schwächen - wie nehme ich sie bei anderen wahr? Wie nehmen wir Dinge wahr? Vorurteile erkennen - Wie kommt man Vorurteilen aud die Spur? Wie und warum entstehen Vorurteile? Wer gibt Vorurteile weiter? Vorurteile sind Pauschalurteile! Schwierige Situationen beobachten und einschätzen lernen!
Folgerungen aus der Personenwahrnehmung
Achtsam miteinander umgehen (1): Wie Konflikte entstehen? Achtsam miteinander umgehen (2): Konflikte vermeiden. Miteinander rücksichtsvoll umgehen: Umgangsformen
Miteinander leben und lernen
Der Einzelne vor dem eigenen Urteil
Kein Mensch ist vollkommen - Jeder hat Stärken und Schwächen. Sollen wir einem Idealbild entsprechen? Garantiert Erfolg in der Schule auch Erfolg im Leben? Was gibt mir Mut - was gibt mir Hoffnung? Ich möchte lernen und verstehen - Wer unterstützt mich? Test: Überprüfe deine Arbeit in der Schule. Sich selbst kritisch prüfen - wie geht das? Selbstkritik - wer übt sie gerne gegen sich selbst? Warum fällt Selbstkritik so schwer?
Der Einzelne und das Urteil anderer
Wie finde ich meine Rolle als ...? Persönliche Entfaltung erfordert Kompromissbereitschaft. Miteinander leben ist nicht immer leicht!
Verantwortung für Kinder in schwierigen Situationen. Kinder bei uns und in anderen Ländern
Kinder im Krieg. Worunter Kinder in aller Welt leiden. Behinderte haben Probleme. Wie hat Helen Keller ihr Leben gemeistert? Wege aus einer wortlosen Welt. Wir haben Verantwortung gegenüber behinderten Kindern. Die schwierige Situation von behinderten und kranken Kindern nachempfinden können. Behinderten Kindern helfen - aber wie? Hilfe durch Handel(n) Steyler Missionare berichten von einer philippinischen Insel. Kinder brauchen Hilfe (auch bei uns!)
Soziale Verantwortung: anderen in Not helfen
Der Einzelne als Helfer
"Das Schlimme ist, dass unsere Arbeit nichts bessert!" Warum arbeitet Barbara im Altenheim? - Menschliche Probleme. Wie hilft der CARITAS-Verband Not leidenden Menschen? Brauchen Behinderte Hilfe nur vom Staat? Warum brauchen ausländische Mitbürger unsere Hilfe? Helfen - aber wie? - Die "Ameise" im Land der Mapuche. Wie hilft die Kirche in aller Welt? Sehen, wo Hilfe gebraucht wird! "Wie kann Gott so viel Leid zulassen?" Warum arbeitet Schwester Andrea in den Slums von Kalkutta? Wie hilft UNICEF? Misereor hilft in der ganzen Welt
Der Einzelne als hilfsbedürftige Person
Telefonseelsorge - warum?

Soziale Verantwortung
Nr. 614 *110 Seiten* € 17,90

Vorwort

„Dem Religionsunterricht kommt die Aufgabe zu, die religiöse Dimension des Menschen zu erschließen und zu vertiefen. Er nimmt das Lebensgefühl und die Lebenswelten der Schüler ernst und entfaltet in ihren Denk- und Ausdrucksweisen das Fragen nach dem Woher und Wohin, nach dem Wozu und Warum des Lebens. Angesichts der Vielfalt von Sinnangeboten, Werten und Einstellungen zur Religion sollen die jungen Menschen lernen, sich verantwortlich mit Religion und Glaube auseinanderzusetzen. Deshalb erläutert der Religionsunterricht die grundlegenden Aspekte christlichen Glaubens und Lebens und bietet die Möglichkeit, eigene Standpunkte bewusst zu entwickeln und zu klären. Der Religionsunterricht hält die Frage nach Gott wach, fordert die religiöse Mündigkeit der Heranwachsenden und versucht, ihnen zu helfen, mit Situationen, Anforderungen und Problemen des eigenen Lebens und unserer Zeit zurechtzukommen. Die Schüler werden im Religionsunterricht in ihrer persönlichen Entwicklung begleitet und auf ihrer Suche nach einem sinnvollen und selbstbestimmten Leben unterstützt. Dabei soll ihnen die lebensbejahende und schöpferische Kraft des christlichen Glaubens verdeutlicht werden, die ihre Lebensfreude und ihr Selbstwertgefühl stärken und sie zu Engagement und Mitverantwortung in Kirche und Gesellschaft befähigen will. Die jungen Menschen werden vertraut gemacht mit den Überlieferungen des Christentums, die die europäische Kultur bis heute prägen. Sie sollen das Bemühen der Christen um die Ökumene kennen und Verständnis für andere Religionen und Kulturen gewinnen. Mit diesen Aufgaben und Zielsetzungen leistet der Religionsunterricht, der in der Verantwortung der Kirche erteilt wird, seinen spezifischen Beitrag zur Persönlichkeitsentfaltung, Wertorientierung und Allgemeinbildung der Heranwachsenden.
Der Religionsunterricht entfaltet seine Inhalte in drei Bereichen. In ihnen werden christlicher Glaube, biblische Botschaft und kirchliches Leben als Impulse für die Persönlichkeitsbildung, Lebensdeutung und Religionsorientierung der Schüler angeboten. Dadurch sollen die jungen Menschen angeregt werden, Leben und Glauben, katholische Glaubensüberlieferung und eigene Lebenserfahrung aufeinander zu beziehen."
Soweit die Aufgaben und Zielsetzungen der amtlichen Lehrpläne.
Und wie sieht die konkrete Umsetzung im Unterricht aus? Unser Konzept dazu:
Zum Religionsunterricht in der Jahrgangsstufe 8 haben wir ein Unterrichtskompendium zusammengestellt, das entsprechend den neuen Lehrplänen eine Auswahl von didaktisch-methodisch aufbereiteten Materialien anbietet, die vielfältig in Schule und Unterricht einsetzbar sind. Arbeitsblätter mit Lösungen, Folienvorlagen und Lesetexte meist mit Fragenkatalog sind eine willkommene Ergänzung zu einer motivierenden, schüler- und fachorientierten Unterrichtsarbeit. Ob Motivation oder Erarbeitung, Zusammenfassung oder Wiederholung, ob Sicherung, Vertiefung oder Transfer - die Unterrichtsunterlagen eignen sich für alle Stufen einer Lerneinheit. Sie sind fast beliebig einsetzbar in Einzel-, Partner- oder Gruppenarbeit, in Freiarbeit und zur Differenzierung, als vorbereitende Hausaufgabe oder Nacharbeit, als Lernzielkontrolle für den Stoff der vorausgegangenen Stunde. Die Lösungsangaben sind vielfach auch als Tafelanschrift, die Bildmaterialien als Vorlage für Klassengespräch und Diskussion geeignet. Den Materialien sind jeweils Übersichtsblätter vorangestellt, die über Lernziele, Lerninhalte, Lernsequenz und methodischen Einsatz der Materialien berichten.
Durchgängig werden folgende Symbole verwendet:
✍ schriftliche Arbeitsaufträge, aufschreiben, notieren, ergänzen, in Beziehung setzen
☺ interaktive Lernformen, Partner- / Gruppenarbeit, Meinungsaustausch, Gespräch, Diskussion
✋ Klassenvortrag, Referat, Ausstellung, gestalterische Aktivitäten, Textproduktion, kleben,
💡 Erkenntnisgewinnung, Erkenntnisformulierung, Transfer, Vertiefung, Anwendung

Die angebotenen Handreichungen können allerdings nicht alle Lehrplanziele abdecken. Sie wollen nicht mehr sein als Anregung und Ergänzung für Ihre eigene Unterrichtsvorbereitung.

Viel Spaß und Erfolg im Unterricht wünschen
Autor und pb-Verlag Puchheim

Inhalt

Für die Bereitstellung von Bild- und Textmaterial danken wir besonders:
Religionspädagogisches Seminar Bayern
P. Joachim Gloger, Weite Welt und "17", Steyler Presse Nettetal
BUNTE, Burda-Verlag
"Junge Zeit", Augsburg
Caritas München
Kolping München
Hannelore Schütz, Abendzeitung München
Martina Kaiser, Frau im Leben
Franz Alt

Zeichnungen, Grafiken, Illustrationen, Fotos, Bilder:
Deike Press, Ideen-Archiv, Creativ-Collection, pb-Bildarchiv,
Sabrina Grünauer, Karl H. Grünauer

Sehnsucht nach Leben - Sinn suchen

❶ Die Sehnsucht ist groß - was Jugendlichen wichtig ist

Kennen lernen unterschiedlicher Ausdrucksformen der Sehnsucht nach Leben
Aufmerksam werden, dass die Sehnsucht nach Lebensglück nie vollkommen zu stillen ist
Möglichkeiten erwägen, wie durch Kreativität dem Leben Sinn gegeben werden kann

● Die Sehnsucht ist groß - was ist Jugendlichen wichtig?	AB, Texte
● Sich nach dem Leben sehnen - das Leben suchen	AB, Bilder

Klassengespräch über Lebensformen Jugendlicher und ihre Sehnsüchte
(z.B. Outfit, Sprechweisen, Musik, Treffpunkte, Freundeskreis, Cliquen, Gemeinschaften, Rituale, Sport)

Hinweis:
Ergänzende Unterrichtsmaterialien aus dem pb-Verlag Puchheim zu diesem Lernziel finden Sie in:
Katholische Religion 7, Auf der Suche zu sich selbst
Seite 97 ff.: Wer bin ich, was will ich werden? Auf der Suche nach sich selbst

❷ Achtung Sackgasse! - Wenn aus Sehnsucht Sucht wird

Einsicht in Praktiken pseudoreligiöser Gruppen

● Bhagwan - aus, der Traum!	AB,Text, Fragen

Diskussion über aktuelle pseudoreligiöse Gruppierungen am Beispiel okkulter Praktiken, Psychokulte und Sekten
Klassen-Ausstellung durch Gruppenarbeit über folgende Kriterien:
Plakat 1: Merkmale Plakat 2: Strategien
Plakat 3 - 6: Folgen (Realitätsverlust, Fremdbestimmung, Isolation, Gewaltbereitschaft)

Hinweis:
Ergänzende Unterrichtsmaterialien aus dem pb-Verlag Puchheim zu diesem Lernziel finden Sie in:
Weltreligionen
54. Warum Jugendsekten nichts mit echter Religion zu tun haben!

❸ Sinn entdecken - was mein Leben schön macht

Wege suchen, das eigene Leben in Freiheit zu entfalten
Möglichkeiten entdecken, die Freude am Leben fördern
konkrete Umsetzung einer sinnvollen Lebensplanung in kleinen Schritten im Alltag

● Den Sinn des Lebens entdecken	AB
● Welchen Sinn hat mein Leben?	AB, Texte
● In meinem Leben Sinn finden - in Gott Sinn finden	AB, Texte
● Ja zum Leben	AB, Text, Fragen
● Fragen an unser eigenes Leben	AB, Text
● Geheime Drahtzieher	AB, Text, Fragen
● Fragen über Fragen	AB, Texte
● Auch der Hl. Augustinus hat mal Äpfel geklaut!	AB, Text
● Wer war Augustinus?	AB, Text
● Den Sinn des Lebens finden - der heilige Augustinus und das ewige Heil	AB,Fragen,Folie

Diskussion über folgende Themen:
Weil Leben ein Geschenk ist,
zeigen wir Gefühle, packen wir Probleme an, fordern wir Sehnsüchte heraus, bleiben wir kreativ
Projektarbeit: Wir sind für andere wichtig (Durchführung einer Hilfsaktion in unmittelbarer Nachbarschaft)

Hinweis:
Ergänzende Unterrichtsmaterialien aus dem pb-Verlag Puchheim zu diesem Lernziel finden Sie in:
Katholische Religion 6, Eigene Interessen und Fähigkeiten entdecken und entfalten
Thema 5: Mit Anforderungen umgehen - Orientierung für unser Handeln finden
Ethik (Band 1) In sozialer Verantwortung leben und lernen
Ethik (Band 2) Nach ethischen Maßstäben entscheiden und handeln

RELIGION	Name:	Klasse:	Datum:	Nr.

Die Sehnsucht ist groß - was ist Jugendlichen wichtig?

Eine Jugendzeitschrift hat junge Leute befragt, was ihnen wichtig ist. Hier einige Antworten!

"... wenn ich keinen Stress mehr hätte und die Zeit für meine Freunde und mich besser nutzen könnte." Georg H. (18)

"... wenn mein Freund bei mir ist." **Sabine W. (17)**

"... wenn ich da wäre, wo es keine Atomkraftwerke, keine Umweltverschmutzung gibt." **Paul T. (21)**

"... wenn ich mit meinen Eltern in Urlaub fahren kann." **Monika M. (13)**

"... wenn ich mal 'nen Sechser im Lotto hätte." **Werner F. (14)**

"... wenn die Nationalmannschaft endlich wieder einmal ein gutes Spiel zeigen würde." **Thomas R. (13)**

"... wenn ich mehr Zeit hätte für meine Hobbies Schwimmen, Handball und Volleyball." **Nikki (15)**

"... wenn ich endlich einen Arbeitsplatz hätte." **Vroni B. (19)**

"... wenn ich mich einfach treiben lassen könnte, auf niemanden hören müsste." **Tobi M. (17)**

"... wenn ich eine verständnisvolle Frau haben würde, in Harmonie leben könnte." **Herbi G. (19)**

"... wenn ich an meiner Modell-Eisenbahn rumbasteln kann." **Harti D. (12)**

"... wenn ich ein Autogramm von den Rolling Stones hätte." **Carlo G. (13)**

"... wenn immer Sonnenschein wäre, immer Badewetter." **Caroline F. (14)**

"... wenn mein Freund zärtlich zu mir ist." **Gina N. (17)**

".. wenn alle Soldaten der Welt abgeschafft würden." **Kai Z. (24)**

"... wenn ich einmal in Mathe eine Eins hätte." **Lissy H. (16)**

"... wenn ich mal richtig ausschlafen könnte." **Benjamin K. (10)**

"... wenn es Pommes gibt, ich sie pfundweise futtern kann." **Tini W. (9)**

"... wenn ich alle Länder dieser Welt kennen lernen könnte." **Timo R. (17)**

"... wenn ich immer die Taschen voller Geld hätte." **Jens K. (17)**

"... wenn ich eine tolle Karriere als internationales Fotomodell machen könnte - mit vielen Reisen, interessanten Menschen." **Jacqueline M. (23)**

"... wenn ich weniger Schulstress hätte." **Benni B. (19)**

"... wenn ich ein halbes Jahr unter Griechenlands Sonne leben könnte." **Heidrun K. (20)**

"... wenn ich schnell Karriere machen und finanziell unabhängig sein könnte." **Bettina A. (22)**

"... wenn abends der Feierabend eingeläutet wird." **Rainer W. (24)**

"... wenn ich in die Zukunft schauen könnte." **Hanno K. (18)**

"... wenn ich ewig leben könnte, ohne alt zu werden." **Friederike E. (22)**

"... wenn ich 20 Tore in dieser Saison erzielen könnte." **Uwe S. (13)**

Arbeitsaufgaben: ✍ ☺ ✋ 💡

Die Sehnsüchte der Menschen sind sehr verschieden. Dennoch lassen sich Gruppen bilden.

❶ *Unterstreicht mit verschiedenen Farben, wovon sich Menschen Glück erhoffen!*

gelb: **vom Konsum**
blau: **vom Reichtum**
grün: **vom Erfolg**
rot: **von der Liebe**
orange: **vom Sport**
violett: **von der Leistung**

❷ Welche anderen Antriebe (Motive) könnt ihr hinter den Sehnsüchten der jungen Leute erkennen?
❸ Kann man Sehnsüchte und Wunschvorstellungen gewichten?
❹ Gibt es wertvolle Wunschvorstellungen oder weniger wertvolle Sehnsüchte?
❺ Lassen sich stets alle Sehnsüchte erfüllen?
❻ Wie denkt ihr über folgenden Spruch der Rolling Stones:

You can't always get what you want, you can't always get what you want.
But if you try sometimes, you just may find,
you get what you need!

RELIGION	Name:	Klasse:	Datum:	Nr.

Sich nach dem Leben sehnen - das Glück suchen

Junge Menschen sind auf der Suche nach einem Leben, das sich lohnt. Es gibt viele Wege zu den unterschiedlichsten Wunschvorstellungen und das Ziel sollte immer das ganz persönliche Glück sein.

❶ Wovon erwarten die Menschen Glück? ***Findet jeweils den passenden Oberbegriff!***

schnelle Autos, tolle Sportgeräte, gutes Essen, geschmackvolle Wohnkultur, teure Mode: ***K***

Lottogewinn, Luxusleben, Leben in der High-Society, reisen können, wohin man will: ***R***

berufliche Spitzenleistung, hervorragendes Einkommen, gute Noten, steile Karriere: ***E***

Geborgenheit, harmonische Partnerschaft, Zärtlichkeit, Familienleben, Freundschaft: ***L***

Alkohol, Drogen, Spielsucht, Nikotin, Tabletten: ***R***

❷ Die Sehnsüchte der Menschen, ihre Vorstellungen von Glück und der Wunsch nach einem erfüllten Leben haben meist drei Motive. Welche sind es?

❍ Die Menschen wollen sich zuerst für andere einsetzen und dann erst ihr eigenes Wohl vorantreiben.
❍ Die Menschen wollen vor dem Alltag fliehen.
❍ Die Menschen suchen stets neue Ziele.
❍ Die Menschen wollen meist bestimmte Wünsche für sich selbst erfüllt haben.

❸ An welches Märchen erinnern dich diese Bilder?

❍ Des Kaisers neue Kleider ❍ Hans im Glück ❍ Sterntaler ❍ Froschkönig

❹ Welche Lehre hat dieses Märchen?

❍ Der Kaiser ist erst dann glücklich, wenn er ewig leben kann und immerwährend jung bleibt.
❍ Hans ist erst dann glücklich, wenn er keine Last des Alltags spürt und wenn er sich nicht mehr um die Dinge des Lebens kümmern muss.
❍ Das Mädchen ist erst glücklich, wenn es so viele Geldstücke besitzt, dass es sich eine neue Mutter kaufen kann.
❍ Die Prinzessin fühlt sich erst dann glücklich, als sie der Prinz mit einem Kuss aus einem 100-jährigen Schlaf erweckt.

Beantwortet folgende Fragen mit eurem Partner und stellt die Ergebnisse in der Klasse vor!

❺ Was ist eure größte Sehnsucht?
❻ Was macht den Menschen eigentlich glücklich?
❼ Kann der Mensch immer glücklich sein?
❽ Warum suchen alle Menschen nach Glück und Zufriedenheit?

RELIGION	Name:	Klasse:	Datum:	Nr.

Lösung: Sich nach dem Leben sehnen - das Glück suchen

Junge Menschen sind auf der Suche nach einem Leben, das sich lohnt. Es gibt viele Wege zu den unterschiedlichsten Wunschvorstellungen und das Ziel sollte immer das ganz persönliche Glück sein.

❶ **Wovon erwarten die Menschen Glück?** ***Findet jeweils den passenden Oberbegriff!***

schnelle Autos, tolle Sportgeräte, gutes Essen, geschmackvolle Wohnkultur, teure Mode: ***Konsum***

Lottogewinn, Luxusleben, Leben in der High-Society, reisen können, wohin man will: ***Reichtum***

berufliche Spitzenleistung, hervorragendes Einkommen, gute Noten, steile Karriere: ***Erfolg***

Geborgenheit, harmonische Partnerschaft, Zärtlichkeit, Familienleben, Freundschaft: ***Liebe***

Alkohol, Drogen, Spielsucht, Nikotin, Tabletten: ***Rausch***

❷ **Die Sehnsüchte der Menschen, ihre Vorstellungen von Glück und der Wunsch nach einem erfüllten Leben haben meist drei Motive. Welche sind es?**

○ Die Menschen wollen sich zuerst für andere einsetzen und dann erst ihr eigenes Wohl vorantreiben.
● Die Menschen wollen vor dem Alltag fliehen.
● Die Menschen suchen stets neue Ziele.
● Die Menschen wollen meist bestimmte Wünsche für sich selbst erfüllt haben.

❸ **An welches Märchen erinnern dich diese Bilder?**

○ Des Kaisers neue Kleider ● Hans im Glück ○ Sterntaler ○ Froschkönig

❹ **Welche Lehre hat dieses Märchen?**

○ Der Kaiser ist erst dann glücklich, wenn er ewig leben kann und immerwährend jung bleibt.
● Hans ist erst dann glücklich, wenn er keine Last des Alltags spürt und wenn er sich nicht mehr um die Dinge des Lebens kümmern muss.
○ Das Mädchen ist erst glücklich, wenn es so viele Geldstücke besitzt, dass es sich eine neue Mutter kaufen kann.
○ Die Prinzessin fühlt sich erst dann glücklich, als sie der Prinz mit einem Kuss aus einem 100-jährigen Schlaf erweckt.

Beantwortet folgende Fragen mit eurem Partner und stellt die Ergebnisse in der Klasse vor!

❺ **Was ist eure größte Sehnsucht?**
❻ **Was macht den Menschen eigentlich glücklich?**
❼ **Kann der Mensch immer glücklich sein?**
❽ **Warum suchen alle Menschen nach Glück und Zufriedenheit?**

RELIGION	Name:	Klasse:	Datum:	Nr.

Bhagwan - aus, der Traum!

Der Herr und Meister war friedlich gestimmt. "Ich denke nie an die Zukunft", behauptete Bhagwan selbstsicher noch vor kurzem in einem Interview. Deshalb, so der „Erleuchtete", sei er auch auf alles vorbereitet: „Ich bin nie überrascht."

Aber Bhagwan wurde überrascht. Von der amerikanischen Justiz. Die schnappte den 53-jährigen Guru von weltweit 500.000 Anhängern beim Versuch, die USA klammheimlich in Richtung Bermuda-Inseln zu verlassen. Auf dem Flughafen von Charlotte im Bundesstaat North Carolina war für Shree Rajneesh, wie Bhagwan bürgerlich heißt, Endstation. Als die beiden Privatjets noch einmal aufgetankt werden sollten, wurden der 53-jährige und seine zwölf Begleiter verhaftet.

"Bitte schön, ihr könnt kommen", hatte Bhagwan die amerikanischen Ermittlungsbehörden noch wenige Tage zuvor in seiner Stadt Rajneeshpuram aufgefordert. " ...Aber dann holt mich in Handschellen."

Den Gefallen taten ihm die Beamten. Mit gefesselten Händen wurde der Guru in Charlotte abgeführt. „Mister Rajneesh hat sich bei uns nicht sehr wohl gefühlt", bemerkte später Polizeileutnant Milton Levin. „Es war doch ungewohnt für ihn."

Eine solche Behandlung ist Bhagwan tatsächlich nicht gewohnt. In Rajneeshpuram, dem Hauptsitz seiner Sekte, wurde er von 4500 dort anwesenden Jüngern umsorgt und auf Rosen gebettet, was nahezu wörtlich zu nehmen ist. Auf dem kargen Boden der ehemaligen "Big Muddy Ranch" im US-Bundesstaat Oregon an der Pazifikküste legten die Sannyasin für ihren Meister einen Park an, der nur mit viel Aufwand saftig grün gehalten werden kann. Noch mehr Arbeit dürfte die Pflege der rund 300 Pfauen machen, deren Farbenpracht den Augen des „Erleuchteten" so viel Freude bereiteten. Ob der Park auch weiterhin so gepflegt wird, ist fraglich. Denn unter den Zurückgebliebenen ist Ratlosigkeit ausgebrochen. „Warum bloß hat er uns im Stich gelassen?" fragen sich die Sannyasin immer wieder. Verzweifelt meint Barbara aus Bielefeld: „Bhagwan kann uns doch nicht einfach sitzen lassen." Seit eineinhalb Jahren ist sie jetzt in Rajneeshpuram und hat täglich zehn Stunden zum Wohl des Meisters geschuftet.

Noch größer ist die Enttäuschung von Hannelore aus Göppingen: „Ich bin von meiner deutschen Gruppe extra hierher geschickt worden, damit wir uns selbst über die Vorwürfe der letzten Zeit informieren konnten." Vorwürfe und Anschuldigungen gab es in der letzten Zeit reichlich. Zunächst verschwand Ma Anand Sheela (35), Bhagwans ehemals engste Vertraute, aus Oregon und nahm einige Getreue aus der Führungsmannschaft von Rajneeshpuram mit. Der „Erleuchtete" weinte ihr keine Träne nach. Sie habe versucht, seinen Leibarzt Swami Deveraj zu vergiften und das Bhagwan-Reich in ein Konzentrationslager zu verwandeln. Außerdem habe Sheela rund 55 Millionen Dollar veruntreut. Jedenfalls fehle diese Summe in den Büchern.

Wenig später tauchte Sheela mit Gefolge in der Schwarzwaldgemeinde Häusern auf, wo sie sich in der Pension "Sonnenhalde" einquartierte. Dort sonnte sie sich im allgemeinen öffentlichen Interesse. Bereitwillig gab sie Interviews und bestritt die Vorwürfe aus Oregon. Selbstverständlich habe sie niemanden vergiften wollen, selbstverständlich habe sie kein Geld bei Seite geschafft. Dass Bhagwan pleite sei, liege einzig und allein an seiner Sucht nach Luxus.

Die hat der „Erleuchtete" bisher immer befriedigen können. 93 Rolls-Royce standen ihm zur Verfügung. Gern trug er mit Brillanten besetzte Sonnenbrillen und besaß Armbanduhren im Wert von einigen Millionen Dollar - alles Gaben seiner Jünger. Und Sheela war verantwortlich, dass es dem Meister an nichts mangelte. Das Geld für die wertvollen Geschenke stammte aus der internationalen Rajneesh-Stiftung, der Dachorganisation der weltweiten Wirtschaftsunternehmen der Bhagwan-Sekte. Präsidentin bis zu ihrem spektakulären Verschwinden aus Oregon: Ma Anand Sheela.

Im Schwarzwald wollte sich Bhagwans ehemalige Managerin niederlassen und ein Hotel kaufen: das "Weiße Rössle" in Hinterzarten. 4,1 Millionen Mark hat die 35-jährige dafür geboten. Ob sie doch in die Sektenkasse gegriffen hat? „Nein", wehrt sie ab, „eine Freundin stellt mir das Geld zur Verfügung."

Das „Weiße Rössle" kann Sheela auf Betreiben des Gemeinderats nicht erwerben. Und auch mit anderen Objekten im Schwarzwald oder sonstwo wird es wohl nichts mehr werden. Denn die geschäftstüchtige Inderin mit Schweizer Pass sitzt mittlerweile ebenfalls ein.

Kaum war Bhagwan in Charlotte verhaftet worden, erschien auch in Häusern die Polizei. 25 Mann umstellten die Pension „Sonnenhalde" und nahmen Sheela sowie zwei ihrer Gefährtinnen fest. Präsentiert wurde ihnen ein internationaler Haftbefehl, ausgestellt von der Staatsanwaltschaft Wasco County in Oregon, zu deren Amtsbereich auch Rajneeshpuram gehört. Vorgeworfen wird den drei Frauen, dass sie zweimal versucht hätten, den Arzt Dr. Deveraj zu vergiften.

Ganz so schwer wiegen die Vorwürfe nicht, die auf dem Haftbefehl für Bhagwan Shree Rajneesh aufgeführt sind. Die Ermittler haben insgesamt 32 Anklagepunkte gegen den Guru zusammengetragen. Sie reichen von Steuerbetrug bis hin zu Verstößen gegen die Einwanderungsbestimmungen.

RELIGION	Name:	Klasse:	Datum:	Nr.

Selbst seine Anwälte fürchten, dass der "Erleuchtete" für einige Zeit hinter Gitter muss. Denn unmittelbar vor seiner überstürzten Flucht hatte eine Jury nach einer Voruntersuchung grünes Licht für das Hauptverfahren gegeben. „In diesem Stadium sucht man nicht mehr das Weite", meint einer von Bhagwans Verteidigern. „Jetzt werden sich bestimmt einige während des Prozesses rächen."
Vorläufig jedoch wird noch schärfer als bisher ermittelt. So fanden die FBI-Fahnder heraus, dass Bhagwan von den Bermudas offensichtlich nach Europa weiterfliegen wollte.
Dort, so vermuten sie, wollte der Guru die angeblich abtrünnige Sheela treffen. Zum Beweis für diese These führen sie an: Als der Sektenführer vor vier Jahren aus Indien vor der Steuer floh, habe Sheela ihrem Meister in den USA ein neues Quartier vorbereitet. Und das, obwohl beide auch damals angeblich zerstritten waren.
"Eine absurde Theorie", meint Swami Chidanando, Sprecher der Münchner Filiale des Bhagwan-Imperiums. Dass Bhagwan die USA verlassen wollte, sei nur die logische Konsequenz gewesen, nachdem überall Intrigen gegen ihn geschmiedet würden.
Mit Intrigen kennt sich der 53-jährige Sektenführer gut aus. Im Wohnzimmer seines Hauses im Park von Rajneeshpuram gehörte nämlich ein Farbfernseher zur spärlichen, aber teuren Einrichtung. Davor hockte der Guru stundenlang. Vor allem dann, wenn es seine Lieblingssendung gab: „Dallas" mit Fiesling J. R. Ewing.

Rembert v. Samson, in: BUNTE 46/1985

Habt ihr den Text genau gelesen?

❶ Welchen Beinamen trägt der Baghwan-Führer Shree Raineesh?
❍ der "Messias" ❍ der "Erlöser" ❍ der "Erleuchtete" ❍ der "Fiesling"

❷ Wie wird die Baghwan-Bewegung von den Behörden eingestuft?
❍ eine staatliche Kirche ❍ eine Religionsgemeinschaft ❍ eine Sekte ❍ ein Psychokult

❸ Warum hat es offensichtlich Shree Raineesh zu so viel Reichtum gebracht?
❍ Er ließ seine Anhänger für sich sammeln.
❍ Er ließ seine Anhänger für sich arbeiten.
❍ Er bekam das Geld von seiner Gefährtin Ma Anand Sheela.

❹ Warum wurde gegen Ma Anand Sheela Anzeige erstattet?
❍ Man wirft ihr vor, 55 Millionen Dollar veruntreut zu haben.
❍ Man wirft ihr vor, einen Arzt vergiftet zu haben.
❍ Man wirft ihr vor, zehn Banken überfallen zu haben.

❺ Was wird über die Sektenmitglieder berichtet?
❍ Sie kümmerten sich um den Baghwan in fürsorglicher Weise.
❍ Sie konnten den "Weggang" ihres Meisters kaum glauben.
❍ Sie wurden als billige Arbeiter ausgenutzt.

❻ Welche Merkmale kennzeichnen die Baghwan-Sekte?
❍ Die Mitglieder hatten freie Meinungsäußerung und konnten ihr Leben selbst bestimmen.
❍ Die Mitglieder wurden fremdbestimmt.
❍ Sektenmitglieder wie die Baghwan-Jünger wurden in Camps isoliert und von der Außenwelt systematisch getrennt.
❍ Die Mitglieder hatten das Recht, ohne Baghwan in alle Teile der Welt zu reisen.

❼ Welche Begriffe stehen in Zusammenhang mit Sekten und Psychokulten? *Unterstreicht sie!*
Selbstaufgabe Selbstbestimmung Zwang Freiheit Selbstzerstörung freie Entfaltung
seelische Ausbeutung freie Meinungsäußerung finanzielle Ausbeutung Manipulation
Unterdrückung Abhängigkeit Zerstörung der Persönlichkeit Verlust von Freunden

❽ Wie denkt ihr über folgenden Satz?
"Wenn die Menschen aufhören, an Gott zu glauben, glauben sie an alles."
Malcolm Muggeridge

RELIGION	Name:	Klasse:	Datum:	Nr.

Den Sinn des Lebens entdecken

Menschen stellen Fragen nach dem Sinn des Lebens. Echte Antworten darauf finden sie oft nur in der Religion.
Schreibt solche Frage einmal auf!

Fragen nach dem Sinn des eigenen Lebens	Fragen nach dem Woher	Fragen nach dem Wohin

Auf diese Fragen gibt uns die Heilige Schrift Antworten. ***Lest nach und schreibt auf!***

Fragen nach dem Sinn des eigenen Lebens	Fragen nach dem Woher	Fragen nach dem Wohin
Psalm 8	**Kohelet 11, 7**	**Joh 11, 23 - 27**

Stimmt folgende Aussage? ❍ ja ❍ nein
In entscheidenden Lebensfragen hilft uns eine religiöse Grundüberzeugung.
Der Glaube aber ist ein Geschenk Gottes.

Wie denkt ihr über diesen Text?

"Was bin ich?"
Ich bin beim Aufstehen schon
seit jeher müder als die anderen.
Ich trete öfter ins Fettnäpfchen
als die übrigen.
Ich schaue immer doofer
und stelle mich jedesmal
dümmer an als andere.
Ich war noch nie so fleißig
wie es manche (seltsamerweise)
sind.
Ich hatte schon oft mehr Angst
vorm "Big Boss" als die
übrigen.
Andere sind und waren schon oft
sympathischer als ich.
Viele sind ein ganzes Stück
selbstbewusster als ich.
Mir passieren mehr
schreckliche Sachen, die mich
in Verlegenheit bringen als den
übrigen Mitmenschen.

Das Resultat meiner
Überlegungen: Ich bin ein
ganz normaler Mensch unter
völlig anormalen Wesen.
Agnes, 16 Jahre

Wie würdet ihr euch beschreiben?

RELIGION	Name:	Klasse:	Datum:	Nr.

Lösung: Den Sinn des Lebens entdecken

Menschen stellen Fragen nach dem Sinn des Lebens. Echte Antworten darauf finden sie oft nur in der Religion.
Schreibt solche Frage auf! ✍ ☺ ✋ ♁

Fragen nach dem Sinn des eigenen Lebens	Fragen nach dem Woher	Fragen nach dem Wohin
Wer bin ich eigentlich? Warum bin ich auf dieser Welt? Was tue ich hier? Woher bekomme ich die Energie? Was treibt mein Leben an? Was macht mein Leben schön? Bin ich für andere wichtig? Braucht mich jemand? Wie gestalte ich mein Leben?	*Woher komme ich? Wo liegen meine Ursprünge? Wie sehe ich meinen Beginn? Welche Entwicklung durchlaufe ich?*	*Gibt es ein Leben nach dem Tod? Gibt es ein ewiges Leben? Hört nach dem Tod alles auf? Lebe ich weiter? Wenn ja, wie?*

Auf diese Fragen gibt uns die Heilige Schrift Antworten. *Lest nach und schreibt auf!*

Fragen nach dem Sinn des eigenen Lebens	Fragen nach dem Woher	Fragen nach dem Wohin
Psalm 8	**Kohelet 11, 7**	**Joh 11, 23 - 27**
Der Mensch ist ein Ebenbild Gottes.	*Das Leben des Menschen ist ein "Windhauch".*	*Jeder, der an mich glaubt, wird nicht sterben in Ewigkeit.*

Stimmt folgende Aussage? ● ja ❍ nein
In entscheidenden Lebensfragen hilft uns eine religiöse Grundüberzeugung. Der Glaube aber ist ein Geschenk Gottes.

Wie denkt ihr über diesen Text?
"Was bin ich?"
Ich bin beim Aufstehen schon
seit jeher müder als die anderen.
Ich trete öfter ins Fettnäpfchen
als die übrigen.
Ich schaue immer doofer
und stelle mich jedesmal
dümmer an als andere.
Ich war noch nie so fleißig
wie es manche (seltsamerweise)
sind.
Ich hatte schon oft mehr Angst
vorm "Big Boss" als die
übrigen.
Andere sind und waren schon oft
sympathischer als ich.
Viele sind ein ganzes Stück
selbstbewusster als ich.
Mir passieren mehr
schreckliche Sachen, die mich
in Verlegenheit bringen als den
übrigen Mitmenschen.

Das Resultat meiner
Überlegungen: Ich bin ein
ganz normaler Mensch unter
völlig anormalen Wesen.
Agnes, 16 Jahre

Wie würdet ihr euch beschreiben?

____

____

____

____

____

____

____

____

____

____

RELIGION	Name:	Klasse:	Datum:	Nr.

Welchen Sinn hat mein Leben?

Die Rolling Stones haben dazu einen bekannten Song geschrieben: "I can't get no satisfaction". Hier ein Textausschnitt:

When I'm driving in my car
and that man comes on the radio
and he's telling me more and more
about some useless information
supposed to fire my imagination
I can't get no satisfaction,
but I try and I try and I try ...

When I'm watching my tv
and a man comes on and tells me
how white my shirts can be
but he can't be a man
cause he doesn't smoke
the same cigarettes as me
I can't get no satisfaction.

❶ Kann die Werbung modernen Menschen die Sinnfragen beantworten?
❷ Helfen Verweigerung und Resignation, die Probleme der Zukunft zu lösen?
❸ Warum sind heute viele junge Menschen unzufrieden?

Cornelia hat in der Jugendzeitschrift "17" folgendes geschrieben:
Einleitung: Wegen meines Sprachstudiums pendle ich von Steppach bei Augsburg nach München. Täglich zweimal.
Hauptteil: Als die Pendelei anfing, war mir ganz mulmig zu Mute wegen der langen Fahrerei. Aber gleich in der ersten Woche wurde ich mit einem wunderschönen Sonnenaufgang entschädigt, den ich vom Zug aus beobachten konnte. Direkt über dem Boden ein weißes Nebeltuch, die Häuser wie in Watte. Der Himmel dunkelblau und orange in allen Schattierungen; ein Wolkenbild, einmalig, etwas zerfetzt sah das aus.
Schluss: Und schon war der Tag gerettet!

❹ Warum war Cornelia anfangs mulmig zu Mute?
❺ Wie sah Cornelia das Leben nach der Zugfahrt?
❻ Welche Einstellung zum Leben hat Cornelia?
❼ Wie denkt ihr über Cornelias Einstellung?

Welchen Sinn das Leben hat, darüber macht sich auch Thomas Gedanken. Er schrieb ein Gedicht:

Der fremde Planet
Ganz weit, hinter sieben Galaxien fast versteckt,
hat ein Forscher einen Planeten heut' entdeckt.
Ganz wundersame Wesen wohnen auf ihm.
Seltsame Wesen, die nur auf zwei Beinen geh'n.
Sie haben sich viele schlaue Sachen ausgedacht.
Zum Beispiel, wie man möglichst große Bomben macht.
Wie man die anderen Länder am schnellsten zerstört
und auch, wem der Himmel und die Erde gehört.
Wie man ungeborenes Leben schnell vernichtet,
wie man Genies in Reagenzgläsern züchtet.
Man hat gelernt, wie man die Schwachen unterdrückt
und sich dafür auch noch mit hohen Orden schmückt.
Wie man aus Kindern tüchtige Soldaten macht.
Viele schlaue Sachen haben sie sich ausgedacht.
Doch dem Forscher, der den Planet gefunden hat,
hat das nicht gefallen, darum hat er nichts gesagt.
Und deshalb hat die Welt bis heute nichts gehört
von dem Planeten und lebt weiter ungestört.

❽ Welcher Planet ist gemeint?
❾ Warum können wir Menschen nicht in Frieden miteinander leben?
❿ Warum ist es so schwer, in Einklang mit der Natur zu leben?
11. Warum greift Gott nicht ein und wendet alles zum Guten?
12. Was können wir tun, um unserem Leben Sinn zu geben?

RELIGION	Name:	Klasse:	Datum:	Nr.

Im Leben Sinn suchen - in Gott Sinn finden

Meinolf, 17 Jahre alt, schrieb folgendes Gedicht:

VERSUCH

Von Gott sprechen
ist der Versuch,
einem Gehörlosen
die Schönheit
der Musik
zu erklären.

Von Gott sprechen
ist der Versuch,
einem Blinden
die Schönheit
der Farben
zu erklären.

Von Gott sprechen
ist der Versuch,
einem Stummen
den Klang
der Worte
zu erklären.

Ich suchte Gott
in weisen Büchern.
Ich suchte Gott
in stillen Kirchen.
Ich suchte Gott -
und fand ihn
in den Menschen.

❶ Warum sehen viele Christen den Sinn des Lebens in Gott?
❷ Warum ist für Christen die Nächstenliebe so wichtig?

Auf die Sinnfragen des Lebens finden wir auch in der Heiligen Schrift interessante Antworten.
Im 1. Brief an die Korinther schreibt der Apostel Paulus folgendes:

Wisst ihr nicht, dass die Läufer in der Rennbahn zwar alle laufen, jedoch nur einer den Preis erlangt?
Lauft so, dass ihr ihn erhaltet.
Jeder, der im Wettkampf steht, enthält sich von allem.
Diese tun es, um einen vergänglichen Kranz zu empfangen, wir aber um eines unvergänglichen willen.
Ich nun, ich laufe so, nicht wie einer, der ins Ungewisse rennt; ich führe den Faustschlag nicht wie einer, der Lufthiebe versetzt, sondern ich züchtige meinen Leib und mache ihn gefügig, damit ich nicht etwa, indes ich anderen predige, selber die Probe nicht bestehe.

❸ Warum sollte jeder bei sich selbst anfangen, wenn er die Welt verbessern will?
❹ Warum muss jeder sich selbst zügeln, bevor er anderen sagen will, was zu tun ist?

Und im Brief an die Philipper finden wir folgenden Text:

Christus will ich erkennen und die Macht seiner Auferstehung und die Gemeinschaft mit seinen Leiden; sein Tod soll mich prägen. So hoffe ich, auch zur Auferstehung von den Toten zu gelangen.
Nicht dass ich es schon erreicht hätte oder dass ich schon vollendet wäre. Aber ich strebe danach, es zu ergreifen, weil auch ich von Christus Jesus ergriffen worden bin. Brüder, ich bilde mir nicht ein, dass ich es schon ergriffen hätte. Eines aber tue ich: Ich vergesse, was hinter mir liegt, und strecke mich nach dem aus, was vor mir ist. Das Ziel vor Augen, jage ich nach dem Siegespreis: der himmlischen Berufung, die Gott uns in Christus Jesus schenkt.

❺ Warum lassen sich diese Worte aus der Heiligen Schrift mit einem Langstreckenläufer vergleichen?
❻ Warum ist es wichtig, auch die Vergangenheit zu vergessen und nur an die Zukunft zu denken?

Der österreichische Dichter Thomas Bernhard hat einen modernen Psalm geschrieben, der uns zeigt, dass wir selbstkritisch sein sollten - und rechtschaffen und gerecht, gegenüber uns selbst und den Außenseitern!

Was ich tue, ist schlecht getan,
was ich singe, ist schlecht gesungen,
darum hast Du ein Recht
auf meine Hände
und auf meine Stimme.
Ich werde arbeiten nach meinen Kräften.
Ich verspreche Dir die Ernte.
Ich werde singen den Gesang der untergegangenen Völker.
Ich werde mein Volk singen. Ich werde lieben.
Auch die Verbrecher!
Mit den Verbrechern und mit den Unbeschützten
werde ich eine neue Heimat gründen -
Trotzdem ist, was ich tue, schlecht getan,
was ich singe, schlecht gesungen.
Darum hast du ein Recht auf meine Hände und auf meine Stimme.

RELIGION	Name:	Klasse:	Datum:	Nr.

Ja zum Leben

Ja zum Leben? - Diese Frage diskutierten junge Leute auf dem Katholikentag im Jahre 1984 in München. Über dieses Großereignis schrieb der damalige bayerische Kultusminister Prof. Hans Maier in der Jugendzeitschrift "17" folgenden Artikel:

In Freiburg hat die Jugend den Katholikentag neu entdeckt. Seit diesem großen Treffen meist junger Katholiken im Jahre 1978 begann die Jugend auf den Katholikentagen eine dominierende Rolle zu spielen. Aktiv schalteten sich die Jugendlichen in die Diskussionen bei Vorträgen und Foren ein. Ihre Präsenz bestimmte auch das Gesicht der Katholikentage 1980 in Berlin und 1982 in Düsseldorf.
Der Münchner Katholikentag lädt Jugendliche und Erwachsene zum Dialog zwischen den Generationen ein. Gab es bisher unter den Teilnehmern zwar manche Begegnungen, spontane Gespräche und persönlichen Austausch, so kam doch die Generation der Söhne und Töchter auf den Katholikentagen kaum mit der mittleren Generation und der Generation der Mütter und Väter ins Gespräch. München stellt deshalb Themen in den Mittelpunkt, die die jüngere und mittlere Generation gemeinsam betreffen:
die Zukunftsgestaltung des Lebens in Kirche und Gesellschaft,
die Probleme der Zeit in Familie und Staat,
die geistigen Grundlagen unseres Denkens und Handelns.
Zusätzlich bietet die Struktur der **Themenhallen**, z. B. zur Arbeitswelt, zu den Lebensbereichen „Jugend, Familie und Bildung“ oder zur Frage des Lebens heute die Chance zur Auseinandersetzung und zum Dialog über den Horizont einer Generation hinweg. Dieses Prinzip ist auch in den Foren und Vorträgen bestimmend - organisatorisch bei den Foren durch den Anwalt des Publikums und in zahlreichen zusätzlichen Angeboten der Nacharbeit in kleinen Gruppen, lebensmäßig durch das Miteinander der Altersgruppen im Katholikentagsgeschehen.
Der Katholikentag will Antworten erschließen auf die ***Sinnfragen des Lebens heute***; denn nur der kann leben, der sich selber annimmt, der weiß, dass er auf den anderen angewiesen ist.
Es gibt zwar auf dem Katholikentag kein für alle verbindliches Standard-Programm, jeder ist eingeladen sich nach seinen Interessen und Fragen vielleicht zusammen mit seinen Freunden, mit der Familie, aus der Palette der Angebote ein persönliches Programm-Profil zu wählen. Doch gibt es drei Fragerichtungen, die den Katholikentagsteilnehmer täglich in das Thema „Leben“ einführen wollen.
Woher, wie, wofür und wohin sind die ***Leitfragen*** für die drei ganztägigen Programmeinheiten.

Woher kommen wir, woraus leben wir?
Dem Leben trauen: Diese Zumutung trifft in eine Welt, die dem Leben und seiner Zukunft eher skeptisch, mit Angst und Vorsicht gegenübersteht.
Fehlt uns das letzte Urvertrauen in die Schöpfung, weil wir den Urgrund unseres Lebens vergessen haben, weil viele sich nicht mehr einem anderen verdanken wollen und dabei vor sich selbst erschrecken? Alles ist machbar geworden, nur nicht der Sinn. Alles funktioniert, aber das Leben hat keinen Inhalt.
Um hier Antworten zu erschließen, wird im Programm der Themenhalle „Wähle das Leben“ nach den „Urbildern des Lebens“ gefragt. Das Programm wendet sich den biblischen Berichten zu, nach denen die ganze Schöpfung nach Gottes Plan und Ordnung geschaffen ist, die uns erschließen, dass Gott den Menschen nach seinem eigenen Bild geformt und ihn bei seinem Namen gerufen hat. Das Programm mit Meditationen, Vorträgen und Liedern stellt sich der Frage, in welche Schöpfung, in welche Lebensordnung der einzelne Mensch hineingesetzt ist.
Es soll die Botschaft erschlossen werden: Das verlorengegangene Vertrauen in die Zukunft kann nur dann wiedergewonnen und die Unlust am Leben sowie die Angst nur dann überwunden werden, wenn die Ursprünge des Lebens neu aufgedeckt, wenn Quellen und Sinnhorizonte erschlossen werden und das Leben wieder als Geschenk erfahrbar wird. ***Sinn im Leben finden wir, wenn der Schöpfer und die grundlegenden Ordnungen seiner Schöpfung neu anerkannt werden, wenn Freude, Dank, Fest und Anbetung wieder einen Platz in unserem Leben erhalten.***

RELIGION	Name:	Klasse:	Datum:	Nr.

Das Tagesprogramm am Donnerstag in der Halle ***Weltkirche*** bestätigt, dass eine Kirche, die aus den Quellen lebt, ***Kirche im Aufbruch*** ist. Die Weltkirche heute ist trotz vielfacher äußerer Beschränkung und Bedrängnis keine resignierende Kirche, sondern lebendige, dynamische Glaubensgemeinschaft. Die Vertreter aus vielen Kontinenten stellen sich unseren Fragen und versuchen, Antwort zu geben. Sie wollen ihre Erfahrung teilen, dass Kirche als Volk Gottes in vielen Völkern der Welt lebendig ist.

Wie leben wir angesichts von Grenzen und Bedrohungen?

Christen sind hier gefragt, wie sie ihr Ja zum Leben noch verantworten können angesichts der vielen Bedrohungen des Lebens. ***„Dem Leben trauen, weil Gott es mit uns lebt“***: Wenn Gott sein Leben mit uns lebt, wie vollzieht sich dann menschliches Leben, sobald Krisen und Schwierigkeiten auftauchen, wenn Schmerz und Leid verarbeitet werden müssen, wenn das Kreuz sich anmeldet, wenn der Tod vor der Tür steht7 Zeugnis von glaubenden Menschen und Beispiele christlicher Gemeinden sind hier gefragt, die Erlösung in ihrem Leben erfahren haben. So möchte z. B. die Themenhalle ***„Kirche am Ort - Lebendige Gemeinde“*** am Freitag zu der Erkenntnis führen, dass die Gemeinden für die Menschen nicht nur Wohnräume, sondern vor allem Räume des gemeinsamen Lebens sein müssen. Die Lebenshilfe der Gemeinde muss sich an alle wenden, insbesondere an die, die besonderer Hilfe bedürfen oder am Rand der Gemeinde leben. Eine Gemeinde, die aus dem Glauben lebt, kann auch bestätigen, dass im Kreuz Leben ist, dass im Geheimnis des Weizenkorns das tiefste Gesetz des Lebens zu finden ist, dass Leben hat, wer Leben gibt.

Die Vorträge des Freitags möchten österliche Erfahrungen vermitteln, von erlöster Schuld, von der Auferstehung des Fleisches und der neuen Erde. Aus der Bewährung christlicher Hoffnung können rein innerweltliche Hoffnungsvorstellungen überwunden werden.

In der Themenhalle „Jugend - Familie - Bildung“ wird nach Wegen gesucht, wie die Menschen der Bedrohung des Lebens standhalten können, wie sie zur Annahme von Grenzen finden, zur Überwindung von Angst, wie sie das ***Ja zum Leben*** durchhalten.

Das Ja zum Leben rechtfertigt sich aus seinem Sinn, aus seiner Herkunft von Gottes ursprünglichem Ja. ***Sinn bekommt das Leben aber auch durch Menschen, für die es sich zu leben lohnt, durch Dienst am Leben und durch Gestaltung der Räume des Lebens.***

Wer an das Ewige Leben glaubt und auf die neue Erdê hoffen darf, nimmt dieses Leben ernster. Die umfassende Entscheidung christlicher Hoffnung für den größeren Frieden und die größere Gerechtigkeit Gottes gibt jedem kleinen Schritt zu mehr Friede und Gerechtigkeit in dieser Welt sein Gewicht. Das gilt auch für so konkrete Lebensfelder, wie sie in der Themenhalle „Arbeitswelt“ beleuchtet werden. Trotz aller Probleme der ***Arbeitslosigkeit***, trotz vieler Spannungen zwischen Menschen in der Arbeitswelt und trotz eines Verdrängungswettbewerbs zwischen Mensch und Mensch, zwischen Mensch und Maschine gibt es viele Zeichen der Hoffnung und Zuversicht. Gerade in der Arbeitswelt üben zahlreiche Menschen Gerechtigkeit, Liebe und Solidarität.

Viele von ihnen suchen die Verbindung zu Gott, auch in der Arbeit. Sie bemühen sich, ihr Umfeld am Arbeitsplatz christlich zu gestalten. Noch sind es zu wenige. Die Themenhalle „Arbeitswelt“ lädt zum konkreten Engagement ein. Auch die Themenhalle „Wähle das Leben!“ will Vertrauen in die Zukunft des Lebens begründen: ***„weil Gott es mit uns lebt“***. Unbekümmert und frei können wir leben, wenn wir darauf vertrauen, dass wir in Gottes Hand sind. Gereiftes Gottvertrauen ist ein Wegweiser zur Freiheit und Lebensfreude, und nicht bloß das Alibi derer, die es im Leben zu nichts bringen.

Die Botschaft des Samstags auf dem Katholikentag in München lautet: " Wer mit dem Kreuz und der Grenze umzugehen weiß, verfällt nicht Utopien und ist auch nicht aufs bloße Überleben fixiert. Für wen der Weg, die Wahrheit und das Leben einen Namen hat, nämlich Jesus Christus, für den ist das Leben ***Wunder und Auftrag zugleich, Geschenk und Aufgabe, vor allem aber Grund zur Freude aus einem unerschütterlichen Ja zu diesem Leben.***

Der Katholikentag München 1984 wird gelingen, wenn er möglichst viele Teilnehmer zum Vertrauen in das Leben aus dem Glauben neu befähigt. Vielleicht zeichnet sich dann für unsere Gemeinden, für die Generationen der Christen unseres Landes ein Neuaufbruch zum Leben ab. *Prof. Hans Maier, in: "17", 6/84*

RELIGION	Name:	Klasse:	Datum:	Nr.

Fragen zum Text „Ja zum Leben“:

❶ Welches Ziel hatte der Katholikentag 1984 in München?
❍ Klärung der Frage: Warum verbietet die Kirche den Schwangerschaftsabbruch?
❍ Einladung zum Dialog zwischen den Generationen
❍ Zusammentreffen aller Weltreligionen zum gemeinsamen Gebet
❍ Lösung der ökumenischen Frage

❷ Nennt die drei Hauptthemen des Treffens!
❍ Zukunftsgestaltung des Lebens in Kirche und Gesellschaft
❍ Zukunftsgestaltung der beiden großen Kirchen in Deutschland
❍ Probleme der Zeit in Familie und Staat
❍ Probleme der Zeit in der Weltkirche
❍ geistige Grundlagen unseres Denkens und Handelns

❸ Der Katholikentag wollte Antworten geben auf Sinnfragen des Lebens. *Welche sind gemeint?*
❍ Woher kommen wir? ❍ Warum geben die Menschen so viel Geld für Freizeit aus?
❍ Warum wissen so viele Menschen mit ihrer Freizeit nichts anzufangen? ❍ Woraus leben wir?
❍ Wohin gehen wir? ❍ Wie leben wir angesichts der Grenzen und Bedrohungen?
❍ Warum glauben nicht alle Menschen an Gott? ❍ Wofür leben wir?

❹ Kennt ihr auf diese Sinnfragen auch mögliche Antworten?
❍ Wir können dem Leben trauen, weil Gott es mit uns lebt!
❍ Wir können dem Leben nicht immer trauen, weil es voller Gefahren ist.
❍ Wir sollten uns immer für das Leben entscheiden, weil Jesus unser Begleiter ist.
❍ Wir können uns auf Jesus Christus verlassen; er ist an unserer Seite.

❺ Wie gelingt „Leben“?
❍ Wenn wir Ja sagen zu Gott und an ihn glauben.
❍ Wenn wir Ja sagen zu den Mitmenschen, indem wir uns ihnen öffnen.
❍ Wenn wir Angst haben vor den Gefahren des Lebens und uns verstecken.
❍ Wenn wir Ja sagen zu uns selbst!

❻ Ist folgender Ausschnitt aus dem Text richtig wiedergegeben? ❍ ja ❍ nein
Wer mit dem Kreuz und der Grenze umzugehen weiß, verfällt nicht Utopien und ist auch nicht aufs bloße Überleben fixiert. Für wen der Weg, die Wahrheit und das Leben einen Namen hat, nämlich Jesus Christus, für den ist das Leben Wunder und Auftrag zugleich, Geschenk und Aufgabe, vor allem aber Grund zur Freude.

❼ Wie denkt ihr über folgendes Gedicht?
Wenn du am Morgen aufwachst,
denke einmal darüber nach,
was für ein köstlicher Schatz es doch ist,
zu leben,
zu atmen,
zu danken,
sich freuen zu können.

❽ Zum Nachdenken und Diskutieren!
1. Nennt Situationen, in denen ihr spürt, dass es schön ist zu leben!
2. Warum ist das Leben ein Geschenk Gottes?
3. Warum macht kreativ sein so viel Spaß?
4. Warum sollte man Probleme besser anpacken als sie vor sich herschieben?
5. Warum ist es schön, wenn man für andere wichtig ist und man gebraucht wird?
6. Malt in den Rahmen ein Bild zum Thema !
7. Stimmt dieser Satz?

Ich bin für Gott wichtig.

RELIGION	Name:	Klasse:	Datum:	Nr.

Fragen zum Text „Ja zum Leben" (Lösung)

❶ Welches Ziel hatte der Katholikentag 1984 in München?
❍ Klärung der Frage: Warum verbietet die Kirche den Schwangerschaftsabbruch?
● Einladung zum Dialog zwischen den Generationen
❍ Zusammentreffen aller Weltreligionen zum gemeinsamen Gebet
❍ Lösung der ökumenischen Frage

❷ Nennt die drei Hauptthemen des Treffens!
● Zukunftsgestaltung des Lebens in Kirche und Gesellschaft
❍ Zukunftsgestaltung der beiden großen Kirchen in Deutschland
● Probleme der Zeit in Familie und Staat
❍ Probleme der Zeit in der Weltkirche
● geistige Grundlagen unseres Denkens und Handelns

❸ Der Katholikentag wollte Antworten geben auf Sinnfragen des Lebens. ***Welche sind gemeint?***
● Woher kommen wir? ❍ Warum geben die Menschen so viel Geld für Freizeit aus?
❍ Warum wissen so viele Menschen mit ihrer Freizeit nichts anzufangen? ● Woraus leben wir?
● Wohin gehen wir? ● Wie leben wir angesichts der Grenzen und Bedrohungen?
❍ Warum glauben nicht alle Menschen an Gott? ● Wofür leben wir?

❹ Kennt ihr auf diese Sinnfragen auch mögliche Antworten?
● Wir können dem Leben trauen, weil Gott es mit uns lebt!
❍ Wir können dem Leben nicht immer trauen, weil es voller Gefahren ist.
● Wir sollten uns immer für das Leben entscheiden, weil Jesus unser Begleiter ist.
● Wir können uns auf Jesus Christus verlassen; er ist an unserer Seite.

❺ Wie gelingt „Leben"?
● Wenn wir Ja sagen zu Gott und an ihn glauben.
● Wenn wir Ja sagen zu den Mitmenschen, indem wir uns ihnen öffnen.
❍ Wenn wir Angst haben vor den Gefahren des Lebens und uns verstecken.
● Wenn wir Ja sagen zu uns selbst!

❻ Ist folgender Ausschnitt aus dem Text richtig wiedergegeben? ● ja ❍ nein
Wer mit dem Kreuz und der Grenze umzugehen weiß, verfällt nicht Utopien und ist auch nicht aufs bloße Überleben fixiert. Für wen der Weg, die Wahrheit und das Leben einen Namen hat, nämlich Jesus Christus, für den ist das Leben Wunder und Auftrag zugleich, Geschenk und Aufgabe, vor allem aber Grund zur Freude.

❼ Wie denkt ihr über folgendes Gedicht?
Wenn du am Morgen aufwachst,
denke einmal darüber nach,
was für ein köstlicher Schatz es doch ist,
zu leben,
zu atmen,
zu danken,
sich freuen zu können.

❽ Zum Nachdenken und Diskutieren!
1. Nennt Situationen, in denen ihr spürt, dass es schön ist zu leben!
2. Warum ist das Leben ein Geschenk Gottes?
3. Warum macht kreativ sein so viel Spaß?
4. Warum sollte man Probleme besser anpacken als sie vor sich herschieben?
5. Warum ist es schön, wenn man für andere wichtig ist und man gebraucht wird?
6. Malt in den Rahmen ein Bild zum Thema!
7. Stimmt dieser Satz?
   Ich bin für Gott wichtig.

RELIGION	Name:	Klasse:	Datum:	Nr.

Fragen an unser eigenes Leben

Nehmen wir einmal an, die berühmte Fee, die alle Wünsche erfüllen kann, käme zu Euch mit dem einmaligen Angebot, Ihr könntet alle 150 Jahre alt werden - wie würdet Ihr reagieren?
Würdet Ihr die Chance ergreifen, möchtet Ihr bis weit ins nächste Jahrtausend dabei sein, wenn die Karten unseres Lebens immer neu gemischt werden? Oder winket Ihr ab?
Es ist eine Frage, wie geschaffen für den November, für diese graue Jahreszeit, da wir durch die dunklen Türen des Lebens gehen, in Bäume ohne Blätter schauen, die blasse Sonne hinter den Wolken suchen, da wir Friedhöfe besuchen, wie es der Kalender will - mit Totensonntag und Volkstrauertag.
Und nun hören wir plötzlich, dass es schon eine Antwort gibt. Die Meinungsforscher aus Allensbach am Bodensee waren unterwegs. Das Ergebnis ist ein Röntgenbild unserer seelischen Verfassung, es zeigt Spuren von Krankheit, Verwundung, Melancholie.
Denn es sind nur noch 38 Prozent aller Deutschen, die gern - wenn die Kräfte reichen, und das wurde bei dieser theoretischen Frage vorausgesetzt - den 150. Geburtstag feiern möchten.
Vor dreißig Jahren aber, da waren es noch 55 Prozent. Welch ein Erdrutsch! Das muss nicht nur Politiker, Gottesmänner und Ärzte alarmieren, das ist vor allem eine Frage an unser eigenes Leben!
Der Urtraum der Menschheit vom biblischen Alter - ist er ausgeträumt? Wir kennen das Wort des Predigers Salomo, wonach alles auf Erden eitel ist, ein Haschen nach Wind. Wir kennen auch andere Erklärungen. Wir sind ganz obenauf, wenn es um die Sinnfrage geht. Denn das „Hinterfragen“ wurde uns so gründlich beigebracht, dass wir nun vor Scherben stehen: weil wir nicht glücklicher, nicht zufriedener, nicht lebenslustiger geworden sind.
Viele von uns haben sich innerlich schon abgemeldet. Sie wollen nicht mehr erleben, wie die Welt in hundert Jahren aussieht. Die Neugier ist verschwunden, dafür ist Angst in unser Dasein gekommen. Wo kommt sie her, wo führt sie uns hin?
Es ist einmal die Angst vor dem Unbekannten. Sie ist nicht neu, sie gab es immer. Von dem Psychiater C. G. Jung wird berichtet, dass er sich seinen größten Wunsch nicht erfüllte, einmal Rom zu sehen. „Als ich das Versäumte nachholen wollte, erlitt ich beim Kauf der Fahrkarten eine Ohnmacht. Danach wurde der Plan für die Romfahrt ein für allemal ad acta gelegt“, schrieb er 1949. Er fühlte sich der Ewigen Stadt nicht gewachsen, er hatte Angst vor dem Unbekannten. Sicher ergeht es vielen von uns ähnlich: Wir können uns die Welt von morgen einfach nicht vorstellen, zu schnell wechseln die Kulissen - es führen nicht nur viele Wege nach Rom, sondern auch ins Morgen, aber viele wollen sie einfach nicht mehr gehen.
Und zum zweiten ist da noch eine andere Angst: Die Angst vor dem Bekannten. Wir wissen zuviel. Wir ersticken im Trommelfeuer der Informationen. Das Fernsehen zeigt uns Abend für Abend in Nachrichtensendungen die elende Fratze dieser Welt. Wir blicken auf einen hässlichen Bilderstrom ohne Ende, sehen die hingestreckten Opfer von Krieg und Gewalt, von Terror und Kriminalität. Und wir fragen uns insgeheim: Wenn sich das Roulett der Gefährdungen immer schneller dreht, warum soll dann eigentlich die Kugel, die für mich bestimmt ist, nicht viel schneller fallen? Selbst wenn ich verschont werde, die Erde um mich herum wird doch krank sein, verseucht, wenig lebenswert. Die „grüne“ Dauerdiskussion zeigt ihre Wirkungen! Vielleicht retten wir damit die Bäume, aber keinesfalls den Fneden unserer Seelen. Gerade junge Menschen, denen ich in den letzten Tagen immer wieder diese faszinierende Frage nach den einhundertfünfzig Jahren stellte, versagten sich. Sie wählen nicht den Marathon des Lebens, sie entscheiden sich für die Kurzstrecken. Eine atemlose Generation.
Es ist schon ein dramatischer Befund, diese zunehmende Absage an ein langes Leben, wenn man doch bedenkt, dass wir zu Gast sind auf einem wunderschönen Stern. Aber vielleicht können wir uns nicht so ausleben, so entfalten, wie wir selbst glauben, dass Gott uns gemeint hat. Hebbel umschrieb dieses Gefühl meisterhaft: „Der, der ich bin, grüßt traurig den, der ich könnte sein.“
Vielleicht muss sich da etwas änden, im praktischen Alltag, ehe uns wieder wie früher die Lust überkommt lange Zeit auf der Bühne des Lebens zu bleiben, welches Stück auch immer gerade gespielt wird. Wie haltet Ihr es denn mit dieser Frage? Die Antwort verrät einem so viel über sich selbst!

Peter Bacher, in: BUNTE 48/1985

Zum Nachdenken! ✍ ☺ ✋ ♁

❶ Wie alt würdet ihr gerne werden?
❷ Warum wollen viele Menschen nicht mehr alt werden?
❸ Warum war früher das Alter angesehen und erstrebenswert?
❹ Warum sagen viele junge Leute, sie wollen lieber jetzt im Augenblick "leben"?
❺ Welche Gründe sprechen dafür, sich auf die Zukunft zu freuen?
❻ Wie sollten wir die Zukunft gestalten, damit unser Leben lebenswert bleibt?
❼ Was kannst du als einzelner tun, die Welt jeden Tag ein bisschen schöner zu machen?

RELIGION	Name:	Klasse:	Datum:	Nr.

Die Schöpfung schützen

Maximilian Aichern, der Bischof der österreichischen Diözese Linz, schrieb 1986 einen viel beachteten Brief zur Katastrophe in Tschernobyl:

Nach der Reaktorkatastrophe von Tschernobyl haben sich Unsicherheit und Angst unter den Menschen ausgebreitet. Bedrückt sind vor allem die Jugendlichen sowie die schwangeren Frauen und die Mütter und Väter, die sich um die Entwicklung und Entfaltungsmöglichkeiten ihrer Kinder sorgen. Ich fühle mich als Bischof diesen Menschen tief verbunden. Nach gemeinsamen Überlegungen mit den Diözesanverantwortlichen der Kath. Aktion und der Seelsorge sehe ich mich zu folgenden Aussagen veranlasst:

Die Ereignisse von Tschernobyl haben uns wach gerüttelt, weil sie uns gezeigt haben,

- ➜ dass die Atomtechnik heute nicht sicher genug beherrschbar und vor allem menschliches Versagen niemals auszuschließen ist. Auf diese Weise sind Mensch und Natur in die Zukunft hinein belastet und in ihrer Existenz bedroht.
- ➜ dass von den Auswirkungen eines größeren Atomunfalles nicht nur die unmittelbare Umgebung einer Anlage betroffen ist, sondern praktisch die ganze Welt.
- ➜ dass uns im Grunde Erfahrung und Wissen fehlen, in welcher Weise den Folgen eines Unfalles begegnet werden könnte.

Aus dieser Erkenntnis heraus erscheinen unter heutigen Gegebenheiten Bau und Betrieb von Atomkraftwerken und ähnlichen Anlagen ethisch nicht mehr vertretbar. Deshalb ist es auf jeden Fall notwendig und sinnvoll, sich von der Vergeudungs- bzw. Wegwerfwirtschaft abzuwenden. Konkrete Maßnahmen sind vor allem: Vermeidung von Energievergeudung in Produktion, Haushalt und Verkehr, Verbesserung der Wärmedämmung bei Gebäuden, Nutzung der Abwärme und alternativer Energiequellen. Als konkreter Beitrag der Diözese sollen die kirchlichen Gebäude auf Möglichkeiten der Energieeinsparung untersucht und entsprechende Maßnahmen gesetzt werden.

Ich glaube, dass in der nun gegebenen Situation ängstliche Panik fehl am Platze ist, weil sie unsere Gedanken lähmen und in die Sackgasse der Resignation oder Radikalisierung führen könnte. In Sorge um die demokratische Ordnung und den inneren und äußeren Frieden appelliere ich sowohl an die Verantwortlichen in Politik und Wirtschaft als auch an die Engagierten in den Bürgerbewegungen, den Stil der Auseinandersetzungen um die Atomenergie an die Grundwerte der Demokratie zu binden.

Die Katastrophe von Tschernobyl zeigt, dass Umkehr notwendig ist. In christlicher Hoffnung glauben wir an diese Möglichkeit. Es gibt bereits viele erfreuliche Ansätze neuer Wertungen und Haltungen, die es zu bestärken gilt:

- ➜ die Empfindsamkeit der Menschen in Fragen des Schutzes menschlichen Lebens und der natürlichen Umwelt,
- ➜ den Willen zu einer sachlichen Auseinandersetzung über Möglichkeiten und Grenzen der modernen Technik,
- ➜ das Denken in weltweiten Dimensionen, über politische, ideologische und konfessionelle Grenzen hinweg,
- ➜ die Bereitschaft zur persönlichen Umkehr, zum sorgsamen Umgang mit den Gütern der Erde und zur Entwicklung eines einfachen Lebensstils
- ➜ das engagierte Eintreten vieler Initiativgruppen im Rahmcn der demokratischen Ordnung zur Beeinflussung politischer Entscheidungen für die Gestaltung der Lebensbedingungen.

Die Katastrophe von Tschernobyl hat uns erneut deutlich gemacht, dass der Mensch die Natur als Schöpfung Gottes respektieren muss und sie nicht in eigener Willkür, sondern nur in Übereinstimmung mit den Geboten des Schöpfers verändern darf.

Zum Nachdenken! ✍ ☺ ✋ 💡

Unterstreicht,

❶ was die Ereignisse von Tschernobyl den Menschen zeigen!
❷ welche Gruppen von Menschen besonders sensibel auf die Reaktorkatastrophe reagierten!
❸ welche Folge die Katastrophe hat!
❹ welche konkreten Maßnahmen zur Umweltschonung der Bischof vorschlägt!
❺ was nach Meinung des Bischofs fehl am Platz ist!
❻ was der Bischof von Politikern, Wirtschaft und Bürgerbewegungen fordert!
❼ welche neuen Wertungen und Haltungen gegenüber der Natur der Bischof nennt!
❽ welche Aufgabe der Mensch gegenüber der Schöpfung Gottes hat!

Wie denkt ihr über folgenden Satz der US-amerikanischen Schauspielerin Jane Fonda:
"Wir gehen mit unserer Umwelt um, als hätten wir eine zweite im Kofferraum."

Von Jacob Bosshart stammt folgender Satz:
"Was unserer Zeit am meisten Not tut, ist ein hoher Mut und ein starker Glaube an uns und unsere Zukunft."

RELIGION	Name:	Klasse:	Datum:	Nr.

Geheime Drahtzieher

Schon lange hat er mich geplagt, dieser sogenannte Weisheitszahn: Entzündungen und wahnsinnige Schmerzen, dann wieder mal Ruhe, plötzlich ein neuer "Überfall". Vor ein paar Wochen wurde er mir herausoperiert. Röchelnd hing ich im Stuhl des Zahnarztes, kein Bild von Tapferkeit und männlicher Stärke, sondern eine leidende Kreatur.

Zahnschmerzen, Kopfschmerzen, Bauchweh - wer kennt das nicht! Und das sind noch die "Billigangebote", die "Niedrigpreisschlager" in diesem überaus reichhaltigen Angebot an körperlichen und seelischen Leiden. Endlos ist die Liste dieses Katalogs menschlichen Elends.

Nackt, im wahrsten Sinne des Wortes, drängt es uns in den Leiden der Mitmenschen aus Kalkutta und Bangla Desh, aus Colombo und Djakarta und von tausend anderen Plätzen der sogenannten Dritten Welt entgegen. Sagen wir ruhig ein paar Verse dieser Litanei der Leiden auf: keine Kleider, keine Wohnung, kein Wasser, Hunger ... Colera, Gelbfieber, Lepra, Aids, und wieder Hunger ...

Bei uns erscheint das Elend nicht so nackt. Das Leiden hat sich oft getarnt. Es versteckt sich gewöhnlich hinter den Fassaden von modernen Luxushotelbauten, die sich erst bei näherem Hinsehen als Kasernen der Schmerzen entpuppen, Krankenhäuser also, bei denen die Leichenwagen regelmäßig Taxidienst verrichten müssen.

Und die gepflegten Rasen und Grünflächen unserer Erholungsheime und Rehabilitationszentren dienen auch nicht dem Golfspiel, sondern der mühsamen Ertüchtigung von Hinkenden und Krüppeln, die alles dafür geben würden, wenn sie wieder in einer grauen Großstadtstraße normal gehen könnten.

Wir wären aber blind für die Wirklichkeit, sähen wir nicht den großen Unterschied zwischen den Leiden der ganz Armen und der anderen, zu denen wir uns rechnen müssen. Jedes Leid ist furchtbar, aber nicht jedes Leid ist gleich!

In einem Krankenhaus wird vieles erträglicher, was in einem Elendsquartier zur Hölle auf Erden wird. Und natürlich sind auch die Schmerzen sehr unterschiedlich. Mein Weisheitszahn hat bestimmt sehr weh getan, doch ich würde mich lächerlich machen, wollte ich ihn mit den Schmerzen vieler Menschen im Krankenhaus vergleichen.

Die Unterschiede in den Leiden stammen aus verschiedenen Quellen. Über zwei von ihnen wollen wir etwas genauer nachdenken.

Da gibt es einmal die gleichsam "automatische" Quelle, die wir Menschen nicht verstopfen können, zum anderen aber die freiwillige Quelle der Leiden, die auf unsere Bosheit und Hartherzigkeit zurückgeht.

Wer einen Geburtsfehler hat, kann nichts dafür. Es ist meist auch ungerecht, den Eltern Vorwürfe zu machen. Ähnliches gilt für Erkrankungen, die trotz aller Vorsorge nicht verhindert werden konnten, wie z.B. die Sache mit meinem Weisheitszahn.

Zweifelhaft wird es schon bei den Leiden aus Unfällen. Dabei muss zwar nicht, kann aber bereits eigene oder fremde Schuld und Bosheit eine Rolle gespielt haben.

Eindeutig zu vermeidende Leiden sind diejenigen, die nur auf die Bosheit anderer Menschen zurückgehen. Zu ihnen gehört zu einem großen Teil das Elend der Dritten Welt. Diese Menschen leiden an unserem Egoismus. "Gebt ihr ihnen zu essen", sagte uns der Herr. Jetzt könnte aber ein besonders Kluger unter euch sagen: "Man merkt doch, dass man Ihnen den Weisheitszahn gezogen hat. Denn ihre Gedanken sind reichlich naiv. Glauben Sie denn nicht auch, dass die Bosheit selber bereits ein Leiden ist, aus dem die meisten anderen überhaupt erst fließen?"

Lass mich nachdenken. Richtig! Wir können, selbst wenn wir es wollen, dem Bösen nicht ganz entgehen. Niemand ist ohne Schuld, sagt die Bibel. Schon Paulus hatte mit Entsetzen festgestellt, dass in unseren Gliedern ein Gesetz herrscht, nach dem wir das tun, was wir in Wirklichkeit gar nicht wollen.

Es ist zum Verzweifeln: Jedes Baby wurde mit strahlenden, im wahrsten Sinne des Wortes unschuldigen Kinderaugen geboren, und 20 Jahre später ist es zu einem Erwachsenen geworden, der bereits aus der großen Schale des Streits und Egoismus, des Zorns und der Lieblosigkeit, der Geldgier und des Neides, der Lüge und des Spottes seine Früchte entnommen hat. Und diese Früchte des Bösen wurden zu neuem Leid für andere Menschen, die ihrerseits Schuld auf sich laden und wieder anderen Leiden zufügen.

RELIGION	Name:	Klasse:	Datum:	Nr.

Irgendetwas ist faul und stinkt zum Himmel. Die Welt hat einen Riss bekommen. Die Theologen sprechen von "Erbsünde". Jedoch damit ist uns noch nicht viel geholfen.
Wer mit wachen Augen durch die Welt geht, der muss bemerken, dass in ihr etwas Böses wirkt. Es ist ein Unfug zu behaupten, die Welt sei in Ordnung, die Menschen seien gut und nur falsch erzogen. So einfach geht es leider nicht.
Eine falsche Erziehung und schlechte politische Verhältnisse mögen noch hinzukommen, jedoch irgendwo steckt bereits vorher der Wurm. Wir täuschen uns über uns selbst, wenn wir das nicht einsehen. Wir können sicher vieles selber regeln, aber immer wieder erleben wir uns überfordert durch mächtige Kräfte des Bösen, die wie geheime Drahtzieher alle guten Absichten zunichte machen.
Es gibt nicht nur die namenlosen Leiden in der Welt, denen wir alle in unterschiedlicher Weise ausgesetzt sind, sondern es gibt auch das Leiden an der Welt, das die feinfühligen Menschen aller Zeiten gequält hat mit der Frage: "Warum?"
Wenn es einen gütigen und dazu allmächtigen Gott gibt - warum dann all die Katastrofen und Bosheiten, Schicksalsschläge und Schmerzen? Oder: Warum trifft es mich und nicht die anderen? Selbst mein armseliger Weisheitszahn kann zu der Frage führen: Warum wurde ich durch ihn so lange gequält? Er war zu nichts nutze, außer zu Schmerzen. Ich konnte noch nicht einmal auf ihm beißen; denn auch dazu war er nicht zu gebrauchen. Warum also?
Ich weiß hierauf keine Antwort, und ich weiß auch keine auf die großen Warum-Fragen der Menschheit. Aber ich werde sauer, wenn man mir billige Trostsprüche übers Bett hängen will. Gott ist nicht zu begreifen. Angesichts des furchtbaren Leidens in der Welt ist das Bekenntnis zu Gott als dem gütigen Vater eine Höchstleistung des Glaubens, auf die wir stolz sein können, weil sie uns nur durch seine Gnade möglich ist.
Beten wir das Vaterunser bewusster und betroffener! Wer zum Vater betet, bekennt sich zu Jesus Christus, der uns den Vater verkündet hat und der als leidender Gottesknecht in dieser Welt vernichtet wurde und dennoch an der Güte des Vaters nie zweifelte. Im Glauben folgen wir Jesus nach. Der Glaube behält allerdings sein ihm eigenes Dunkel: "Klarsichtpackungen" verkauft keine Religion.
Im Glauben überstehen wir am besten den Pessimismus, der uns befallen könnte, wenn wir all die Leiden sehen und zum Teil selbst erdulden müssen. Gewiss, es gibt die Schönheit, Freude und das Glück für Augenblicke. Im letzten allerdings lauert auf uns alle das Leid des Todes, dem niemend entrinnen kann.
In dieser Welt könnte man das "heulende Elend" bekommen. Grausam, wer über ihre Leiden hinwegschreitet und über ihre Leichen geht; zu bedauern aber ist auch der Mensch, der am eigenen und fremden Leid erstickt, weil ihn all das Gute und Schöne nicht trösten kann. Mich könnte es nicht trösten, wenn ich keine größere Hoffnung hätte.
Diese Hoffnung besteht nicht darin, dass es auch Gutes gibt, sondern dass Gott gut ist und dieses "Tal der Tränen" endgültig abschaffen wird.

Dr. Werner Lauer, in: Junge Zeit 11/1975

Zum Nachdenken!

❶ Unterstreicht die im Text besprochenen Grenzfragen des Lebens, auf die man kaum eine Antwort findet!
❷ Worin könnte der letzte Sinn des Leidens liegen?
❸ Wie können wir mit dem Leid umgehen?
❹ Welche Antworten die Heilige Schrift auf die Grenzfragen des Lebens gibt, könnt ihr unten nachlesen.
Wie denkt ihr darüber?

Jesus sagte zu seinen Jüngern: "Wenn einer mit mir gehen will, so verleugne er sich selbst, nehme sein Kreuz auf sich und folge mir nach. Denn wer sein Leben retten will, wird es verlieren; wer aber sein Leben um meinetwillen verliert, der wird es finden. Denn was wird es einem Menschen nützen, wenn er die ganze Welt gewinnt, an seinem Leben aber Schaden leidet? Oder was kann der Mensch als Gegenpreis geben für sein Leben?"

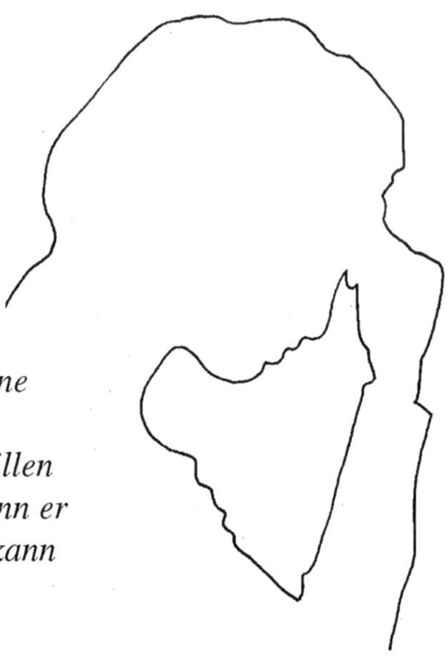

RELIGION	Name:	Klasse:	Datum:	Nr.

Fragen über Fragen

Herbert, 15 Jahre, fragt:
"Was soll ich hier?"

Was soll ich in einer Welt, wo
der Frieden durch Waffengewalt
erzwungen wird?
Was soll ich in einer Welt, wo
sich alles ums Geld dreht?
Warum soll ich Kinder zeugen,
deren Lebensraum immer enger,
für die die Luft immer dünner,
und das Wasser immer dreckiger wird?
Warum gibt es mehr Hass als
Liebe zwischen den Menschen?
Was soll ich hier?

Andrea, 14 Jahre, nennt ihr Gedicht
"Darum!"

Ich sehe ein Kind
es tanzt auf einer Wiese
Ich sehe das Lächeln
auf seinem Gesicht
Ich sehe die Blumen
auf der Wiese
Ich sehe das Kind
mit bunten Schmetterlingen spielen
Ich höre das Zirpen der Grillen
Ich höre den Gesang des Kindes
Ich höre das Zwitschern der Vögel
Ich rieche den Duft
der Blumen
Ich rieche den Duft der
frischen Luft
Ich fühle den Wind in
meinem Haar
Ich fühle die Sonne
auf meiner Haut
Ich fühle eine kleine Hand,
die sich fest in meinige
schmiegt -
darum glaube ich an Gott

❶ Worin unterscheiden sich beide Gedichte?
❷ Wie sieht Herbert die Gegenwart, wie die zukünftige Welt?
❸ Wie beschreibt Andrea "ihre" Welt?
❹ Sieht Herbert die Welt zu pessimistisch?
❺ Sieht Andrea nur eine "heile Welt"?
❻ Kann man die Welt nur mit dem Verstand begreifen?
❼ Ist es nicht wichtig, auch Gefühle zu zeigen?

Vier junge Leute machen sich Gedanken über den Sinn des Lebens. ***Lest selbst!***

Tom, 17 Jahre:
Tanja ist mittlerweile meine feste Freundin geworden. Fast jede freie Minute verbringe ich mit ihr: Schwimmen, Squash, Tennis, Platten hören, Jugendgruppe. Wir helfen uns auch gegenseitig bei den Hausaufgaben. Besonders in Mathe kann ich ihr gut helfen.
Manchmal denke ich, unsere Liebe sollte immer so bleiben. Aber der Gedanke, dass alles mit Tanja mal aufhören könnte, tut weh. Vielleicht zieht sie in eine andere Stadt! Vielleicht gefällt ihr später ein anderer Junge besser!

Anja, 15 Jahre:
Wenn ich abends den Sternenhimmel betrachte, merke ich, wie klein doch meine Welt ist und wie gering unsere „großen Sorgen“. Manche Sterne sind Lichtjahre von uns entfernt, unvorstellbar die Weite des Weltalls. Da komme ich leicht ins Grübeln. Und ins Staunen: Ist das alles nur Zufall? Steckt hinter allem eine Idee? Ein Konzept? Wer hat den Bauplan erdacht? Für die Lebewesen, für die Materie? Welche Rolle spiele ich als Mensch in diesem großen Universum?

Susi, 16 Jahre:
Die Selbstverwirklichung kann ich mir bei diesem Job abschminken! 30-mal habe ich mich beworben und stets eine Absage erhalten. Aber lieber den Spatz in der Hand als eine Taube am Dach. Deshalb greife ich jetzt zu! Vielleicht kann ich später meinen Traumberuf (Raumausstatter oder Dekorateur) bekommen. Jedenfalls kann die Ausbildung als Verkäuferin nicht schaden. Für später ist nichts umsonst!

Herbert, 13 Jahre:
Ich habe stets Krach mit meinen Eltern. Vater kann sich nicht mit meinen politischen Ideen anfreunden und Mutter nörgelt ständig an meinem Äußeren herum. Lehrer H. mag ich auch nicht besonders, weil er im Unterricht nur „alten Käse“ erzählt. Nur in unserer Clique fühle ich mich richtig wohl. Da blühe ich richtig auf. Da kriegt mein bescheuertes Leben wieder den richtigen "Drive". Wenigstens auf meine Freunde in der Gruppe ist Verlass!

❽ Welche Begriffe passen zu den Texten. ***Unterstreicht sie mit der gleichen Farbe!***

Sinn macht ... wenn wir staunen können — wenn wir uns entscheiden können
wenn wir Liebe spüren — wenn wir miteinander gut auskommen können

RELIGION	Name:	Klasse:	Datum:	Nr.

Auch der heilige Augustinus hat mal Äpfel geklaut!

Es war einmal, vor langer Zeit, da lebte ein Mann namens Augustinus. Schon zu Lebzeiten war er eine Berühmtheit, und in den etwas über 1555 Jahren, die er jetzt tot ist, wurde er eigentlich immer berühmter. Man vergaß sogar ein bisschen, dass er nicht schon als großer Mann auf die Welt gekommen war. Dabei war er auch erst einmal ein kleiner Junge, der viel lieber Ball spielte oder Äpfel klaute als Vokabeln zu pauken. Dafür wurde er dann so lange gepaukt, bis er selbst Pauker war und andere durchpaukte. Eines Tages merkte er dann, dass die ganze Paukerei Blödsinn war. Er setzte sich mit Freunden in einen Garten, um darüber zu reden, was für einen Sinn das alles haben könnte. Ihr sagt das sei aber gar nicht nett, was ich da über den Augustinus schreibe, es sei obendrein unwissenschaftlich und außerdem bedeutungslos für uns heute? Sagt das nicht, denn erstens habe ich diesen Menschen wirklich lieb (1), zweitens stimmt das, was ich geschrieben habe (2), und drittens glaube ich, dass wir Neuzeitler (3) immer noch so kleine Augustinusse sind („Augustiner" klänge zwar besser, wäre aber Schleichwerbung für den Orden). Ihr meint, das müsse erst noch alles durch Tatsachen belegt werden. Also gut, verhandeln wir die Fakten:

Verhandlung 1: „Liebe gegen Idol".

Natürlich klingt es beim ersten Anhören besser, wenn ich sage: Mein Vorbild wurde 75 Jahre alt. Nach einer Blitzkarriere wurde der Junge aus der Provinz Chef der Öffentlichkeitsarbeit am Kaiserhof. Später als Bischof, wurde er zum bedeutendsten Kirchenlehrer der westlichen Welt. Er schrieb so viel (erhalten sind 113 Bücher, 218 Briefe und 500 Predigten), dass man schon sagte, wohl niemals sei jemand in der Lage, dieses ganze Werk zu lesen. In seinen Schriften zitierte er sein Lieblingsbuch, die Bibel, 42.816 mal. Beeindruckend sind seine Leistungen schon, aber deswegen muss man ihn ja nicht gleich lieb haben. Es gibt auch Leute, die mit ihrem Gebiss einen Güterwagen abschleppen. Die lieb' ich genauso wenig wie die Speicherkapazität von Computern.

Aber dass dieser intelligente Augustinus sich auch im Alter noch daran erinnert, dass er als kleiner Junge ab und zu mal ans Obst anderer Leute ging, dass er Mathematik und Griechisch hasste wie die Beulenpest, dass ihm die Trennung von seiner langjährigen Freundin sehr schmerzte - dieser Schritt geschah aus Berechnung und auf Drängen seiner Mutter Monika, die um seine Karriere besorgt war -: Diese Dinge zeigen mir, dass es sich da um keinen Computer handelte, sondern um einen sehr wachen, sinnlichen, ehrlichen Menschen, den ich um seines Menschsein willen liebhaben kann.

Verhandlung 2: „Dichtung gegen Wissenschaft" .

Dieser Punkt ist einfach zu klären. Lesen wir einmal die "Confessiones" (Bekenntnisse, Memoiren) des Augustinus. Das Buch zählt zu den 100 wichtigsten Schriften der Weltliteratur. Hier kurz einige Zitate zu den angesprochenen Problemkreisen: „Ich hatte die Frau vertrieben, mit der ich das Bett zu teilen pflegte, weil ich sie als Hindernis für meine Ehe empfand. Aber noch hing mein Herz an ihr, und da sie ging, ward es verwundet und blutete." Zitat in Sachen Mathematik: „Schon war mir das eins und eins sind zwei, zwei und zwei sind vier zum verhassten Geleier geworden . . ." Die Sache mit den geklauten Äpfeln könnt Ihr selber suchen in den Confessiones, da stehen auch noch eine Menge anderer lesenswerter Sachen drin. Vor allem steht da gleich im ersten Kapitel ein Satz, der den Schlüssel zu diesem Mensch gewordenen Bündel aus Ehrlichkeit, Sinnlichkeit, Geist und Mut bildet: „Denn du hast uns auf Dich hin geschaffen, Gott, und ruhelos ist unser Herz, bis es Ruhe findet in Dir." Dieser Satz leitet meiner Meinung nach über zur noch ausstehenden Frage.

Verhandlung 3: „Was hat der im Altertum lebende Augustinus uns neuzeitlichen Menschen noch zu sagen?"

Wichtig ist er über seine wissenschaftliche Bedeutung hinaus als ein Mensch, der immer auf der Suche nach der Erfüllung seines Lebens war, der auch nach Fehlern nicht aufgab. Sich immer wieder auf den Weg machte, und auch als alter und hoch angesehener Bischof seine Jugendsünden nicht vergaß. Er hätte sich ja auch zu einem Idol ernennen können. Aber er tat es nicht, und das macht mir (und wohl auch vielen anderen) Mut, ebenso zu mir selbst zu stehen.

Und deshalb stört es mich, wenn mir jemand dauernd einen fertigen richtungsweisenden, bis in den letzten Fasern "getauften" Augustinus, ein Idol und keinen Menschen eben, servieren will und mich damit mutlos macht. Denn wo bleibe ich dann mit meinen Paukereien, mit meinen geklauten Äpfeln, mit meinen „ungetauften" Seiten?

P. Roger Gerhardy OSA.

Zum Nachdenken! ✍ ☺ ✋ ♡

Ein Mann vergnügt sich als Student mit Musik, Theater, und Liebschaften. Nach Jahren der Unruhe erkennt er selbstkritisch: "Ich bin mir selbst zum Problem geworden." Ein seltsames Ereignis lässt ihn nachdenklich werden, als er sich in aller Stille auf einem Landgut bei Mailand aufhält. Er schreibt: "Und siehe, da höre ich eine Stimme ..." In der Osternacht 387 n. Chr. wird dieser junge Mann von Bischof Ambrosius getauft. In dieser Zeit stirbt seine Mutter. Ihre letzten Worte mussten den jungen Mann sehr beeindruckt haben, weil er sie uns aufschrieb:"Da sagte meine Mutter: Mein Sohn, was mich angeht, so freut mich jetzt nichts mehr am irdischen Leben. Ich weiß nicht, was ich hier noch tue und warum ich hier noch bin. Auf Erden habe ich ja nichts mehr zu hoffen. Ein einziges war es, dessentwegen ich eine kleine Weile noch in dieser Welt weilen wollte, dass ich als katholischen Christ dich sehe, ehe ich sterbe. Das hat mein Gott mir überall verliehen, da ich dich sehen darf als seinen Knecht, der alles Erdenglück verachtet."

RELIGION	Name:	Klasse:	Datum:	Nr.

Wer war Augustinus?

Sechzehn Jahrhunderte trennen uns von der überragenden Persönlichkeit des hl. Augustinus, der am 13. November 354 in Tagaste in Nordafrika geboren wurde und am 28. August 430 als Bischof von Hippo Regius westlich des antiken Karthago starb.

Die Künstler späterer Jahrhunderte haben ihn meist mit Chormantel, Mitra und Krummstab zu einem Bischof unserer Zeit gemacht. Wir müssen ihn uns aber in einer weißwollenen Tunika mit Ärmeln und Sandalen vorstellen, wie ihn das älteste Porträt, ein Fresko im Lateran zu Rom, zeigt. Der große Kirchenlehrer gehörte zeitlich noch der Spätantike an. Augustinus war der größte Philosoph der Alten, der genialste und einflussreichste Theologe der Kirche, der ‚doctor gratiae', d. h. Gnadenlehrer, das ‚Genie des Herzens', der größte unter den vier großen abendländischen Kirchenvätern. In die Lebenszeit des Augustinus fällt der Untergang des römischen Weltreiches, das schließlich zwei in Zusammenhang stehenden Vorgängen unterliegt, nämlich von innen her dem Abtrünnigwerden des Proletariats und dem Ansturm der Barbaren von außen. Vor diesem Hintergrund spielte sich das Leben des hl. Augustinus ab, hierin gipfelte seine Lehre. Sie lehrt noch uns Heutige die Kunst, in einer Zeit der Katastrophen zu leben. Seine Kindheit fiel in die letzten Phasen der römischen Gewaltherrschaft, der gereifte Mann sah erschüttert - am 24. August 410 -, wie das befestigte Rom von den Westgoten Alarichs erobert wird. Im Meditieren über den Sturz dieser zivilisierten Weltstadt entstand eines seiner Meisterwerke, die 22 Bücher des ‚Gottesstaats'- De civitate Dei -. Zwanzig Jahre später sollte er in seiner von den Vandalen Geiserichs belagerten Bischofsstadt Hippo sterben.

Aber Augustinus war nicht nur Zeuge des Untergangs einer Welt. Mit der Bekehrung Kaisers Konstantins d. Gr. war das Reich christlich geworden, hatte die neue Religion endgültig gesiegt. Wenn auch das Heidentum noch eine Zeitlang widerstand, wenn auch Irrlehren und Spaltungen die junge Kirche erschütterten, nichtsdestoweniger ist das augustinische Jahrhundert ein Jahrhundert des sozialen, geistlichen und intellektuellen Aufblühens des Christentums gewesen. Es war das goldene Zeitalter der Kirchenväter und großen Denker. Augustinus war Zeitgenosse der größten Kirchenlehrer sowohl der griechischen wie der lateinischen Kirche. Augustinus, der mit Familiennamen Aurelius hieß, war ein afrikanischer Römer, dessen Muttersprache lateinisch war. Sein Vater Patricius bekehrte sich erst kurz vor seinem Tode zum Christentum, seine Mutter, die hl. Monika war Christin. Über sein Leben hat der Heilige uns in seinen berühmten ‚Bekenntnissen', den Confessiones, wohl der eindrucksvollsten Autobiographie der Weltliteratur, Rechenschaft gegeben.

Die Mutter unterwies den Knaben von klein auf in der christlichen Lehre. Die Taufe hat er erst sehr viel später, als reifer Mann, empfangen, sie war mehrmals aufgeschoben worden. Patricius ließ dem begabtesten seiner Söhne um den Preis großer Opfer eine Erziehung zuteil werden, die ihm später die Laufbahn des Lehramtes oder der Rechtsanwaltschaft, und damit Glanz und Reichtum, ermöglichen sollte. Die Grundschule besuchte er in seiner Geburtsstadt, die höhere Schule in Madaura, sein Hochschulstudium, das er mit 16 Jahren aus Geldmangel unterbrechen musste, wie er erzählt, beendete er in Karthago, der größten Stadt des damaligen römischen Afrika. Er empfing eine durch und durch aufs Literarische ausgerichtete lateinische Bildung. Seine leidenschaftliche Schönheitsliebe und sein ungezügeltes Temperament trieben ihn in diesen Jahren mancherlei Ausschweifungen entgegen: dem Besuch von Theater und Zirkusspielen, der sogenannten Liebe und anderem. In seinen ‚Bekenntnissen' geißelte er selbst aufs härteste sein damaliges, dem sinnlichen Genuss zugewandtes Leben. Schon um 375 wurde er in Karthago Lehrer der Rhetorik und machte bald von sich reden. Seit seinem 8. Lebensjahr lebte er in wilder Ehe mit einer Frau, die ihm einen Sohn gebar, dem er den frommen Namen Adeoatus - der von Gott gegebene - gab.

Augustinus erzählt uns, wie die Lektüre des ‚Hortensius' von Cicero in ihm jene „glühende Liebe zur Weisheit" geweckt hat, jene Suche nach Selbsterkenntnis und Wahrheit, die ihn sein ganzes Leben beseelen sollte. Diese Sehnsucht trieb ihn, zum großen Schmerz seiner frommen Mutter, zunächst auf einen Irrweg, nämlich in die Arme der Manichäer, einer christlichen Sekte. 383 siedelte Augustinus heimlich und gegen den Willen seiner inzwischen verwitweten Mutter nach Rom über. Auch dort als Lehrer der Beredsamkeit bald allgemein bewundert, wurde er wegen seiner hervorragenden Begabung und Gelehrsamkeit vom Stadtpräfekten Symmachus nach Mailand empfohlen. Monika war ihrem Sohn nach Rom gefolgt, 384 zogen beide nach Mailand.

Doch in Mailand geschah nun die große Wende. Er las Plato; die Gedanken über die Unsterblichkeit der Seele und das Gericht, überhaupt über die Fortdauer nach dem Tode und das Jenseits ergriffen ihn tief. Die Entdeckung der übersinnlichen Welt und ihrer eminenten Realität machte seine früheren materialistischen Abirrungen zunichte. Es ist sein Verdienst, dass diese hellenistischen Lehren in das Christentum eingeschmolzen wurden. Jedoch noch wesentlicher als die Lektüre des Plato wurde für ihn seine Begegnung mit dem hl. Ambrosius, damals Bischof von Mailand. Augustinus begann die Predigten des großen Lehrers der Kirche zu besuchen, die sogleich wegen ihrer schönen Form großen Eindruck auf ihn machten. Er schreibt darüber: „Allmählich kamen mit den Worten auch die Sachen, die ich vernachlässigte, in meinem Geist, und während ich darauf aufmerkte, wie beredt er sprach, prägte sich mir auch ein, wie wahr er sprach." Auch die bisher von ihm wegen ihrer Alltagsprache verachtete Bibel erschloss sich ihm jetzt allmählich.

RELIGION	Name:	Klasse:	Datum:	Nr.

Er begann sie zu lesen und zu erforschen, und zwar nicht mehr wie ein Stück Literatur, sondern nach ihrem Gehalt. Jedoch immer noch sträubte sich in Augustinus alles gegen seine Unterwerfung, noch quälten ihn schwere innere Kämpfe.
Da lernte er die Briefe des hl. Paulus kennen; er erfuhr durch Pontitianus, einen hochgestellten Christen, von Antonius dem Großen und dessen Mönchen, ja dieser erzählte ihm von seiner eigenen Erschütterung durch die Bekehrung zweier Freunde zum Mönchturn. „Ich musste mich vergleichen mit diesen Männern, die in heilsam heiliger Glut sich ganz Dir - o Gott - hingegeben haben, dass Du sie heiltest. Und je glühender ich sie liebte, desto grimmiger musste ich mich hassen ..." , schreibt er von ihnen. Schließlich gab ein von ihm selbst geschildertes Erlebnis den letzten Anstoß zur Entscheidung. Er meditierte im Garten seines Hauses in Mailand in der Nähe seines Freundes Alypius. Da hörte er plötzlich die Stimrne eines Kindes, die zu singen schien: „Tolle, lege" - nimm und lies. Augustinus schlug das Buch des hl. Paulus auf, das er zu dieser Zeit immer bei sich trug und das vor ihm auf dem Tische lag, und stieß auf die Stelle im Römerbrief (13, 13): „Nicht in Schmausereien und Trinkgelagen, nicht in Ausschweifungen, nicht in Zank und Streit sucht euer Heil. Sondern ziehet an den Herrn Jesus Christus und pflegt das Fleisch nicht zur Erregung euerer Lüste."
Die Gnade traf ihn, eine Erleuchtung überkam ihn, die Entscheidung war gefallen! Sie hieß: ein neues Leben beginnen, in die Kirche eintreten und auf die Welt verzichten. Von der Mutter seines Sohnes hatte er sich schon getrennt, von einer zweiten Geliebten trennte er sich nunmehr, ebenso löste er sein Verlöbnis mit einer Frau, die er zu heiraten beabsichtigt hatte. Um kein Aufsehen zu erregen, blieb er bis zum Beginn der Ferien noch in seinem Lehramt, das er dann still niederlegte. In den Ferien bereitete er sich auf dem Landgut Cassiciacum auf die Taufe vor. Einige christliche Freunde und Monika waren bei ihm. Am Ostersamstag 387 empfing Augustinus nebst seinem Sohne und seinem Freund Alypius aus der Hand des hl. Ambrosius in Mailand die Taufe. Ruhig geworden, verfasste er nun seine philosophischen Dialoge und führte jenes Leben der Einkehr, des Gebets und des Studiums, in dem er hinfort sein Ideal sah. Seine Mutter Monika starb plötzlich in Ostia in dem Augenblick, als Augustinus sich mit ihr nach Afrika einschiffen wollte. Er brachte noch ein Jahr in Rom zu, dann begab er sich nach Tagaste, verkaufte seine väterlichen Besitzungen und verteilte das Geld an die Armen, versammelte seine treuesten Freunde um sich und baute eine Art Klostergemeinschaft auf, in der er den Rest seiner Tage zu verbringen hoffte. Diese glückliche Zeit dauerte indessen kaum drei Jahre (388-391).
Der greise Bischof Valerius von Hippo war auf den Gottesmann aufmerksam geworden. Er entriss ihn der Stille und erteilte ihm trotz seines Widerstrebens die Priesterweihe. 392 trat Augustinus seine Tätigkeit als Prediger an, fünf Jahre später wurde er zum Hilfsbischof des Valerius und 396 zu dessen Nachfolger erhoben. Fast 40 Jahre bleibt er an die Kirche von Hippo Regius gebunden.
Eifrig und liebevoll war er tätig für die Gemeinde seines Herzens, übte er seinen geistlichen Beruf aus. Im Kontakt mit dem Volksglauben lernte er jetzt die verschiedenen Formen der Frömmigkeit wie Märtyrerkult, Reliquienverehrung und Wunder verstehen, an denen sich die Ansprüche seiner reinen, aber stolzen Philosophie früher gestoßen hatten. Er begründete in seinem Haus eine Art klösterliches Zusammenleben von Priestern als Zentrum der Betrachtung und des Apostolats, woraus sich später die Augustiner- Chorherren und Augustiner-Eremiten entwickelten. Er verfasste eine Menge von Schriften, denn mehr noch als das Heidentum machten dem Bischof die Sekten und Ketzer zu schaffen, gegen die er schrieb und predigte. Augustinus wirkte als der größte Prediger der abendländischen Kirche, als Kämpfer für den rechten Glauben, als der durch seine Schriften die ganze christliche Welt des Westens erfassende bischöfliche Seelsorger. Er hielt Synoden ab, stand mit allen bedeutenden Männern seiner Zeit in Briefwechsel, leitete die katechetische Unterweisung der Bekehrten, kümmerte sich um die karitativen Werke, verteidigte Arme und Unterdrückte gegen die Obrigkeit, setzte sich für Schuldige ein, verwaltete das Kirchengut. Er musste Recht sprechen, Reisen unternehmen, Verhandlungen und Dispute führen und vieles mehr, so dass - wie aus seinen Briefen hervorgeht - „das Gewicht seines Amtes ihn fast erdrückte".
Die Abfassung des riesigen Werkes, das uns von dem hl. Kirchenlehrer erhalten blieb, zog sich über viele Jahre hin, es besteht aus 113 Schriften, 218 Briefen und 500 Predigten. Allein am ‚Gottesstaat' arbeitete der Heilige 22 Jahre! Er beeinflusste sowohl Philosophie, Dogmatik, Moraltheologie und Mystik wie auch Sozialleben, Kirchenpolitik und Staatsrecht. Augustinus wurde der große Mitgestalter der abendländischen Kultur des Mittelalters, ohne ihn hätte das Abendland das alte Erbe der Antike niemals übermittelt bekommen, das die Kirche bewahrt.
Nach seinem Tod hatten flüchtende Christen die Asche des hl. Kirchenvaters 496 nach Sardinien gebracht. Von da holte sie der Langobardenkönig Luitprand 723 nach Pavia und ließ sie in der Kirche San Pietro in Ciel d'Oro beisetzen. Das seltsame Grabmal, das man dort später errichtete, stammt aus dem 14. Jahrhundert.

entnommen aus: Melchers, Das große Buch der Heiligen, Südwest Verlag München 1978

RELIGION	Name:	Klasse:	Datum:	Nr.

Den Sinn des Lebens finden - der heilige Augustinus

Die Rolling Stones widmen dem heiligen Augustinus im Lied "You'll never make a saint of me" eine interessante Strophe. Sie heißt:

Augustin knew temptation / he loved women, wine and song /
and all the special pleasures / of doing something wrong.

❶ Was sagt uns diese Zeile über das Leben des jungen Aurelius Augustinus?

❍ Glück kann der Mensch selbst schaffen. ❍ Glück ist vergänglich.
❍ Glück kann von den Menschen allein nicht endgültig geschaffen werden.
❍ Glück erreicht der Mensch nur im Reichtum und im Luxus.

❷ Welche Einsichten hatte der hl. Augustinus nach seiner stürmischen und verschwenderischen Jugendzeit?

❍ Glück kann der Mensch selbst schaffen.
❍ Glück ist vergänglich.
❍ Glück kann von den Menschen allein nicht endgültig geschaffen werden.
❍ Glück erreicht der Mensch nur im Reichtum und im Luxus.

❸ Tragt in das Schaubild folgende Begriffe richtig ein: *Glück - Heil - Heil*

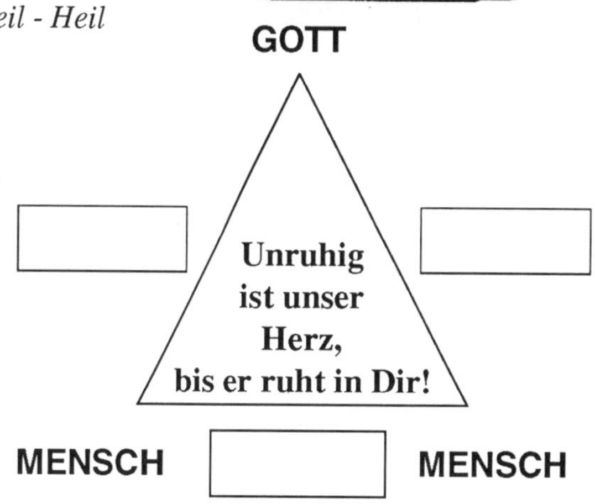

❹ Daraus entstehen für Christen zwei wichtige Glaubenssätze.
Kreuzt die richtigen an!

❍ Endgültiges Glück findet der Mensch nur in Reichtum und Luxus.
❍ Endgültiges Glück findet der Mensch nur in einer harmonischen Partnerschaft.
❍ Endgültiges Glück findet der Mensch nur in Gott.
❍ Vollendetes Glück bedeutet "ewiges Heil".
❍ Vollendetes Glück kann der Mensch auch auf Erden finden.

❺ Jesus spricht in der Bergpredigt vom Glück der Menschen:

Selig, die arm sind vor Gott; denn ihnen gehört das Himmelreich.
Selig die Trauernden; denn sie werden getröstet werden.
Selig, die keine Gewalt anwenden; denn sie werden das Land erben.
Selig, die hungern und dürsten nach der Gerechtigkeit; denn sie werden satt werden.
Selig die Barmherzigen; denn sie werden Erbarmen finden.
Selig, die ein reines Herz haben; denn sie werden Gott schauen.
Selig, die Frieden stiften; denn sie werden Söhne Gottes genannt werden.
Selig, die um der Gerechtigkeit willen verfolgt werden; denn ihnen gehört das Himmelreich.
Selig seid ihr, wenn ihr um meinetwillen beschimpft und verfolgt und auf alle mögliche Weise verleumdet werdet. Freut euch und jubelt: Euer Lohn im Himmel wird groß sein. Denn so wurden schon vor euch die Propheten verfolgt.

❻ Der Jesuitenpater Alfonso Pereira ist anderer Meinung:

Selig die Reichen, denn "Geld regiert die Welt". Selig die Rücksichtslosen, denn "sie gehen über Leichen" und werden es zu etwas bringen. Selig die Lauten und Oberflächlichen, denn "wir kommen alle, alle in den Himmel" und darum "meide den Kummer und meide den Schmerz, dann ist das Leben ein Scherz". Selig, die hungern und dürsten nach Macht und Ansehen, denn sie werden diese Welt beherrschen. Selig die Egoisten, denn "selber essen macht fett". Selig die Raffinierten, denn sie werden ihre "Schäfchen ins Trockene bringen". Selig, die alle anderen durcheinanderhetzen, denn sie können "im Trüben fischen". Selig, die ihren Mantel nach dem Wind hängen, denn sie werden immer obenauf sein und "machen kann man da nichts".
Selig seid ihr, wenn euch die Menschen loben und anhimmeln und euch beklatschen, weil ihr ihnen nach dem Munde redet und "nur nicht auffallen" wollt, denn ihr werdet gute Posten, Ehrenurkunden und Orden bekommen.

❼ Warum bestehen zwischen der Bergpredigt und dem täglichen Leben Widersprüche?
❽ Warum leben manche Christen ganz anders, als Jesus es wollte.
❾ Vergleicht euer eigenes Leben mit den beiden Texten! Was könnt ihr feststellen?

RELIGION	Name:	Klasse:	Datum:	Nr.

Lösung: Den Sinn des Lebens finden - der heilige Augustinus

Die Rolling Stones widmen dem heiligen Augustinus im Lied "You'll never make a saint of me" eine interessante Strophe. Sie heißt:

Augustin knew temptation / he loved women, wine and song /
and all the special pleasures / of doing something wrong.

❶ Was sagt uns diese Zeile über das Leben des jungen Aurelius Augustinus?

● Glück kann der Mensch selbst schaffen. ❍ Glück ist vergänglich.
❍ Glück kann von den Menschen allein nicht endgültig geschaffen werden.
● Glück erreicht der Mensch nur im Reichtum und im Luxus.

❷ Welche Einsichten hatte der hl. Augustinus nach seiner stürmischen und verschwenderischen Jugendzeit?

❍ Glück kann der Mensch selbst schaffen.
● Glück ist vergänglich.
● Glück kann von den Menschen allein nicht endgültig geschaffen werden.
❍ Glück erreicht der Mensch nur im Reichtum und im Luxus.

❸ Tragt in das Schaubild folgende Begriffe richtig ein: *Glück - Heil - Heil*

❹ Daraus entstehen für Christen zwei wichtige Glaubenssätze.
Kreuzt die richtigen an!

❍ Endgültiges Glück findet der Mensch nur in Reichtum und Luxus.
❍ Endgültiges Glück findet der Mensch nur in einer harmonischen Partnerschaft.
● Endgültiges Glück findet der Mensch nur in Gott.
● Vollendetes Glück bedeutet "ewiges Heil".
❍ Vollendetes Glück kann der Mensch auch auf Erden finden.

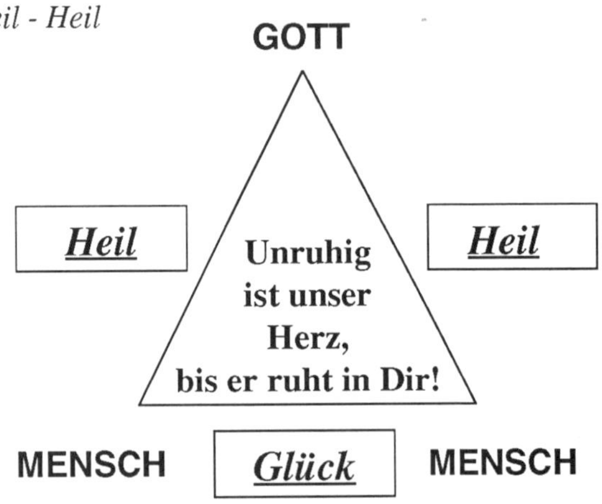

Folienbild:

Wofür die Kirche da ist - Hilfen zum Leben

❶ Aktive Pfarrgemeinden - das Evangelium als Richtschnur

Kennen lernen von kirchlichen Diensten und Aufgaben
Aufmerksam werden auf das vielfältige Wirken der Kirche in unserem Lebensraum

● Gemeinde ist wie ...	AB, Bild
● Null Probleme?	AB, Text
● Gemeinsam Gemeinde gestalten	AB,Texte
● Aktive Pfarrgemeinden - das Evangelium als Richtschnur	AB, Bild

Klassengespräch über Gründe,
warum sich Menschen in der Gemeinde engagieren am Beispiel
Jugendgruppen, Jugendverbänden, in Projekten und Diensten
(siehe auch Kath. Religion 5: Thema 5: Kirche am Ort, Seite 104 ff)

❷ Kirche in unserer Gesellschaft - Verantwortung übernehmen

Einsicht in das Selbstverständnis der Kirche als Gemeinschaft,
die sich für andere Menschen, für Arme, Notleidende und Unterdrückte einsetzt
Einblick in die vielfältigen Aktivitäten und Projekte kirchlicher Gruppen und Verbände

● Die Kirche hilft - und keiner weiß es!	AB, Bilder
● Die Caritas kümmert sich um Jung und Alt	AB, Text
● Welche Idee steckt hinter "Kolping"?	AB, Text, Fragen
● Das Kolpingwerk heute	AB, Text
● Für eine menschlichere Arbeitswelt - das Kolpingwerk	AB, Fragen

Besuch des örtlichen Caritas-Verbandes oder Kolpingwerks
Diskussion über kirchliche Verlautbarungen zu kulturellen und sozialen Fragen
zu Sonn- und Feiertagen

❸ In der Einen Welt leben - Einsatz für Gerechtigkeit und Frieden

Weckung von Interesse für die Aufgaben der Kirche in aller Welt
Bereitschaft zu Solidarität und Engagement

● Steckt hinter Misereor auch die Kirche?	AB, Text
● Niemand wird ohne Hilfe weggeschickt: Mission und Sozialarbeit	AB, Texte
● Wofür die Kirche da ist, steht in der Heiligen Schrift!	AB, Texte, Folie
● Warum wollen junge Menschen Missionar werden?	AB, Texte
● In der Einen Welt leben	AB, Texte, Bild

Diskussion über folgende Themen:
Die "Dritte Welt" deckt uns den Tisch - wir dürfen nicht auf Kosten anderer leben!
Anders leben, damit andere leben können - Konsequenzen für unseren eigenen Lebensstil

Hinweis:
Ergänzende Unterrichtsmaterialien aus dem pb-Verlag Puchheim zu diesem Lernziel finden Sie in:
Weltreligionen
52. Die "Ameise" im Land der Mapuche - Wie Christen missionieren und in aller Welt helfen!
Katholische Religion 6, Eigene Interessen und Fähigkeiten entdecken und entfalten
Thema 2: Christengemeinden entstehen - von Jerusalem in die Welt
Katholische Religion 5, In Gemeinschaft miteinander leben und glauben
Seite 146: Hilfe durch Handel(n)
Katholische Religion 7, Auf der Suche zu sich selbst
Ethik (Band 1) In sozialer Verantwortung leben und lernen
Thema 2: Verantwortung für Kinder in schwierigen Situationen
Thema 3: Soziale Verantwortung: anderen in Not helfen
Ethik (Band 2) Nach ethischen Maßstäben entscheiden und handeln

RELIGION	Name:	Klasse:	Datum:	Nr.

Wofür ist die Kirche da?

Jeder kennt Mutter Teresa!

aber:
in der Kirche arbeiten viele Mutter Teresas!

RELIGION	Name:	Klasse:	Datum:	Nr.

Gemeinde ist wie ...

❶ ***Tragt folgende Begriffe in das Schaubild ein:***
miteinander - füreinander - du und ich -
zusammen - gemeinsam - wir alle

❷ **Versucht im Schaubild mit Symbolen so zu zeichnen, dass man erkennt, dass eine Gemeinde mit Gemeinschaft zusammenhängt.**

❸ ***Vervollständigt folgenden Satzbeginn!***

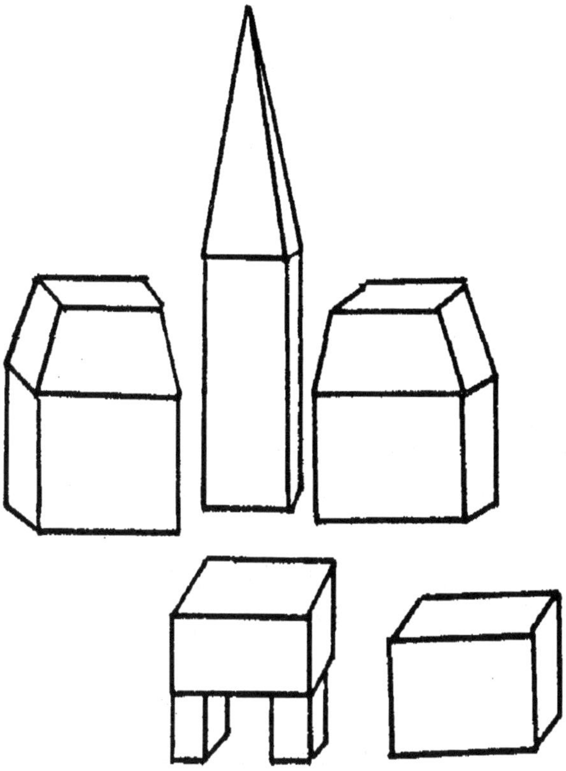

GEMEINDE ist wie ...

____

____

____

____

____

____

❹ **Was sagt die Heilige Schrift?**
Lest dazu folgende Kapitel und tragt jeweils den Text ein!

Text 1: 1 Kor 11, 17-34

____

Text 2: 1 Kor 12, 12-31

____

Text 3: Mt 16, 13-20

____

____

Text 4: Mt 18, 15-20

____

____

❺ ***Findet für die Buchstaben "GEMEINDE" passende Wörter, z. B.***
G wie Gemeinsamkeit
E wie Einander helfen
M wie Miteinander
E wie ...
I wie ...
usw.

G ______________________________

E ______________________________

M ______________________________

E ______________________________

I ______________________________

N ______________________________

D ______________________________

E ______________________________

RELIGION	Name:	Klasse:	Datum:	Nr.

Lösung: Gemeinde ist wie ...

❶ ***Tragt folgende Begriffe in das Schaubild ein:***
miteinander - füreinander - du und ich - zusammen - gemeinsam - wir alle

❷ ***Versucht im Schaubild mit Symbolen so zu zeichnen, dass man erkennt, dass eine Gemeinde mit Gemeinschaft zusammenhängt.***

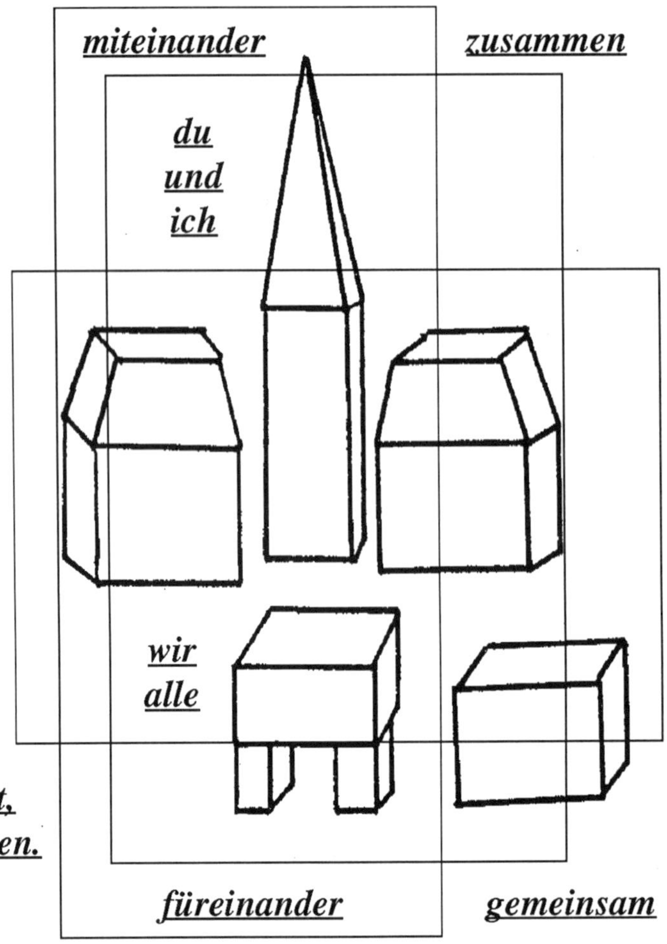

❸ ***Vervollständigt folgenden Satzbeginn!***

GEMEINDE ist wie ...

ein Baum, der wächst, Schatten spendet, beschützt, Blüten und Früchte bringt usw.

ein Weg, der beschwerlich und kurvenreich sein kann, aber zu einem Ziel führt.

ein Haus, das viele verschiedene Zimmer hat, aber einen Garten, den alle gemeinsam nutzen.

❹ **Was sagt die Heilige Schrift?**
Lest dazu folgende Kapitel und tragt jeweils den Text ein!

Text 1: 1 Kor 11, 17-34
In der Feier der Eucharistie baut sich die Gemeinde auf.

Text 2: 1 Kor 12, 12-31
Jedes Glied der Gemeinde hat eine spezielle Aufgabe.

Text 3: Mt 16, 13-20
Christi Gemeinde ist unzerstörbar; sie hat die Aufgabe, zu binden und zu lösen.

Text 4: Mt 18, 15-20
Wo zwei oder drei in Jesu Namen versammelt sind, da ist auch der Herr.

❺ ***Findet für die Buchstaben "GEMEINDE" passende Wörter, z. B.***
G wie Gemeinsamkeit
E wie Einander helfen
M wie Miteinander
E wie ... usw.

G ***Gemeinsamkeit, Gott, Gottesdienst, Glück***
E ***Einigkeit***
M ***Mut, Menschlichkeit***
E ***Eucharistie***
I ***Innerer Frieden, Interesse zeigen***
N ***Nähe, Nachbarschaft***
D ***Demut, Dienst***
E ***Evangelium***

RELIGION	Name:	Klasse:	Datum:	Nr.

Null Probleme?

Es gibt sie noch, auch wenn Sie immer weniger werden: Jugendliche, die sich in der Kirche und in ihrer Gemeinde engagieren. Sie halten Gruppenstunden, bereiten Gottesdienste vor, gehen bei Wallfahrten mit oder sitzen sogar im Pfarrgemeinderat. Und gerade im Pfarrgemeinderat kommt es immer wieder zu Spannungen, Auseinandersetzungen zwischen Jugendlichen und Erwachsenen.

Pfarrgemeinderat: ein Begriff, der allgemein bekannt ist, über den aber die wenigsten genauer Bescheid wissen. Geschaffen wurde dieses Gremium im Anschluss an das Zweite Vatikanische Konzil. ***Das Ziel:*** Die Gemeindeangehörigen sollen den Pfarrer bei seinen seelsorgerischen Aufgaben beraten und unterstützen. Gleichzeitig sollen die Laien eine Möglichkeit erhalten, aktiv in ihrer Pfarrgemeinde mitzuarbeiten. Je nach Größe der Gemeinde können bis zu sechzehn Mitglieder gewählt werden. Weitere können hinzuberufen werden, so zum Beispiel ein Jugendvertreter. Wahlberechtigt ist man ab sechzehn Jahren, ebenso kann man von da ab gewählt oder berufen werden.

Das ***Ideal*** eines Pfarrgemeinderates: Ein Team von Leuten, das eine Art Bindeglied zwischen Pfarrer und Gemeinde darstellt. Es soll einerseits dem Pfarrer eine echte Hilfe darstellen, andererseits die Gemeinde vertreten und auch Impulse für das Leben in der Gemeinde geben. Jede Gruppe sollte gleichberechtigt vertreten sein.

Und da beginnen schon die Schwierigkeiten. „Wir werden nicht für voll genommen, die Erwachsenen sind grundsätzlich gegen die Jugend“, so Kathrin aus einer Münchner Gemeinde. In der Gemeinde von Antonie schaut's ähnlich aus: „Die Mehrheit der Jugend wird total unterbuttert, die kommen da nicht zu Wort.“ Die Jüngeren können sich gegen die Alteingesessenen schwer durchsetzen. Ihre Anregungen werden übergangen, ihre Wünsche nicht beachtet. Es gibt auch das andere Extrem: „Immer wenn was zu machen ist, da muss halt die Jugend ran.“ Maria und Anton sind aus einem kleinen Dorf. Der Pfarrgemeinderat setzt sich eigentlich recht wenig mit der Jugend auseinander.“ Die Älteren räumen ihnen zwar einen festen Platz ein, aber sie wälzen auch ganz gern Sachen auf sie ab.

Wie kommt man überhaupt in den Pfarrgemeinderat? Die Pfarrgemeinde hat das Recht, selbst Kandidaten vorzuschlagen. Meist spricht jedoch der Pfarrer die Leute an. Das ist nicht immer einfach, denn viele haben keine Zeit oder keine Lust. Auch die Jugendlichen halten sich zurück. Ihre Kritik: Der Pfarrgemeinderat arbeitet zu bürokratisch, zu viel Blablabla und zu wenig Ergebnisse. „Der Pfarrgemeinderat berät und redet, aber nichts passiert“, bemängelt Kathrin. Außerdem gilt man sowieso nicht als gleichberechtigt.

Die Hauptaufgabe des Pfarrgemeinderates besteht vor allem darin, irgendetwas zu organisieren: Pfarrfeste, -abende, -jubiläen, Ausflüge, Gottesdienstvorbereitung. Dabei ist der Aufgabenbereich ursprünglich weiter gesteckt. Der Pfarrgemeinderat sollte die Rolle eines Multiplikators übernehmen, der Anregungen für das Leben in der Gemeinde gibt: So wären beispielsweise Ökumene oder Erwachsenenbildung wichtige Bereiche. Das wird häufig übersehen. Maria: „Die Probleme, wo die sich die Köpfe einschlagen, das ist mir dann zu läppisch.“ Die Diskussionen werden als langweilig und unergiebig beurteilt. „Motto: Friede, Freude, Eierkuchen“, so die Meinung von Kathrin. Keiner will dem anderen weh tun und gegen den Pfarrer stellt sich schon gar keiner.

Der Pfarrgemeinderat hat nur eine beratende und unterstützende Rolle. Bei Entscheidungen ist er auf das Einverständnis des Pfarrers angewiesen. Das ist ein schwieriger Punkt, denn nicht jeder Pfarrgemeinderat ist immer einer Meinung mit dem Seelsorger. Wie's dann weitergeht, hängt von der Einstellung des Pfarrers ab. Viele bemühen sich, eine Einigung zu erzielen, aber es gibt auch andere, die auf ihrer Autorität beharren wie bei Birgit. „Da kommt dann der Pfarrer und sagt, so und so wird das gemacht, und dies und dies läuft und das ist so. Schluss, Aus, Amen!“

Andererseits besteht nicht jeder Pfarrgemeinderat aus engagierten Leuten, die sich ihre Meinung sagen trauen. Im Gegenteil. Marlene: „Bei uns sind die drin, die praktisch den Pfarrer noch unterstützen, die den Pfarrer wollen, die brave biedere Christen sind.“ Nicht alle sehen in den Jugendlichen die Kirche von morgen. Sie haben Vorurteile und sind vor allem darauf bedacht, alte Traditionen zu bewahren und ja nichts Neues zu versuchen.

In jeder Gemeinde sollte ein Pfarrgemeinderat sein, soweit die Theorie. Und die Wirklichkeit? Noch immer gibt es Gemeinden, wo kein Pfarrgemeinderat existiert, weil sich der Pfarrer dagegen wehrt. Der Seelsorger hat entscheidenden Einfluss auf die Atmosphäre in der Gemeinde. Wenn er sich von ihr abschirmt, keinen Wert auf Zusammenarbeit legt, kann auch der beste Pfarrgemeinderat nichts machen.

Jugendliche im Pfarrgemeinderat: Das muss nicht immer ein schwieriges Verhältnis sein. Viele haben positive Erfahrungen gemacht. „Bei uns gibt's null Probleme“, meint Edith. Sie kommen sowohl mit dem Pfarrer als auch mit dem Pfarrgemeinderat gut aus. „Die haben immer ein offenes Ohr für uns.“ Wichtig ist, dass sich überhaupt Jugendliche als Kandidaten zur Verfügung stellen. Fast immer werden sie dann auch hineingewählt. Für die Arbeit im Pfarrgemeinderat ist es am günstigsten, wenn nicht nur ein „Alibi-Jugendlicher“ im Gremium vertreten ist, sondern mehrere Altersgenossen. Dann könnte vielleicht in Zukunft in so manchen gemächlichen Pfarrgemeinderat wieder mehr Schwung hineinkommen.

Christine Grosse, in: Junge Zeit 3/1986

RELIGION	Name:	Klasse:	Datum:	Nr.

Gemeinsam Gemeinde gestalten

Wie sehen junge Leute zwischen 15 und 25 ihre Möglichkeiten, in der Gemeinde mitzutun? ✍ ☺ ✋ ♡

Hier ihre Aussagen und Meinungen:

Ina, 19 Jahre:

Gemeinsam Gemeinde gestalten -
- das heißt mehr, als einmal wöchentlich Gottesdienstbesuch, und die anderen sechs Tage Selbstgerechtigkeit.
- das heißt mehr, als das passive Konsumieren dieses oder jenes kirchlichen Angebots.
Ist dieser Satz nicht viel mehr Aufforderung, verbunden durch den Geist Chisti, als Brüder und Schwestern für ihn Zeugnis zu geben - im Gottesdienst - in Gruppenstunden - in Aktionen der Jugend - im Alltag?
Der Geist Gottes muss die Menschen zum Handeln treiben, damit man die Gemeinde außerhalb der Kirche von einem Verein unterscheiden kann.

Bernadette, 18 Jahre:

Seit Oktober letzten Jahres bin ich in der KJG (Katholische Junge Gemeinde) tätig. Wir sind eine Gruppe von 12 Jugendlichen, die sich alle 2 Wochen für 2 Stunden etwa treffen. Wir bereiten Messen vor, machen montags im Jugendheim einen gemütlichen Abend, einmal im Monat sonntags in Zusammenarbeit mit dem BDKJ (Bund der Deutschen Katholischen Jugend) ein Filmforum.
Ich freue mich stets auf diese Gruppenstunden und arbeite in dem Bewusstsein, dass ich der Gemeinde helfe und meine Freizeit sinnvoll verbringe.
Wir möchten, dass durch die Arbeit der anderen Gruppen hier im Bezirk und unsere Gruppe die Gemeinde lebendig wird, sowohl im Glauben als auch durch die Veranstaltungen der einzelnen Gruppen.

Matthias, 17 Jahre:

Wie ich mich in meiner Pfarrei engagiere, das hängt davon ab, ob ich bereit bin, Zeit für die Gemeindearbeit zur Verfügung zu stellen. Ich habe die Erfahrung gemacht, dass es wichtig ist, sich auf einen bestimmten Teil der Gemeindearbeit zu beschränken, da die Arbeit insgesamt nicht gut genug ausgeführt werden kann, wenn ich bei zu vielen Aktivitäten dabei sein will. Ich muss mich also entscheiden, wo ich in der Gemeinde mitgestalten will und dann diese Aufgabe gewissenhaft erfüllen. Der Möglichkeiten, sich in der Gerneinde zu engagieren gibt es viele.
Die Mitarbeit erfordert Geduld und Zeit und die Bereitschaft, auch Misserfolge hinzunehmen. Jeder sollte nach seinen Fähigkeiten mitgestalten. Als christliche Gemeinde soll jeder sich in dieser Gemeinschaft wohlfühlen. Nicht Leistung und berufliche Karriere zählen, sondern das Miteinander in Christus. Wenn wir bereit sind, uns auf unsere Mitmenschen einzulassen, und versuchen, sie zu verstehen, auf sie zuzugehen und mit ihnen zu leben, so entsteht lebendige Gemeinde, eine Gemeinde, in der Jung und Alt sich verstehen und zusammenarbeiten. Wer die Erfahrungen gemacht hat, die entstehen, wenn versucht wird, ohne Vorurteile miteinander umzugehen, wird sie nicht mehr missen wollen.

Lutwin, 17 Jahre:

Was ist gemeinsam? - Zusammen etwas tun, denn gemeinsam ist man stärker als allein, und es macht mehr Spaß.
Was ist Gemeinde? - Ein Zusammenschluss aus vielen einzelnen Menschen, die Gemeinschaft erleben wollen. - In einer Gemeinde gibt es viele Aufgaben, und ein jeder muss seine Interessen in den Hintergrund stellen, um die der Gemeinde wahrzunehmen; sonst funktioniert nichts.
Warum gestalten? - Ohne Gestaltung geht nichts, denn sonst würde jeder machen, was er will. Um die Aufgaben in einer Gemeinde zu erfüllen, muss ein jeder Verantwortung übernehmen und diese tragen.

Arbeitsaufgaben: ✍ ☺ ✋ ♡

❶ **Wie denkt ihr über die einzelnen Stellungnahmen?**
❷ **Warum haben junge Leute oft im Pfarrgemeinderat wenig zu bestellen?**
❸ **Welche Gründe habt ihr, um in der Gemeinde mitzuarbeiten?**
❹ **Was macht die Gemeindearbeit wertvoll?**
❺ **Warum ist Gemeindearbeit für die Kirche so wichtig?**
❻ **Warum widersprechen Gemeinden oft in Einzelfragen der Meinung der amtlichen Kiche?**
❼ **Welche Themen im Pfarrgemeinderat wurden im letzten Jahr öffentlich diskutiert?**
❽ **Warum ziehen sich immer mehr junge Leute von ehrenamtlichen Tätigkeiten zurück?**
❾ **Was sollte von wem gemacht werden, dass sich junge Leute wieder politisch und kirchlich mehr in der Gesellschaft "einbringen"?**

RELIGION	Name:	Klasse:	Datum:	Nr.

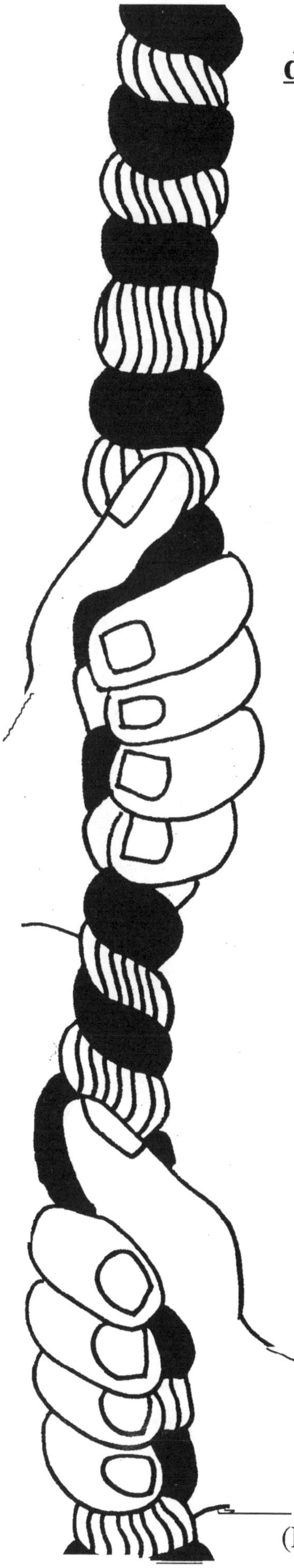

Aktive Pfarrgemeinden - das Evangelium als Richtschnur

❶ Das Leben in der Urgemeinde:

❷ Das Gemeindeleben heute:

❸ Wie sich Kirche versteht:

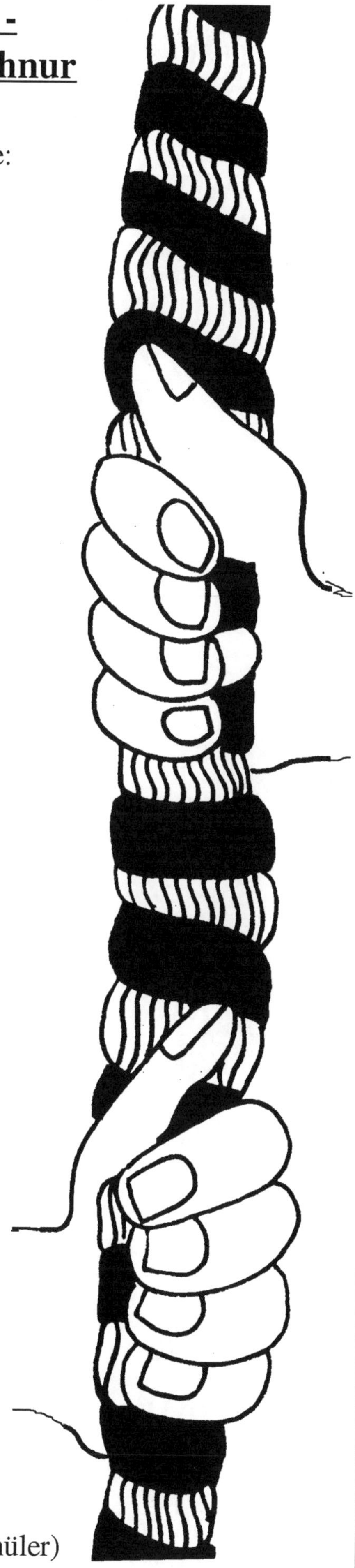

(Freie Gestaltungsmöglichkeit der Schüler)

RELIGION	Name:	Klasse:	Datum:	Nr.

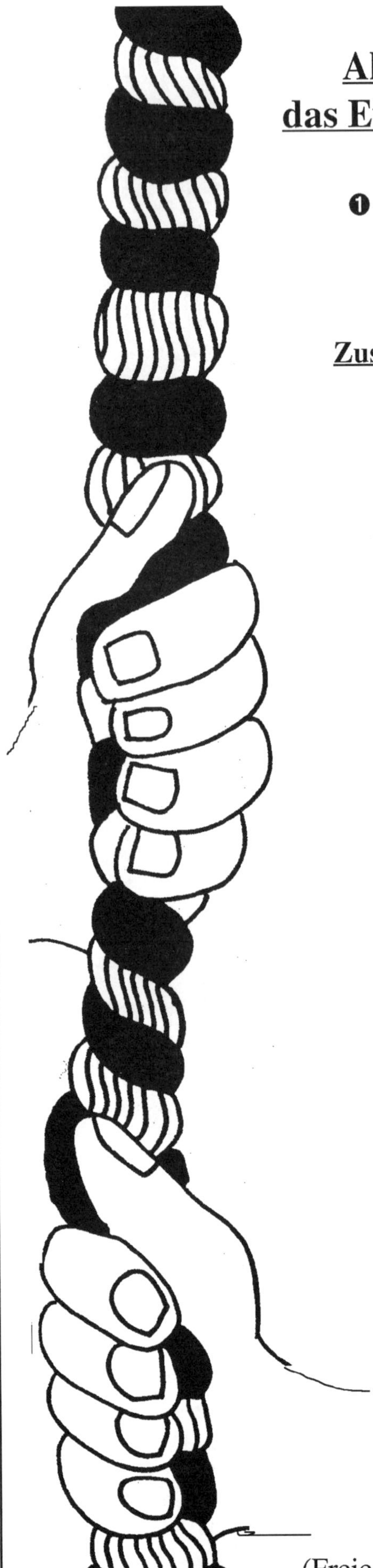

Lösungsvorschlag: Aktive Pfarrgemeinden - das Evangelium als Richtschnur

❶ Das Leben in der Urgemeinde:

in Gemeinschaft verweilen
Brotbrechen und beten
Zusammenhalt und Gerechtigkeit
u.a. Beispiele

❷ Das Gemeindeleben heute:

Gottesdienstgestaltung
Altkleidersammlung
Gruppenabende
Jugendmesse
Dritte-Welt-Sammlung
u. a. Beispiele

❸ Wie sich Kirche versteht:

Gemeinschaft und Zeichen
der Liebe Gottes

Volk Gottes
Leib Christi

das Evangelium
als Richtschnur

"Wo zwei oder drei
in meinem Namen
versammelt sind,
da bin ich mitten
unter ihnen!"

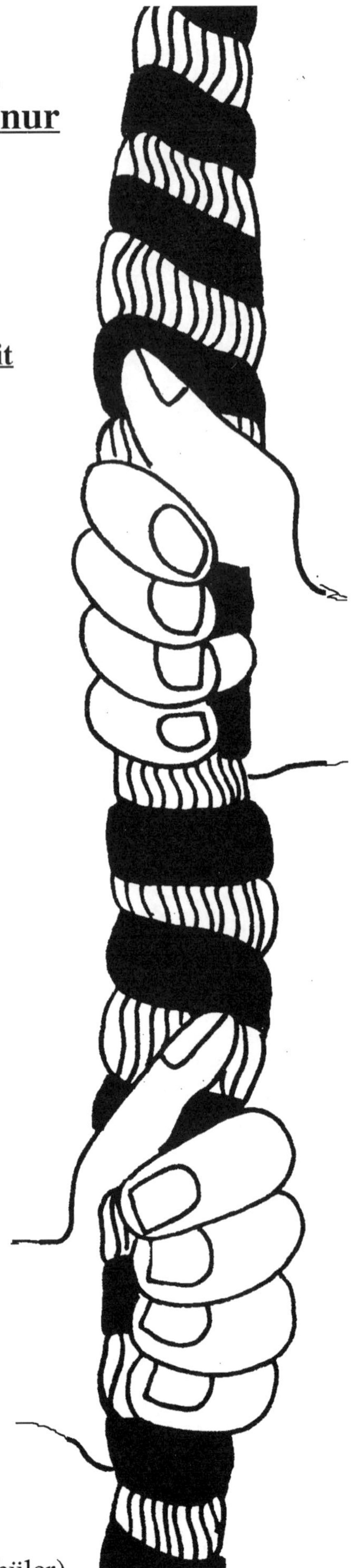

(Freie Gestaltungsmöglichkeit der Schüler)

RELIGION	Name:	Klasse:	Datum:	Nr.

Die Kirche hilft - und keiner weiß es!

Viele Menschen sind über die Dienste und Aufgaben der Kirche nur wenig informiert. Gewiss, jeder weiß, dass Priester Taufen vornehmen, Hochzeiten mit Gebeten und Zeremonien versehen und bei Beerdigungen tröstende Worte an die Hinterbliebenen richten. Doch was macht die Kirche sonst noch? Lest zuerst ein Zitat der 19-jährigen Petra, deren Arbeit auf den ersten Blick mit Kirche überhaupt nichts zu tun hat:

"Für mich ist das "Freiwillige soziale Jahr" eine Herausforderung. Ich will beweisen, dass ich etwas leisten kann." Seit September betreue ich im FSJ mehrere Behinderte. Mittwoch abends bringe ich ein spastisch gelähmtes und geistig behindertes Kind zu Bett, eine Rollstuhlfahrerin kommt nur mit meiner Hilfe zur Uni. Ich habe eine persönliche Krise jetzt überwunden - und ich habe viel dazu gelernt: Die Unsicherheit gegenüber Behinderten ist weg. Außerdem war unser Team, vor allem Zivi Robert, wahnsinnig nett. Jetzt glaube ich auch zu wissen, was ich studieren will: Psychologie, wie "meine" Rollstuhlfahrerin."

Übrigens: So wie Petra arbeiten in Bayern jährlich etwa 600 junge Frauen und Männer im Freiwilligen sozialen Jahr, zum Beispiel bei der Caritas. Die Caritas ist eine kirchliche Organisation, die sozial-caritative Dienste leistet. Sie hilft Menschen, die verschuldet oder unverschuldet in große Schwierigkeiten kommen.

Arbeitsaufgaben: ✍ ☺ ✋ ♡

❶ Warum entscheidet sich Petra für die Ableistung des FSJ?
❷ Welche Motive und Gründe wird die 19-jährige dafür haben?
❸ Wie beurteilt ihr ihren sozialen Einsatz für andere?
❹ Kann Sozialarbeit Hilfe und Orientierung für das eigene Leben sein?
❺ Wie kann Sozialarbeit die Zukunft junger Menschen bestimmen und bei der Gestaltung einer besseren Welt mithelfen?

❻ Informiert euch beim nächsten Caritas-Kreisverband und fertigt ein Referat über die vielfältigen Aufgaben dieser großen kirchlichen Hilfsorganisation!

❼ Unten haben wir einen Werbeprospekt einer anderen, nicht-kirchlichen Hilfsorganisation, der Arbeiterwohlfahrt, abgedruckt. Welche Hilfsdienste werden angeboten. Betrachtet die Bilder genau!

RELIGION	Name:	Klasse:	Datum:	Nr.

Die Caritas kümmert sich um Jung und Alt

Beispiel 1: Warum Kindertagesstätten für viele Mütter so wichtig sind!

Tageseinrichtungen für Kinder entstanden im 19. Jahrhundert aus der Notwendigkeit, Kindern eine Bleibe zu geben, wenn beide Eltern Geld verdienen mussten und kaum noch die Erziehung leisten konnten.

Zu dieser sozial-caritativen Aufgabe der Kindertagesstätten ist heute eine Erziehung hinzugekommen, die das ganze Kind im Auge hat. Das liegt an der ***veränderten Situation*** von Gesellschaft und Familie:

1. Technologisierung und Funktionalisierung in unserer Gesellschaft erfordern eine ganzheitliche Erziehung des Kindes
2. die Unterschiede der Erfahrungs- und Lernmöglichkeiten (u.a. in Stadt und Land) erfordern den Ausgleich von Defiziten in außerfamiliären Institutionen
3. das kinderfeindliche Großstadtmilieu erfordert Freiräume
4. die Kinder ausländischer Arbeitnehmer müssen unter Bewahrung ihrer kulturellen Eigenständigkeit eingegliedert werden
5. soziales Lernen kann in Klein- bzw. Ein-Kind-Familien nur unzureichend vermittelt werden
6. die familiäre Betreuung mancher Kinder ist durch die zunehmende Zahl von Alleinerziehenden und erwerbstätigen Müttern nicht mehr gewährleistet
7. die Verhaltensstörungen mancher Kinder weisen auf die Überforderung der Erziehungsaufgaben der Familien hin;
8. eine familienergänzende Erziehung durch Fachkräfte kann negative Entwicklungen aufhalten bzw. vorbeugen.

Der ***Caritasverband*** hat es immer als eine seiner vordringlichsten Aufgaben gesehen, in enger Zusammenarbeit mit den ***Pfarreien*** Kindertagesstätten zu bauen, zu fördern und durch seine Fachreferenten zu beraten.

Er sorgt dafür, dass in genügender Zahl außerschulische Tageseinrichtungen für Kinder bereitgestellt sind, die den Kindern Schutz und Hilfe gewähren und sie auf das spätere Zurechtkommen in der heutigen Gesellschaft vorbereiten. In altersgemischten ("Geschwister") Gruppen erfahren die Kinder eine ganzheitliche Förderung. Die Kindertagesstätten wirken aber auch über ihre Grenzen hinaus. Vor allem der Kindergarten ist ein wichtiger Teil der Gemeinden.

Beispiel 2: Warum es ohne Altenheime in unserem Staat nicht geht!

Der Anteil der alten Menschen an der Bevölkerung ist im Lauf der letzten 100 Jahre stark angestiegen. Mehr als 20 Prozent der Bevölkerung sind heute älter als 65 Jahre, fast sechs Prozent älter als 75 Jahre. Mit dieser Entwicklung hat auch die Nachfrage nach Altenheimplätzen und Pflegeplätzen zugenommen.

Die Diözesan-Caritasverbände haben nach dem 2. Weltkrieg ungezählte Caritas-Altenheime errichtet. Sie sind gebaut für ältere Menschen, die keinen eigenen Haushalt mehr führen können oder wollen, aber noch nicht bettlägerig sind. Im Altenheim erhalten sie Unterkunft, Pflege und Betreuung durch Fachpersonal: Altenpfleger(innen), Krankenschwestern, Schwesternhelferinnen und Stationshilfen. Da die Zahl der Pflegebedürftigen immer größer wird, hat jedes Caritas-Altenheim eine Pflegestation.

Für die Altenheime gilt genau wie für alle anderen Angebote der Altenhilfe der Grundsatz: die Selbständigkeit der alten Menschen zu bewahren und zu fördern. Es reicht nicht aus, ihnen ein Dach über dem Kopf zu schaffen und ihre Pflege und Verpflegung zu sichern. Alte Menschen wollen weder nur betreut werden noch passiv sein. Eine Entlastung von allen Aktivitäten führt zu frühzeitigem geistigen und körperlichen Leistungsabbau. Jeder Bewohner eines Caritas-Altenheims hat genügend Spielraum für die Gestaltung seines Lebens und nimmt aktiv teil am gesellschaftlichen, kulturellen und religiösen Leben. Zusammen mit den Mitarbeitern bilden die alten Menschen eine christliche Hausgemeinschaft, die getragen ist vom Geist der Nächstenliebe, von gegenseitigem Vertrauen, Freundlichkeit, Rücksichtnahme, Achtung und aufmerksamer Hilfsbereitschaft. Die Hauskapelle bildet die zentrale Mitte des Heimes. In ihr kann jeder Bewohner innere Ruhe und geistliche Geborgenheit finden.

Die Einrichtung der Altenheime sieht nette, geräumige Zimmer vor, alle mit Waschbecken, viele mit Badegelegenheit, WC und Telefonanschluss. Selbst eigene Möblierung im Altenheimbereich ist möglich. Die Gemeinschaftseinrichtungen sind Kapelle, Saal (z.T. mit Bühne), Sitzecken, Teeküche, Fernsehräume, Bücherei, z.T. Bastel- und Gymnastikräume. Es gibt drei Mahlzeiten pro Tag sowie die Möglichkeit zur Benutzung der Stations-(Verteiler)-Küche.

Arbeitsaufgaben:

❶ Warum braucht unser Staat Kindertagesstätten?
❷ Welche Aufgabe haben Kindertagesstätten?
❸ Warum braucht unser Staat Altenheime?
❹ Welche Aufgabe haben Altenheime?
❺ Warum ist die Arbeit der Caritas für unsere Gesellschaft so wichtig?
❻ Wie denkt ihr über folgenden Satz von Ernst Schnydrig:
Es ist eine größere Würde, einem Menschen in der Not zu helfen, als den Mond zu erobern.

RELIGION	Name:	Klasse:	Datum:	Nr.

Welche Idee steckt hinter "Kolping"?

❶ Welcher große Sozialreformer des 19. Jahrhunderts ist im folgenden Text gemeint? ______________
Er wurde in Kerpen bei Köln geboren, erlernte das Schusterhandwerk und wurde später Priester. Selbst einmal Handwerksgeselle, hatte er Einblick in die soziale Not dieser Gesellschaftsschicht: lange Arbeitszeiten, geringer Lohn, sittlicher Verfall.

Er schrieb dazu:
Die Handwerksburschen arbeiten zumeist bis tief in den Sonntag hinein, kümmern sich wenig um Gott noch Kirche, wandern mit ihren erworbenen Groschen die lustige Straße; entweder liegen sie zechend und spielend auf den Herbergen herum, oder sind doch nur an öffentlichen Vergnügungsorten, und nicht immer den anständigeren, oder im Wirtshaus zu treffen. Ist vom Sonntag her noch Geld übrig geblieben, bietet der Montag, der blaue, schöne Gelegenheit, das unter die Leute zu bringen. Gar oft besitzen sie nicht einmal ein ordentliches Kleid, um mit Anstand auf der Straße sich zeigen zu können, gehen erst beim Abend aus, um sich für manche Entbehrung der Woche in roh sinnlicher Lust schadlos zu halten ... abhold jeder Zucht, der Ungebundenheit ergeben, beuten sie ihre Lage, ihr Alter und ihre Kräfte nur aus, um in ihrer Weise das Leben zu genießen."

❷ Für das soziale Elend der Handwerksburschen gab es Gründe. *Streicht sie an!*
❍ Die Industrialisierung führte zum Niedergang des Zunftwesens.
❍ Weil das Zunftwesen auseinanderbrach, hatten die Handwerksgesellen wirtschaftliche und soziale Unsicherheiten.
❍ Die Industrie zahlte hohe Löhne für kurze Arbeitszeiten.
❍ Die Industrie zahlte geringe Löhne und gewährte keinerlei sozialen Schutz.

August Bebel der Mitbegründer der Sozialdemokratischen Partei Deutschlands (SPD) berichtet von einem Zusammentreffen:
" In Freiburg im Breisgau verlebte ich einen sehr angenehmen Sommer. Aber was mir fehlte, war Anschluss an gleichgesinnte junge Leute. Eines Tages klopfte ich an die Tür des Freiburger Gesellenpräses. Gott segne das ehrbare Handwerk, grüßte ich. Bist wohl ein Schneider, fragte der Präses mich, weil ich in meinem dünnen Wams wohl wie ein Ritter von der Nadel aussah. Nein, antwortete ich, ich sei Drechslergeselle, heiße Bebel und wäre 18 Jahre alt. Bist du im Gesellenverein, fragte der Präses weiter. Nein, ich bin evanglisch, sagte ich. Macht nichts, macht nichts! Uns ist jeder wackere Handwerker und anständige Christ willkommen. Ich weiß auch schon einen Meister für dich und denke, dass auch eine Kammer in unserem Gesellenhaus am Karlsplatz für dich frei wird, meinte er. Kann aber nicht viel zahlen, einstweilen, antwortete ich verlegen. Dank Gott, dass du arm bist! Zu viel Geld ist wie zu viel Fett, das keinen Abfluss findet. Es macht elend und krank! meinte der Präses. Das hätte ich aber noch nie gehört, dass Geld elend und krank macht, entgegnete ich ihm. Mein Gegenüber aber meinte:
"Natürlich hast du das schon gehört! Oder kennst du das Evangelium vom ungerechten Mammon nicht? Das meiste Geld ist böse und den Armen geraubt!"
Man könnte denken, einen Kommunisten reden zu hören, entfuhr es mir. "Vielleicht bin ich einer! Je besser der Mensch lebt, umso unbehaglicher wird es ihm, dass es seine Brüder schlimmer haben!" meinte er. Ich jedenfalls ließ mich gerne aufnehmen und habe es nie bereut. In diesen Vereinen herrschte gegen Andersgläubige volle Toleranz!"

❸ Was erfahren wir über Adolph Kolping als Präses des Freiburger Gesellenvereins?
❹ Welchen Eindruck macht er auf August Bebel?
❺ Wie spricht August Bebel über das Klima in den Gesellenvereinen?

Adopf Kolping hatte einen Traum, eine Idee:
"Tüchtige Bürger sollen sie werden, zu tüchtigen Bürgern muss man sie erziehen. Ein tüchtiger Bürger muss ein tüchtiger Christ und ein tüchtiger Geschäftsmann sein, nun, dann muss man der betreffenden Jugend wenigstens insoweit zur Hand gehen, dass sie beides werden kann. Tüchtige Bürger gedeihen aber nur in einem tüchtigen Familienleben. Wenn das für unsere Jugend anderwärts fehlt, wissen wir alle sehr gut, dann suchen wir unsern jungen Leuten durch einen solchen Verein wenigstens annährend die Vorteile zu gewähren und darauf mit allen Kräften hinzuwirken, dass diejenigen, welche sich um uns scharen, einst eine bessere, an Leib und Seele gesündere Generation in unserm Familienleben erziehen."
❻ Kolpingvereine heißen auch ❍ Kolpingverbände ❍ Kolpingfamilie ❍ Kolpinggruppen

RELIGION	Name:	Klasse:	Datum:	Nr.

Das Kolping-Werk heute

Das Kolpingwerk ist eine Lebens-, Bildungs- und Aktionsgemeinschaft. Die Basis der Verbandsarbeit bilden die örtlichen Kolpingsfamilien. Der Mensch braucht Gemeinschaft, wo das Individuum noch etwas gilt, wo er gehört, verstanden, angenommen, gewünscht und benötigt wird.

Das Programm
Das Kolpingwerk ist die von Adolph Kolping geschaffene und geprägte Bildungs- und Aktionsgemeinschaft zur Entfaltung des Einzelnen in der ständig sich erneuernden Gesellschaft. Daher geht es in seiner Arbeit aus von den Bedürfnissen und Interessen der Menschen in der modernen Gesellschaft. Das Kolpingwerk wendet sich mit seinen Bildungsangeboten an seine Mitglieder und an die Öffentlichkeit.
Das Kolpingwerk hat folgende Ziele und Aufgaben:
1.
Seine Mitglieder zu befähigen, sich als Christen in der Welt und damit im Beruf, in Ehe und Familie, in Kirche, Gesellschaft und Staat zu bewähren;
2.
Lebenshilfen und Dienste für seine Mitglieder und Mitmenschen anzubieten;
3.
durch die Aktivität seiner Mitglieder wie seiner Gruppierungen das Gemeinwohl zu fördern und an der ständigen Erneuerung der Kirche und der Gesellschaft mitzuwirken.
Das Kolpingwerk versteht Bildung als einen in Gemeinschaft vollzogenen und den ganzen Menschen in seinen einzelnen Lebensphasen umgreifenden Prozess. Es vermittelt ein gegliedertes Bildungsangebot und Hilfen in folgenden Bereichen:
➜ glaubensbezogene Bildung
➜ arbeits- und berufsbezogene Bildung
➜ musisch-kulturelle Bildung
➜ Elternbildung
➜ familienbezogene Bildung und
➜ politische Bildung.

Der gesellschaftspolitische Auftrag
Das Kolpingwerk fordert und fördert das Mitdenken, Mitsprechen, Mithandeln und Mitverantworten seiner Mitglieder im politischen Geschehen. Es will die freie und rechtsstaatliche Ordnung mitgestalten und setzt sich für die größtmögliche Chancengleichheit aller Menschen ein.
Das Kolpingwerk arbeitet mit den politischen Parteien zusammen, die seine gesellschaftspolitischen Ziele bejahen und kooperationsfähig und kooperationswillig sind. Es fördert die Mitarbeit und unterstützt die Mitverantwortung in den sozialen, wirtschaftlichen, schulischen und beruflichen Selbstverwaltungseinrichtungen. Das Kolpingwerk sieht es als notwendig an, für die jeweiligen Einrichtungen und Organisationen fähige Verantwortungsträger heranzubilden und fordert seine Mitglieder auf, in den entsprechenden Gremien mitzuarbeiten.

Wie ist das Kolpingwerk aufgebaut?
Das Kolpingwerk ist ein Jugend- und Erwachsenenverband. Die Arbeit vollzieht sich vorrangig in selbstständigen Gruppen und Kolpingsfamilien auf Pfarr- oder Ortsebene. Die Kolpingfamilie gliedert sich in die Altersgruppen Jungkolping, Gruppe Kolping und Gruppe Erwachsene. Es gibt Sachgruppen zu den Themen Arbeit und Beruf, Ehe und Familie, Gesellschaft und Politik sowie Freizeit und Kultur.

Einige Zahlen: Kolping Deutschland hat 200.000 Mitglieder, 2.700 Kolpingsfamilien, 300 Kolpinghäuser und 10 Kolping-Familienferienheime.

Besucht in eurem Ort eine Kolpingfamilie und informiert euch über deren Arbeit!

RELIGION	Name:	Klasse:	Datum:	Nr.

Für eine menschlichere Arbeitswelt - das Kolpingwerk

❶ Welche 3 Begriffe passen zu Adolph Kolping, dem Gründer des Kolpingwerkes?
Streicht Falsches weg!
Kampen/Sylt - Kerpen bei Köln - Schusterhandwerk - Drechslerhandwerk - Priester - Missionar

❷ Warum litten die Handwerksgesellen zu Kolpings Zeiten soziale Not?
lange Arbeitszeiten - kurze Arbeitszeiten - geringer Lohn - hoher Lohn - sittlicher Verfall - Enttäuschung

❸ Was waren die Ursachen der sozialen Not der jungen Handwerker?
❍ Das Zunftwesen brach auseinander, weil immer mehr Menschen in der Industrie arbeiteten.
❍ Die Industrie gab wenig Lohn, ließ lange arbeiten und bot keine soziale Absicherung.
❍ Die Industrie stellte junge Arbeiter zu besseren Bedingungen ein als die Handwerksbetriebe.

❹ Mit welchen Mitteln kämpfte Kolping gegen die Not der Handwerksgesellen? Kreuzt an!
❍ Er gründete Gesellenvereine.
❍ Er bat Bismarck, die Sozialgesetzgebung einzuführen.
❍ Er gewährte den Handwerksgesellen finanzielle und berufliche Unterstützung.
❍ Er errichtete Gesellenhäuser, damit die Handwerksburschen Unterkunft und Verpflegung hatten.
❍ Er gründete Krankenhäuser und Missionsstationen.
❍ Er wollte alle Handwerksgesellen zu tüchtigen und verantwortungsbewussten Bürgern erziehen.

❺ Welche Angebote bietet heute das Kolpingwerk?
Bildungswerk - Jugendgemeinschaftsdienste - Kolpinghäuser - Krankenhäuser - Innere Mission - Altenerholung - Familienferienwerk - Fanbetreuung bei Fußballspielen - Bahnhofsmission - Telefonseelsorge

❻ Ist folgende Aussage über Ziele und Aufgaben des Kolpingwerkes richtig? ❍ ja ❍ nein
Die Mitglieder des Kolpingwerkes sollen befähigt werden, sich als Christen in der Welt und damit im Beruf, in Ehe und Familie, in Kirche, Gesellschaft und Staat zu bewähren. Dabei bietet das Kolpingwerk seinen Mitgliedern, aber auch den Mitmenschen Lebenshilfen und Dienste der verschiedensten Art an. Durch die Aktivität seiner Mitglieder wie seiner Gruppierungen fördert Kolping das Gemeinwohl und wirkt an der ständigen Erneuerung von Kirche und Gesellschaft mit.

❼ Von Adolph Kolping gibt es zwei bemerkenswerte Sätze.
Diskutiert sie!
Tun wir nach besten Kräften das Beste,
und Gott wird das Gute nie ohne Segen lassen.

Wer Liebe und Barmherzigkeit haben will,
muss sie selbst geben und gewähren.

❽ Lassen wir zum Schluss zwei Kolpingmitglieder zu Wort kommen!
Sabine, 13 Jahre, meint:
"Ich finde es toll, dass in der Kolpingfamilie Jung und Alt, Leute aus allen Berufen und Schichten sich begegnen und zusammenarbeiten."
Hans-Georg, 15 Jahre, sagt:
"Ich mache schon seit 4 Jahren bei Kolping mit und kann nur sagen: das ist eine Gemeinschaft, die echt was bietet."

RELIGION	Name:	Klasse:	Datum:	Nr.

Lösung: Für eine menschlichere Arbeitswelt - das Kolpingwerk

❶ Welche 3 Begriffe passen zu Adolph Kolping, dem Gründer des Kolpingwerkes?
Streicht Falsches weg!
~~Kampen/Sylt~~ - Kerpen bei Köln - Schusterhandwerk - ~~Drechslerhandwerk~~ - Priester - ~~Missionar~~

❷ Warum litten die Handwerksgesellen zu Kolpings Zeiten soziale Not?
lange Arbeitszeiten - ~~kurze Arbeitszeiten~~ - geringer Lohn - ~~hoher Lohn~~ - sittlicher Verfall - Enttäuschung

❸ Was waren die Ursachen der sozialen Not der jungen Handwerker?
● Das Zunftwesen brach auseinander, weil immer mehr Menschen in der Industrie arbeiteten.
● Die Industrie gab wenig Lohn, ließ lange arbeiten und bot keine soziale Absicherung.
❍ Die Industrie stellte junge Arbeiter zu besseren Bedingungen ein als die Handwerksbetriebe.

❹ Mit welchen Mitteln kämpfte Kolping gegen die Not der Handwerksgesellen? Kreuzt an!
● Er gründete Gesellenvereine.
❍ Er bat Bismarck, die Sozialgesetzgebung einzuführen.
● Er gewährte den Handwerksgesellen finanzielle und berufliche Unterstützung.
● Er errichtete Gesellenhäuser, damit die Handwerksburschen Unterkunft und Verpflegung hatten.
❍ Er gründete Krankenhäuser und Missionsstationen.
● Er wollte alle Handwerksgesellen zu tüchtigen und verantwortungsbewussten Bürgern erziehen.

❺ Welche Angebote bietet heute das Kolpingwerk?
Bildungswerk - Jugendgemeinschaftsdienste - Kolpinghäuser - ~~Krankenhäuser~~ - ~~Innere Mission~~ - Altenerholung - Familienferienwerk - ~~Fanbetreuung bei Fußballspielen~~ - ~~Bahnhofsmission~~ - ~~Telefonseelsorge~~

❻ Ist folgende Aussage über Ziele und Aufgaben des Kolpingwerkes richtig? ● ja ❍ nein
Die Mitglieder des Kolpingwerkes sollen befähigt werden, sich als Christen in der Welt und damit im Beruf, in Ehe und Familie, in Kirche, Gesellschaft und Staat zu bewähren. Dabei bietet das Kolpingwerk seinen Mitgliedern, aber auch den Mitmenschen Lebenshilfen und Dienste der verschiedensten Art an. Durch die Aktivität seiner Mitglieder wie seiner Gruppierungen fördert Kolping das Gemeinwohl und wirkt an der ständigen Erneuerung von Kirche und Gesellschaft mit.

❼ Von Adolph Kolping gibt es zwei bemerkenswerte Sätze.
Diskutiert sie!
Tun wir nach besten Kräften das Beste,
und Gott wird das Gute nie ohne Segen lassen.

Wer Liebe und Barmherzigkeit haben will,
muss sie selbst geben und gewähren.

❽ Lassen wir zum Schluss zwei Kolpingmitglieder zu Wort kommen!
Sabine, 13 Jahre, meint:
"Ich finde es toll, dass in der Kolpingfamilie Jung und Alt, Leute aus allen Berufen und Schichten sich begegnen und zusammenarbeiten."
Hans-Georg, 15 Jahre, sagt:
"Ich mache schon seit 4 Jahren bei Kolping mit und kann nur sagen: das ist eine Gemeinschaft, die echt was bietet."

RELIGION	Name:	Klasse:	Datum:	Nr.

Steckt hinter "Misereor" auch die Kirche?

Tobias, 13 Jahre, hat von Misereor schon "öfter mal was gehört". Dass Misereor aber das größte kirchliche Hilfsprojekt in der Dritten Welt ist, davon konnte er sich erst überzeugen, als er folgenden Artikel in der Tageszeitung las:

München/Freising. Hohen Besuch aus dem südamerikanischen Land Peru hat zur Zeit die Erzdiözese München/Freising. Aus Anlass der diesjährigen Misereor-Fastenaktion stellte sich am Mittwoch Weihbischof German Schmitz in der Landeshauptstadt vor, um über die soziale, politische und religiöse Situation in seiner Heimat zu berichten. Gleichzeitig erläuterten die Verantwortlichen des katholischen Hilfswerks, wie die Spendengelder in Südamerika eingesetzt werden. Peru und das Nachbarland Bolivien stehen diesmal im Blickpunkt der Aktivitäten zur Spendenaktion, die unter dem Motto steht: "Gemeinsam den Weg der Hoffnung gehen".

Seit 1959 haben das bischöfliche Hilfswerk und die „Katholische Zentralstelle für Entwicklungshilfe“ insgesamt mehr als 45 000 Projekte in der Dritten Welt mit einer Gesamtsumme von rund 4,2 Milliarden Mark gefördert. Allein im letzten Jahr (1983) wurden 324 Millionen Mark ausgegeben, um in rund 100 Ländern über 3000 Hilfsmaßnahmen zu unterstützen. Die Entwicklungsarbeit umfasst dabei ein breites Spektrum: Die Einrichtung von Ausbildungsstätten für den handwerklich-technischen Nachwuchs zählt ebenso dazu wie die Förderung ländlicher Genossenschaften, der Aufbau von Basisgesundheitsdiensten oder die Schulung junger Mütter in Fragen der Hauswirtschaft und Säuglingspflege.

Besonderen Wert legt Misereor darauf, dass die Hilfe allen Menschen gilt, ungeachtet der Rasse, der Nation und Religion. Ziel der Förderungsmaßnahmen ist es, die Hilfsempfänger zu befähigen, sich in Zukunft selbst zu helfen. Bei der Auswahl der eingehenden Hilfsanträge orientiert sich Misereor an den Bedürfnissen und Prioritäten der einzelnen Entwicklungsländer. Die Verantwortung für ein Projekt muss jedoch von Anfang an in den Händen örtlicher Träger liegen. Dabei kann sich Misereor immer mehr auf einheimische Priester und Christen stützen, die sich in den Problemen ihres Landes und in der Mentalität ihrer Mitbürger auskennen.

Einer von ihnen ist Weihbischof German Schmitz. Als Sohn deutscher Eltern in Peru geboren, hat er von Kindheit an die vielen Probleme seines Landes erfahren. Zusammen mit fünf anderen Bischöfen betreut er die riesige Diözese von Lima, der Hauptstadt Perus. Hier wohnen allein sechs der insgesamt 20 Millionen Einwohner des Landes. „Die Kluft zwischen Armen und Reichen wird immer größer, die Not des Volkes immer schmerzhafter“ , schildert Schmitz seine Erfahrungen. Hinzu komme die Problematik von Gewalt und Terrorismus. Notwendig sei daher eine Kultur der Solidarität, der Gerechtigkeit und der Menschenrechte. Misereor leiste dazu einen wichtigen Beitrag. Der Bischof verwies in diesem Zusammenhang auf die Einrichtung von Volksküchen in den Slums von Lima, die er selber betreue. Hier würden die Menschen angehalten, selber zu kochen, sich Nahrungsmittel zu besorgen, Gemeinschaften zu bilden.

Nach der Pressekonferenz begab sich Schmitz zur Mariensäule auf dem Münchner Marienplatz, um dort den „Engel des Herrn“ zu beten. Außerdem ehrte er mit einem Blumenstrauß in den Farben der Fahne seiner peruanischen Heimat die Patrona Bavariae. Weitere Veranstaltungen innerhalb der Erzdiözese finden auch im Landkreis Ebersberg statt. Dort wird Bischof Lucien Metzinger über seine Heimat Peru berichten. Die offizielle Sammlung für Misereor findet am 16. März in allen katholischen Kirchen Deutschlands statt. Spenden können aber auch auf das Postscheckkonto Köln Nr. 556-505 einbezahlt werden. *Siegfried Höhne, in: Münchner Merkur, 20. 2. 1986*

Habt ihr den Text genau gelesen?

❶ In welcher kirchlichen Hilfsorganisation arbeitet Bischof German Schmitz mit?
❷ Welche Erfolgszahlen kann Misereor vermelden?
❸ Welche Aufgaben hat Misereor?
❹ Was ist das wichtigste Ziel der kirchlichen Hilfsorganisation?
❺ Warum wird die Not des Volkes in Peru immer schmerzhafter?
❻ Wie hilft der Bischof vor Ort in Lima den Slumbewohnern?
❼ In welcher Zeit des Kirchenjahres sammelt Misereor für die Dritte Welt?
❽ Was bedeutet der Satz: *In der Einen Welt leben - Einsatz für Gerechtigkeit und Frieden*

RELIGION	Name:	Klasse:	Datum:	Nr.

Niemand wird ohne Hilfe weggeschickt: Mission und Sozialarbeit

Aus der afrikanischen Mission erzählt folgender Bericht:

"Pfarrer Josef Moosbauer aus Unteriglbach in der Diözese Passau, der Heimatpfarrer von Schwester Margaritha Stöckl in Lukuledi (Tansania) machte drei Wochen lang Besuch bei den Schwestern in unserer Mission. Bei der Ankunft in Dar es Salaam wurde er vom Polizeioffizier gefragt, wo er in Tansania wohnen würde. „Bei den Schwestern Salvatorianerinnen in Lukuledi", war seine Antwort. „Bei welcher Schwester?", war die nächste Frage. „Bei Schwester Margaritha Stöckl", antwortete er. Da ging ein Strahlen über das Gesicht des Beamten. Damit waren die Einreiseformalitäten erledigt. Schwester Margaritha Stöckl ist also eine bekannte Persönlichkeit, selbst in Dar es Salaam, der Hauptstadt Tansanias. Auch die Angestellten der Fluglinie Tansanias kannten Schwester Margaritha und die anderen Schwestern und waren besonders freundlich und hilfsbereit.

Pfarrer Moosbauer berichtet weiter: „Schwester Margaritha hat mich in Masasi am Flugplatz abgeholt. Die Wiedersehensfreude auf beiden Seiten war groß. Besuch aus der Heimat, der nachschaut, was in der Mission geleistet wird, ist für die Missionare Anerkennung ihrer Tätigkeit. Ich wurde in der Missionsstation gut untergebracht.

In den nächsten Tagen und Wochen war ich mit Schwestern und Patres viel unterwegs zu Besuch der Missionsstationen und habe gesehen, wie viel segensreiche Arbeit unter großen Opfern und Belastungen getan wird. Die Tätigkeit der Schwestern für die Ärmsten der Armen, die oft von weit her zu ihnen kommen, um medizinische Hilfe, Kleidung und Nahrungsmittel, besonders für die Kinder, zu erhalten, ist enorm. Manchen Tag warteten in aller Frühe schon hundert und mehr Mütter mit Kindern vor dem Eingang der Krankenstationen. Bis zum Abend waren es dann mehrere hundert Hilfsbedürftige; und niemand wird ohne Hilfe weggeschickt. Wenn die Schwestern nicht so viele Kleider, Stoffe, Seife, Lebensmittel und Medikamente aus Europa und Amerika bekommen würden, wäre diese Hilfe unmöglich. Aber nicht nur materielle Hilfe wird gegeben, sondern auch Unterweisung in Hygiene, richtiger Ernährung und Erziehung. Die Dias, die ich mitgebracht habe, geben ein eindrucksvolles Bild dieser Arbeit.

Auffallend ist in diesem Land die Gastfreundschaft und Aufgeschlossenheit der Menschen, sowohl der Erwachsenen und der Kinder, besonders, wenn man in Begleitung einer Schwester zu ihnen kommt. Sie schätzen die ehelose Mütterlichkeit der Schwestern besonders hoch ein.

Trotz Armut und Elend schauen die Kinder mit unverdorbenen Augen einen an. Sie sind dankbar für jedes Bonbon oder anderes Geschenk. Die Kleinkinder fühlen sich in ihrer Nacktheit hautnah bei ihren Müttern geborgen. Die größeren Kinder haben in ihren Kleidern oft mehr Löcher als Stoff, es sei denn, sie haben von der Mission wieder ein gutes Kleidungsstück erhalten. Wenn Erwachsene um Kleider bitten, sind sie gerne bereit, dafür zu arbeiten oder zu bezahlen, wenn sie es können. So wird wenigstens ein Teil der Unterhaltskosten der missionarischen Einrichtungen, einschließlich der Transportkosten der Waren, aufgebracht.

Die Missionsarbeit der Patres geht langsam in die Hände einheimischer Priester über. Ohne ausländische Hilfe werden sie nicht so weiterarbeiten können wie die jetzigen Missionare. Immer werden sie unser Gebet, unser Opfer und Gottes Segen brauchen." *Salvatormission Passau*

Zum Nachdenken!

Hunger in Afrika war in den Jahren 1984 und 1985 die bestimmende Thematik der Arbeit der Hilfsorganisationen für diesen Kontinent. 150 Millionen Menschen und damit ein Viertel der afrikanischen Bevölkerung sind unmittelbar von der Hungerkatastrofe betroffen. Schon seit 1982 gab es alarmierende Warnzeichen für eine sich stets verschlechternde Ernährungssituation in vielen Ländern Afrikas. Am schlimmsten waren die Auswirkungen in den Ländern der Sahel-Zone. Allein in Äthiopien waren innerhalb der letzten 24 Monate etwa 11 Millionen Menschen vom Hungertod bedroht. Hauptursachen der Katastrofe waren ausbleibende Regenfälle und lang anhaltende Dürren. Weitere Ursachen sind politisch: eine einseitige Wirtschaftspolitik, ökologisches Fehlverhalten, Machtkonzentration, Korruption und Bürgerkriege. Im Rahmen der groß angelegten Afrika-Hilfe setzten 1984 die fünf größten Hilfsorganisationen der Welt, Misereor, World Vision, Diakonisches Werk/Brot für die Welt, Caritas und Deutsche Welthungerhilfe, mehr als 320 Millionen Mark in Afrika für Entwicklungs- und Katastrofenhilfe ein. Im Vordergrund stand dabei die Überlegung, nicht nur kurzfristig Nothilfe zum Überleben zu leisten, sondern die Situation vor Ort so zu verbessern, dass dauerhaft ein normales und menschenwürdiges Leben möglich wird. Damit diese gezielte Arbeit fortgesetzt werden kann, benötigen die Hilfsorganisationen auch weiterhin Spendengelder, die der Finanzierung von Projekten und der Übernahme von Patenschaften für Not leidende Menschen des afrikanischen Kontinents dienen.

Was bedeuten folgende Sätze? Diskutiert sie!

1. Die "Dritte Welt" deckt uns den Tisch!
2. Lebt anders, damit andere leben können!
3. Wir leben in der Einen Welt!

RELIGION	Name:	Klasse:	Datum:	Nr.

Wofür die Kirche da ist, steht in der Heiligen Schrift!

Unsere Kirche hat viele Gründe, sich in der Welt für Gerechtigkeit und Frieden einzusetzen.

Text 1: Mk 1, 14-20

Nachdem Johannes in Haft gesetzt war, begab sich Jesus nach Galiläa, verkündete das Evangelium vom Reich Gottes und sprach: "Erfüllt ist die Zeit, und genaht hat sich das Reich Gottes; bekehrt euch und glaubt an das Evangelium!" Als er am Ufer des Sees von Galiläa entlangging, sah er Simon und Andreas, den Bruder Simons, wie sie die Netze auswarfen im See, sie waren nämlich Fischer. Und Jesus sagte zu ihnen: "Kommt folgt mir nach, und ich werde euch zu Menschenfischern machen!" Sie verließen sogleich ihre Netze und folgten ihm nach. Als er ein wenig weiterging, sah er Jakobus, den Sohn des Zebedäus, und Johannes, seinen Bruder, wie auch sie im Schiff die Netze zurechtmachten. Sogleich rief er sie, und sie ließen ihren Vater Zebedäus mit den Taglöhnern im Schiff und folgten ihm nach.

Welche Aussage passt zu diesem Text?

❍ Die Jünger Jesu haben sich selbst den Auftrag zum Dienst am Menschen gegeben.
❍ Jesus Christus selbst hat der Kirche den Auftrag zum Dienst am Menschen gegeben.
❍ Der Heilige Geist selbst hat der Kirche den Auftrag zum Dienst am Menschen gegeben.

Text 2: Joh 1, 35-51

Tags darauf stand Johannes wieder da mit zwei von seinen Jüngern, und er blickte auf Jesus, der vorüberging, und sagte: "Seht das Lamm Gottes!" Die zwei Jünger hörten, wie er das sagte, und folgten Jesus. Jesus wandte sich um, und als er sie nachkommen sah, fragte er sie: "Was sucht ihr?" Sie sagten zu ihm: "Rabbi" - das heißt übersetzt: Meister - "wo wohnst du?" Er antwortete ihnen: "Kommt, ihr werdet sehen!" Sie gingen mit und sahen, wo er wohnte, und blieben jenen Tag bei ihm. Es war um die zehnte Stunde.

Andreas, der Bruder des Simon Petrus, war einer von den beiden, die es von Johannes gehört hatten und ihm gefolgt waren. Dieser traf zuerst seinen Bruder Simon und sagte zu ihm: "Wir haben den Messias" - das heißt übersetzt: Christus - "gefunden". Und er führte ihn zu Jesus. Jesus blickte ihn an und sprach: "Du bist Simon, der Sohn des Johannes; du sollst Kefas genannt werden" - das heißt übersetzt: Petrus, der Fels.

Tags darauf wollte er nach Galiläa aufbrechen und traf den Philippus. Und Jesus sagte zu ihm: "Folge mir!" Philippus war aus Betsaida, der Stadt des Andreas und Petrus. Philippus traf den Natanael und sagte zu ihm: "Von dem Mose schrieb und die Propheten, ihn haben wir gefunden: Jesus, den Sohn Josefs von Nazaret." Natanael aber entgegnete ihm: "Kann denn aus Nazaret etwas Gutes kommen?" Philippus sagte zu ihm: "Komm und sieh!" Jesus sah den Natanael zu sich herkommen und sagte von ihm: "Seht, wahrhaftig ein Israelit, an dem kein Falsch ist!" Da sagte Natanael zu ihm: "Woher kennst du mich?" Jesus antwortete ihm: "Ehe Philippus dich rief, sah ich dich, als du unter dem Feigenbaum warst. Natanael erwiderte ihm: "Rabbi, du bist der Sohn Gottes, du bist der König von Israel!" Jesus antwortete ihm: "Weil ich dir sagte, dass ich dich unter dem Feigenbaum sah, glaubst du? Noch Größeres als dies wirst du sehen." Und er sagte zu ihm: "Wahrlich, wahrlich, ich sage euch: Ihr werdet den Himmel offen sehen und die Engel Gottes auf und niedersteigen über dem Menschensohn."

Welche Aussage passt zu diesem Text?

❍ Christen wissen, dass sie im Gebet Gott verehren sollen.
❍ Christen wissen, dass sie Gottesdienste feiern sollen.
❍ Christen wissen, dass sie zur Nachfolge Jesu aufgerufen sind.

Text 3: Mt 9, 9 - 13

Als Jesus von da weiterging, sah er einen Mann am Zollhaus sitzen, Mattäus mit Namen, und er sagte zu ihm: "Folge mir nach!" Da stand er auf und folgte ihm nach. Und es begab sich, als er im Haus bei Tisch war, siehe, da kamen viele Zöllner und Sünder und ließen sich zusammen mit Jesus und seinen Jüngern nieder. Als die Pharisäer es sahen, sagten sie zu seinen Jüngern: "Warum isst euer Meister mit den Zöllnern und Sündern?" Er aber hörte dies und sprach: "Nicht die Gesunden bedürfen des Arztes, sondern die Kranken. Geht hin und lernt, was das heißt: "Barmherzigkeit will ich und nicht Opfer (Hos 6,6); denn ich bin nicht gekommen, Gerechte zu berufen, sondern Sünder."

Welche Aussage passt zu diesem Text?

❍ Der Heilige Geist wird im Handeln der Kirche erfahrbar.
❍ Die Kirche hat sich nur um Gesunde und Gerechte zu kümmern.
❍ Die Kirche hat sich nur um Kranke und Sünder zu kümmern.

RELIGION	Name:	Klasse:	Datum:	Nr.

Wofür die Kirche da ist, steht in der Heiligen Schrift!

Unsere Kirche hat viele Gründe, sich in der Welt für Gerechtigkeit und Frieden einzusetzen.

Text 1: Mk 1, 14-20

Welche Aussage passt zu diesem Text?

❍ Die Jünger Jesu haben sich selbst den Auftrag zum Dienst am Menschen gegeben.
● Jesus Christus selbst hat der Kirche den Auftrag zum Dienst am Menschen gegeben.
❍ Der Heilige Geist selbst hat der Kirche den Auftrag zum Dienst am Menschen gegeben.

Text 2: Joh 1, 35-51

Welche Aussage passt zu diesem Text?

❍ Christen wissen, dass sie im Gebet Gott verehren sollen.
❍ Christen wissen, dass sie Gottesdienste feiern sollen.
● Christen wissen, dass sie zur Nachfolge Jesu aufgerufen sind.

Text 3: Mt 9, 9 - 13

Welche Aussage passt zu diesem Text?

● Der Heilige Geist wird im Handeln der Kirche erfahrbar.
❍ Die Kirche hat sich nur um Gesunde und Gerechte zu kümmern.
❍ Die Kirche hat sich nur um Kranke und Sünder zu kümmern.

Folienbild:

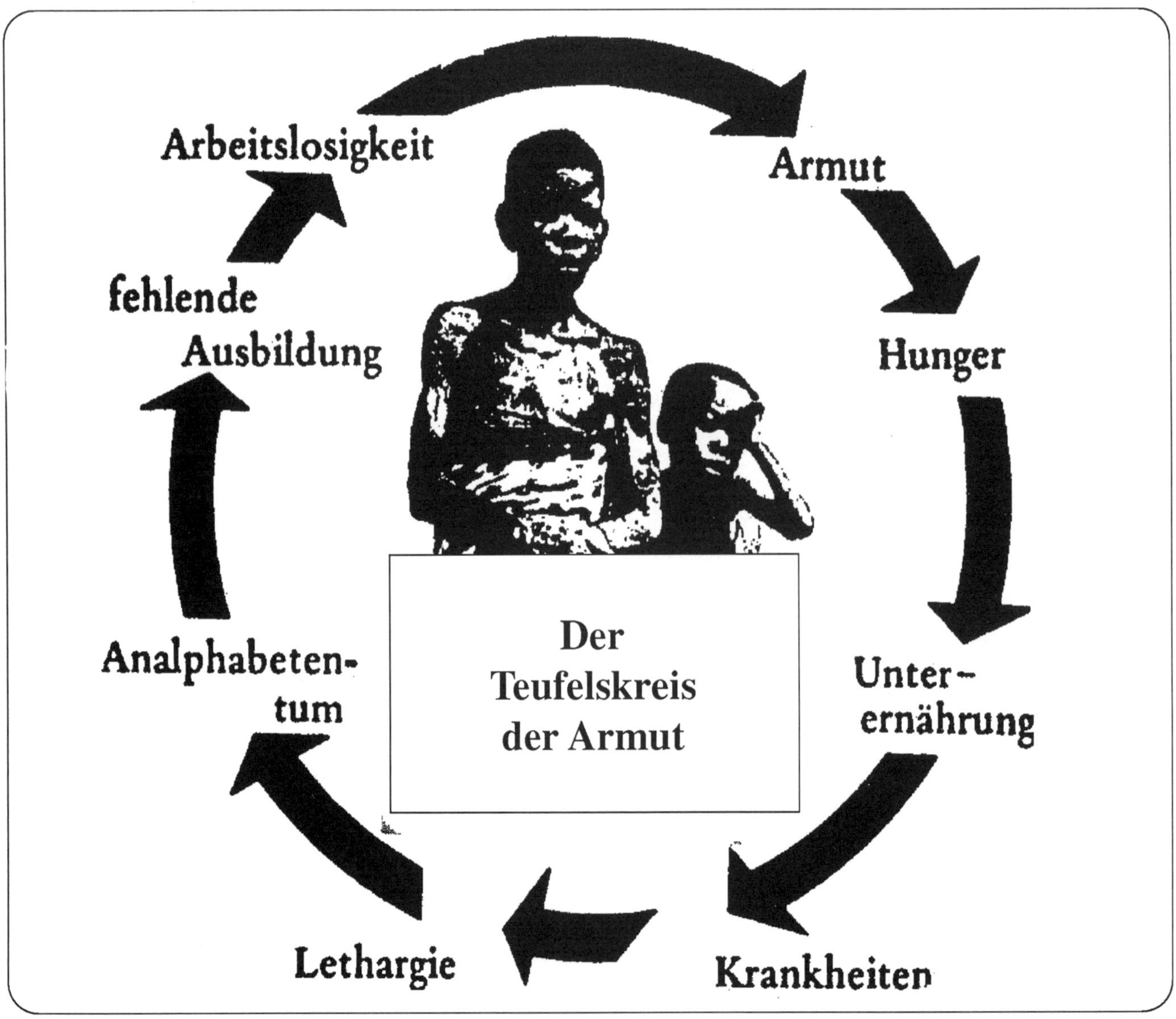

RELIGION	Name:	Klasse:	Datum:	Nr.

Warum wollen junge Menschen Missionar werden?

Es gibt Menschen, sogar junge Menschen, die konsequent Jesus nachfolgen und seinen Auftrag sehr ernst nehmen. Sie wollen nicht auf Kosten der Menschen in der "Dritten Welt" leben. Ihr Lebensstil heißt Verantwortung übernehmen für die Ärmsten der Armen, für Notleidende und Unterdrückte. Deshalb werden sie Priester und gehen in die Mission. Dazu haben wir euch interessante Stimmen aus einem Novizenkurs der Steyler Missionare hier zusammengetragen. *Lest die Aussagen und beantwortet unten die Fragen!*

Heribert:
„Ich freue mich über meine Berufung. Ein Glück, dass man sich so etwas nicht verdienen kann, sondern dass es ein Gnadengeschenk Gottes an uns ist. - Es ist nicht ganz einfach, demütig und ein Diener Gottes zu sein."

Norbert:
"Was gibt es denn Schöneres auf der Welt, als für Gottes Botschaft sich ganz zur Verfügung zu stellen?!"

Karl-Heinz:
„In einem Kloster hing im Treppenhaus ein großes Plakat, das ein Bild von der heiligen Theresia vom Kinde Jesu zeigte. Darunter stand folgender Satz von ihr: ‚Ich möchte am liebsten über die Erde eilen und das Evangelium verkünden.' Dieser Satz hat sich mir eingeprägt. Sicher war dieses Erlebnis nicht die Berufung, aber ein Mosaikstein des Ganzen."

Stefan:
„Ja, meine Eltern waren darüber im ersten Augenblick sehr überrascht. Sie hatten wahrscheinlich nicht mit diesem Schritt gerechnet. Meine Freunde dagegen schienen mit meinem Entschluss, ins Kloster zu gehen, schon gerechnet zu haben."

Alfons:
„Seit nunmehr fünf Jahren kenne ich die Steyler Missionare. Ich durfte mit anderen Jugendlichen und Mitbrüdern aus St. Arnold (Neuenkirchen bei Rheine) viele Wochenendveranstaltungen und Treffen mit Jugendlichen vorbereiten, wie Pfingsttreffen, Schweigewochenenden, Missionssonntage. Dabei hat mich immer fasziniert, dass Menschen bereit sind, ihr bisheriges Leben aufzugeben, um Menschen in aller Welt die Frohe Botschaft, die froh machende Botschaft Christi zu verkündigen. Das zu erleben, beeindruckt mich tief ..."

Ist der Eintritt in einen Orden nicht „Weltflucht"?

Alfons:
„Aus dieser kritischen Frage heraus kann man eine Einstellung heraushören, die mir schon bei vielen Menschen begegnet ist: Sie sehen diese Entscheidung für das Ordensleben überwiegend gegen das „Weltleben". Überhaupt ist es absurd, als ob Ordensleute nicht in der Welt leben würden."

Norbert:
„Eins muss man sich klar vor Augen halten: Im Kloster hören die Probleme nicht einfach auf. Man kann auch sagen: ‚Der Teufel bleibt nicht vor der Klostermauer stehen.' Es kommen auch mir Zweifel. Aber es ist gut, zu wissen, dass ich Mitbrüder habe, die mich verstehen und die mir in solchen Situationen helfen können."

Raimund:
„Letztlich bin ich bei den Steyler Missionaren eingetreten, weil ich den Menschen in der Dritten Welt nicht nur materiell und praktisch helfen will, sondern auch geistig, ausgehend von meiner christlichen Grundhaltung. - Ich meine, wenn jemand Ordensmissionar sein will, dann muss er es ganz sein. Er muss in seinem Beruf aufgehen können. Wenn ich für die Menschen in der Mission ganz da sein will, dann hat eine Ehe in meinem Leben keinen Platz mehr. Das hat nichts mit ‚Verklemmtheit' zu tun."

Siegfried:
„Ich möchte mich mit den Armen und mit an den Rand Ausgestoßenen solidarisieren. Ich möchte ihre Sorgen teilen, sie zu meinen Sorgen machen. Die Sorge um das tägliche Brot, Sorge um den Arbeitsplatz, Sorge um Frau und Kinder, Sorge um die Zukunft. Ich will mit dem Menschen in der Mission beten und vor allem an seinem Leben teilnehmen. Nur so kann ich Gottes Wort überzeugend den Menschen näherbringen."

Heribert:
"Unser Weg ist sicherlich nicht unbeschwerlich und gerade. Ganz im Gegenteil. Oft ist er winklig und ermüdend."

Arbeitsaufgabe:

❶ Welche Motive haben die jungen Männer, ein Ordensleben zu beginnen?
❷ Worin sehen die Steyler Novizen ihr späteres Lebensglück?
❸ Worin finden sie den Rückhalt für ihren Entschluss?
❹ Warum nehmen diese jungen Männer die Nachfolge in der Sache Jesu so ernst?

RELIGION	Name:	Klasse:	Datum:	Nr.

In der Einen Welt leben

Ich öffne
eine Tür für Sung-jung in Seoul,
eine Tür für Carmen in Madrid,
eine Tür für Fjodor in Moskau,
eine Tür für Johnny in Ohio,
eine Tür für Anna in Brasilia,
eine Tür für Ida in Stockholm,
eine Tür für Bernhard in Hannover,
eine Tür, DIE Tür auch für Dich.

Friederike S.

Ich bin glücklich, heute zu leben, denn heutzutage gibt es Gelegenheit, Zeichen der Hoffnung und Liebe zu sein in einer hoffnungs- und liebeleeren Welt.

Von den Armen kann die Kirche lernen, dass sie sich in den Dienst der Menschen stellen muss.

Wir haben nicht die Macht der Großen, aber es ist die Macht der Kleinen, die siegen wird.

Wir müssen die Welt ändern. Die Welt, die jetzt da ist, ist nicht die Welt, die Gott wünscht. Gott will eine Welt der Freiheit, Solidarität und Wahrheit.

Kardinal Lorscheider, Brasilien

Verfasst nun selbst einen guten Spruch zum obigen Thema! Zeichnet rechts!

Miteinander gehen - Freundschaft und Liebe

❶ Auf der Wunschliste ganz oben - einen Freund oder eine Freundin finden

Hinterfragen von gesellschaftlichen und eigenen Vorstellungen von Freundschaft, Liebe und Sexualität
Auseinandersetzung mit unterschiedlichen Einstellungen zu Fragen der Sexualität

● Liebe, Liebe	AB, Text
● All you need is love	AB, Text

Diskussion über Erfahrungen mit Freundschaft:
Was Jungen und Mädchen voneinander erwarten (Wünsche, Sehnsüchte, Hoffnungen)
Klassen-Ausstellung: Das Männer- und Frauenbild in den Medien - Klischees von Freundschaft und Liebe

❷ Sich selbst annehmen - auf dem Weg zum Frau- bzw. Mannsein

Sexualität als kostbare Gabe Gottes verstehen lernen
Biblische Aussagen zur Sexualität kennen

	AB, Texte
● Wie unterscheiden sich Sexualität und Liebe?	AB, Text
● Liebe Toni, Liebe Nicola!	AB, Interview
● "Sexuelle Freiheit schadet dem Zusammenleben!"	AB, Bild
● Warum haben junge Leute Probleme in der Pubertät?	AB, Bild
● Was sagt die Bibel zur Geschlechtlichkeit des Menschen?	

Klasssengespräch über:
Körperpflege, Aussehen und Kleidung, Verantwortung und Wertschätzung in der eigenen Sprache, Schamgrenzen und Intimsphäre

❸ Liebe verändert - mit anderen Augen sehen

Erkennen, dass Zuneigung, Zärtlichkeit und Sexualität
als Formen personaler Beziehung und Liebe lebenslange Prozesse sind
Sensibel werden für die verwandelnde Kraft der Liebe

	AB, Text, Bild
● Nur nicht aus Liebe heiraten?	AB, Fragen
● Partnerschaft, Liebe und ein paar coole Fragen	AB, Bilder
● Vom Verliebtsein zur Liebe	AB, Texte
● Gibt es noch glückliche Ehen?	AB, Text
● Ein freier Abend - ist das gut für die Ehe?	AB, Bild
● Welche Gründe lassen eine lebenslange Partnerschaft gelingen?	AB, Text
● Die Liebe hört niemals auf	AB, Texte, Bild
● Was verstehen Christen unter "Ehe"?	AB, Text
● Männer entdecken die Familie - die "neuen" Väter	AB, Text
● Krach um den Ehrentag der Mutter	AB, Fragen
● Als Vater und Mutter Verantwortung übernehmen	

Klassengespräch über
die Problematik früher Sexualbeziehungen und Dauerbindungen,
Liebe als Entwicklungs- und Reifungsprozess
Stufen der Zärtlichkeit (Was alles zur Liebe gehört)
Fragen zu "einander nicht drängen", "warten können", "in der Liebe wachsen".

RELIGION	Name:	Klasse:	Datum:	Nr.

Sex? Liebe? Nächstenliebe?

Worin unterscheiden sich folgende Abbildungen?

RELIGION	Name:	Klasse:	Datum:	Nr.

Liebe - Liebe

Es gibt kaum einen Pop-Song, einen Film oder Roman, in dem nicht die Liebe das Thema Nummer eins ist. Alles dreht sich um die Liebe. Jeder redet, singt und schreibt darüber. Von den Herzen, die junge Liebespaare in Baumrinden und Bänke einritzen, bis zu den großen Werken der Kunst reichen die Zeichen und Symbole der Liebe.
Wenn wir das Wort "Liebe" hören, denken wir gewöhnlich an die Liebesbeziehungen zwischen Mann und Frau. Das ist nicht falsch, aber einseitig. Ist nämlich die Liebe wirklich das zentrale Thema der Menschen, dann muss sie viel weiter und größer sein als die Liebe zwischen Eheleuten oder Liebespaaren. Sie muss alle Menschen und alle Situationen umfassen.
Es gibt keine verschiedenen Sorten von Liebe. Liebe ist Liebe. Aber sie kennt verschiedene Formen und Stufen. Die Kinder erfahren die Liebe ihrer Eltern und die Eltern erfahren die Liebe ihrer Kinder. Diese Form der Liebe vermittelt Wärme und Geborgenheit, Zuneigung und Fürsorge.
Das Mädchen erfährt die Liebe eines jungen Mannes und umgekehrt. Auch diese Form der Liebe bringt Wärme und Geborgenheit, darüber hinaus aber noch das Glück, einen Menschen gefunden zu haben, der die eigene Person ergänzt und erfüllt. Diese Liebe will sich ausdehnen, will immer tiefer, inniger und intimer werden. Sie will sich körperlich ausdrücken, nicht nur sprechen, sondern auch fühlen. Sie drängt zur ehelichen Gemeinschaft, in der Leib und Seele zeigen dürfen, dass sie den Leib und die Seele des Partners lieben. Hier hat die von Gott gewollte Sexualität ihren Platz. Wo die Liebe fehlt, kann eine geschlechtliche Beziehung nicht das Glück und die Freude schenken, die in die erotischen und sexuellen Fähigkeiten von Gott hineingelegt worden sind.
Weil der Liebende den anderen ganz annimmt, umfängt er auch seine Vergangenheit und seine Zukunft. "Ehen auf Zeit" sind ein Hohn auf die Liebe. Wahre Liebe hört nicht auf. Sie ist treu und will treu sein.
Diese Liebe zu einem Partner schließt alle anderen aus. Das unterscheidet sie von der Freundschaft und von anderen Formen der Liebe.
Weil die Liebe verschiedene Formen hat, kann es Menschen geben, die auf die eheliche Liebe verzichten, ohne dass man sagen könnte, sie seien kalt. Ihre Liebe drückt sich auf andere Weise aus. Die Nächstenliebe kümmert sich vor allem um die Not der anderen. Sie will den anderen das Leben schön machen, ihre Sorgen erleichtern und ihre Lasten abnehmen.
Die Liebe zu Gott schließlich ist Lob, Dank und Anerkennung dafür, dass wir da sind, dass Gott uns geschaffen hat und uns zuerst geliebt hat.
Keine Form der Liebe geht nur auf Zeit. Liebe will immer überdauern, sie will nie aufhören, sie will ewig sein. Wenn Gott uns nicht lieben würde und wenn wir Gott nicht lieben dürften, bliebe dieser Drang nach Ewigkeit ein Wunschtraum, wäre unsinnig.
Wir gelangen kaum durch reines Nachdenken zur Gottesliebe. Wir werden aber dazu fähig im Glauben und Vertrauen auf Jesus, in dem Gottes Liebe sichtbar geworden ist. Jesus hat bei uns gelebt. Er hat uns geliebt.
Die Sünde ist das Gegenteil der Liebe: Sie trennt, sie bricht ab, sie zerstört. "Kann denn Liebe Sünde sein?" heißt es in einem Schlager. Liebe kann keine Sünde sein. Treulosigkeit, Ausbeutung, Benutzen eines anderen Menschen und Hartherzigkeit sind Sünde. Und auch das ist Sünde: So etwas als Liebe zu bezeichnen.
Ich habe gesagt, dass es keine verschiedenen Sorten von Liebe gibt, sondern nur verschiedene Formen derselben Liebe. Diese Erkenntnis beantwortet unsere Frage eindeutig. Die geschlechtliche Liebe ist dann Liebe, wenn sie alle Formen der Liebe umgreift.
Und schließlich gilt, dass dort, wo Gottes Ordnung abgelehnt wird, keine wahre menschliche Liebe besteht. Gott aber will, dass sich die geschlechtliche Liebe in der Ehe entfalten soll. Wer sich leichtfertig über diesen Willen hinwegsetzt, braucht sich nicht zu wundern, wenn er die Schönheit der partnerschaftlichen Liebe nicht voll genießen kann. Hiermit ist keine sture Gesetzesmoral gemeint, sondern ein Hinhören auf den Willen Gottes.
Ohne Liebe geht die Welt kaputt. Es liegt immer an uns, wie unsere Welt aussieht. Wenn du in deinem Leben lernst zu lieben, dann hast du die wichtigste Aufgabe deines Lebens erfüllt. *Dr. Werner Lauer, in: Junge Zeit 2/1977*

Arbeitsaufgaben:

❶ Woran denkt man gewöhnlich, wenn man von Liebe spricht?
❷ Gibt es verschiedene Sorten von Liebe?
❸ Welche Formen und Stufen von Liebe kennen wir Menschen?
❹ Warum ist echte Liebe auf lange Zeit angelegt?
❺ Was ist das Gegenteil von Liebe?
❻ Wo soll sich nach Gottes Willen geschlechtliche Liebe entfalten?
❼ Diskutiert über den Artikel: ***Wo können wir den Aussagen zustimmen? Wo müssen wir widersprechen?***

RELIGION	Name:	Klasse:	Datum:	Nr.

All you need is love

Die Beatles haben diesen Titel weltberühmt gemacht. Und auch in vielen anderen Songs haben sie die Liebe besungen: "Love me do", "She loves you" und "P.S. I love you". Die Rolling Stones standen ihnen nicht nach: "We love you", "Loving cup" und "Love you live" besangen die schönste Sache der Welt. Sicher könnt ihr auf Anhieb auch einige aktuelle Hits aus den Top Ten nennen, die die Liebe im Titel nennen. Von Reinhard Mey gibt es ein besonders schönes Liebeslied. Es heißt schlicht und einfach: "Fast ein Liebeslied" - darin liegt auch das Problem!

Ich wollte dir ein Liebeslied schreiben
eines, das nur von dir erzählt,
in dem nicht die Triebe die Liebe vertreiben,
und das nicht unter die Schnulzen fällt.

Ich wollte dir einfach „ich liebe dich" sagen
mit ein paar Tönen, ein paar Worten dazu,
doch es ist gar nicht einfach, so einfach zu sagen,
vielleicht fehlen mir einfach die Worte dazu.

Ich wollte dir ein Liebeslied schenken,
so wie man einen Strauß Blumen verschenkt,
ich wollt tausend Bilder für dich erdenken
und hab meine Liebe in Reime gezwängt.

Ich habe gegrübelt in langen Stunden,
hab Bogen und Blätter mit Zeilen gefüllt
und hab sie nicht neu genug für dich gefunden,
enttäuscht hab ich sie zerrissen, zerknüllt.

Ich habe gelernt, Probleme zu nennen,
und wie man heiße Eisen anfasst
und loslässt - ohne sich daran zu verbrennen
so wie es einem gerade passt.

Ich habe gelernt, gescheit zu erzählen
vor feinen Leuten um Mitternacht,
für jeden das richtige Klischee auszuwählen
und tun, als hätt ich es selber erdacht.
Hab Lieder von weltbewegenden Dingen -
nur das, was mir am nächsten liegt -
ganz einfach "ich liebe dich" zu singen,
das hab ich bis heut noch nicht fertig gekriegt.

Arbeitsaufgaben:

❶ Welche der folgenden Begriffe passen nicht zum Wort "LIEBE"?
Partnerschaft - Glück - Sexualität - Fürsorge - Zuneigung - Geborgenheit - Wärme - Ablehnung - Erfüllung - Treue - Ewigkeit - Ergänzung - Verweigerung - Gleichgültigkeit - Sex

❷ Könnt ihr folgender Aussage zustimmen? ❍ ja ❍ nein
Liebe wird von uns Menschen verschieden erfahren und erlebt. Deshalb wird Liebe auch sehr unterschiedlich beschrieben. Die Massenmedien vermarkten oft menschliche Sexualität in Wort und Bild und verkaufen sie unter dem Motto: Liebe = Sex.

❸ Wie beschreibt ihr Liebe? Versucht Einteilungskriterien zu finden!
❹ Warum ist es falsch, Liebe nur auf geschlechtliche Liebe einzuengen?
❺ Was versteht ihr unter "Menschenliebe" und "Gottesliebe"?

RELIGION	Name:	Klasse:	Datum:	Nr.

Wie unterscheiden sich Sexualität und Liebe?

❶ Woran denken wir gewöhnlich, wenn wir "Liebe" hören?

❍ an die Beziehung der Menschen untereinander ❍ an eine Liebesbeziehung zwischen Mann und Frau
❍ an die Beziehung der Menschen zu Gott ❍ an die Beziehung zwischen Eltern und Kinder

❷ Es gibt verschiedene Formen und Stufen der Liebe.
Tragt folgende Begriffe in die Tabelle richtig ein:
Wärme - Glück - Nächstenliebe - Ewige Liebe - Gemeinschaft - Geborgenheit - Zuneigung - Sexualität - Erfüllung - Fürsorge

Eltern/Kinder	Mann/Frau	Mensch/Gott
______	______	______
______	______	______
______	______	______
______	______	______

❸ Kreuzt die richtigen Aussagen an!
❍ Sexualität meint den Menschen als Wesen mit Verstand. ❍ Sexualität meint den Menschen als Geschlechtswesen.
❍ Sexualität ist ein Ausdruck von Zuneigung und körperlicher Liebe des Einzelnen.
❍ Sexualität umfasst die Liebe ganz. ❍ Sexualität ist nur ein Teil dessen, was Liebe meint.

❹ Könnt ihr dieser Aussage zustimmen? ❍ ja ❍ nein
Die Liebe umfasst den ganzen Menschen, nicht nur sein Geschlechtswesen. Die Liebe stellt den Partner in den Mittelpunkt. Echte Liebe erfordert Verantwortung, Rücksichtnahme, Beherrschung und Treue.

❺ Im folgenden Text hat sich ein kleiner, aber folgenschwerer Fehler versteckt. *Könnt ihr ihn finden?*
Geschlechtliche Liebe entfaltet sich nach Ansicht der Kirche nur außerhalb der Ehe. Hier können Leib und Seele zeigen, dass sie den Leib und die Seele des Partners lieben. Wo die Liebe fehlt, kann eine geschlechtliche Beziehung nicht Glück und Freude schenken.

❻ Wie heißen Menschen, auf die folgende Beschreibung zutrifft: ______________________
Sie verzichten auf die eheliche Liebe und leisten Dienst am Nächsten um des Himmelreiches willen.

❼ Zum Nachdenken!
Zum Thema "Kirche und Sexualität" befragte 1981 der Theologiestudent Hans-Georg Liegener in einer Untersuchung Jugendliche, die in den kirchlichen Verbänden organisiert sind. Ganz knapp formuliertes Ergebnis: Unter den jungen Leuten herrscht tiefe Unzufriedenheit über die kirchliche Lehrmeinung zur Sexualität. Drei Viertel der Befragten befürworten intime Beziehungen auch vor der Ehe; für empfängnisverhütende Mittel sprachen sich mehr als 95 Prozent der Jugendlichen aus. Drei von vier Jugendlichen wissen auch, dass sie mit ihren Ansichten im Widerspruch zur kirchlichen Lehrmeinung stehen. Zwei Drittel der Befragten halten die kirchlichen Aussagen zur Sexualität für "keine Hilfe". Etwa ebenso viele erhoffen sich von der Kirche vor allem eine zeitgemäßere und mehr bejahende Sicht zur Sexualität.

❽ *Mt 19, 3-12: Von Ehe und Ehelosigkeit*
Da traten Pharisäer an ihn heran, um ihn auf die Probe zu stellen und fragten: Darf man seine Frau aus jedem beliebigen Grund aus der Ehe entlassen? Er antwortete: Habt ihr nicht gelesen, dass der Schöpfer die Menschen am Anfang als Mann und Frau geschaffen hat (Gen 1, 27) und dass er gesagt hat: Darum wird der Mann Vater und Mutter verlassen und sich an seine Frau binden, und die zwei werden ein Fleisch sein? (Gen 2, 24) Sie sind also nicht mehr zwei, sondern eins. Was aber Gott verbunden hat, das darf der Mensch nicht trennen. Da sagten sie zu ihm: Wozu hat dann Mose vorgeschrieben, dass man der Frau eine Scheidungsurkunde geben muss (Dtn 24,1), wenn man sich trennen will? Er antwortete: Nur weil ihr so hartherzig seid, hat Mose euch erlaubt, eure Frauen aus der Ehe zu entlassen. Am Anfang war das nicht so. Ich sage euch: Wer seine Frau entlässt, obwohl kein Fall von Unzucht vorliegt, und eine andere heiratet, der begeht Ehebruch. Da sagten die Jünger zu ihm: Wenn das die Stellung des Mannes in der Ehe ist, dann ist es nicht gut zu heiraten. Jesus sagte zu ihnen: Nicht alle können dieses Wort erfassen, sondern nur die, denen es gegeben ist. Denn es ist so: Manche sind von Geburt an zur Ehe unfähig, manche sind von den Menschen dazu gemacht, und manche haben sich selbst dazu gemacht - um des Himmelreiches willen. Wer das erfassen kann, der erfasse es.

RELIGION	Name:	Klasse:	Datum:	Nr.

Lösung: Wie unterscheiden sich Sexualität und Liebe?

❶ Woran denken wir gewöhnlich, wenn wir "Liebe" hören?

❍ an die Beziehung der Menschen untereinander ● an eine Liebesbeziehung zwischen Mann und Frau
❍ an die Beziehung der Menschen zu Gott ❍ an die Beziehung zwischen Eltern und Kinder

❷ Es gibt verschiedene Formen und Stufen der Liebe.

Tragt folgende Begriffe in die Tabelle richtig ein:

Wärme - Glück - Nächstenliebe - Ewige Liebe - Gemeinschaft - Geborgenheit - Zuneigung - Sexualität - Erfüllung - Fürsorge

Eltern/Kinder	Mann/Frau	Mensch/Gott
Wärme,	*Glück,*	*Nächstenliebe,*
Geborgenheit,	*Gemeinschaft,*	*Ewige Liebe*
Zuneigung,	*Sexualität,*	
Fürsorge	*Erfüllung*	

❸ Kreuzt die richtigen Aussagen an!

❍ Sexualität meint den Menschen als Wesen mit Verstand. ● Sexualität meint den Menschen als Geschlechtswesen.
● Sexualität ist ein Ausdruck von Zuneigung und körperlicher Liebe des Einzelnen
❍ Sexualität umfasst die Liebe ganz. ● Sexualität ist nur ein Teil dessen, was Liebe meint.

❹ Könnt ihr dieser Aussage zustimmen? ● ja ❍ nein

Die Liebe umfasst den ganzen Menschen, nicht nur sein Geschlechtswesen. Die Liebe stellt den Partner in den Mittelpunkt. Echte Liebe erfordert Verantwortung, Rücksichtnahme, Beherrschung und Treue.

❺ Im folgenden Text hat sich ein kleiner, aber folgenschwerer Fehler versteckt. ***Könnt ihr ihn finden?***

Geschlechtliche Liebe entfaltet sich nach Ansicht der Kirche nur innerhalb der Ehe. Hier können Leib und Seele zeigen, dass sie den Leib und die Seele des Partners lieben. Wo die Liebe fehlt, kann eine geschlechtliche Beziehung nicht Glück und Freude schenken.

❻ Wie heißen Menschen, auf die folgende Beschreibung zutrifft: ***Priester, Nonnen***

Sie verzichten auf die eheliche Liebe und leisten Dienst am Nächsten um des Himmelreiches willen.

Folienbild:

RELIGION	Name:	Klasse:	Datum:	Nr.

Liebe Toni,

ich bin 17 und habe ein großes Problem, das sich sogar in der Schule bemerkbar macht, da ich mich nicht mehr richtig konzentrieren kann. Das war so, ich habe in einer Disco einen Jungen namens Klaus kennen gelernt, von dem ich nur ahnte, dass er eine Freundin hat. Wir flirteten ein wenig und zum Schluss brachte er mich nach Hause. Es fielen ein paar Küsse, aber wir erzählten uns auch unsere Probleme und waren schnell so vertraut, als wenn wir uns schon Monate kennen würden.

Zum Abschied gab er mir seine Telefonnummer und sagte, dass ich am Wochenende mal zu ihm kommen könnte; er würde dafür sorgen, dass seine Freundin nicht da ist. Am nächsten Tag rief ich ihn an, weil ich mit ihm über seine Freundin reden wollte. Wir trafen uns und ich sagte ihm, dass er sich zwischen seiner Freundin und mir entscheiden solle. Er antwortete, dass er schon öfter dieses Problem hatte und sich nicht entscheiden konnte. Wir waren dann dauernd zusammen und ich lernte ihn näher kennen. Am Samstag ging ich zu ihm und wir lagen auf seinem Bett, aber da lief nicht allzu viel, dennoch fand ich es gut. Doch irgend wie sagte ich ihm immer wieder, dass er sich entscheiden sollte, obwohl ich ihn schon "liebte" (??) Er wollte, dass ich mit ihm schlafe, aber ich wollte nicht, ich war irgend wie zu unsicher, so blieb es beim Schmusen. Er schaffte es auch, dass seine Freundin von den vier Wochen, die wir zusammen waren, nichts mitbekam. Dann war es soweit, ich rief ihn ahnungslos an und er sagte mir, dass er sich für seine Freundin entschieden hätte, also gegen mich und dass es ihm furchtbar leid tät', denn er möge mich schon, aber ich hätte ihn ja wohl doch nicht so geliebt, denn sonst hätte ich ja mit ihm geschlafen. Dann fragte er mich, was ich am nächsten Tag vorhabe, aber ich sagte ihm, dass es nach dieser Entscheidung besser wäre, wenn wir uns nicht mehr sehen würden. Wenn was wäre, könne er ja in »unsere« Disco kommen oder mich anrufen. Mein Problem ist, dass ich nicht mehr von ihm loskomme, denn ich liebe ihn immer noch so sehr. War es ein Fehler, dass ich nicht mit ihm geschlafen habe? Ich kann mit niemand darüber reden und weine mich jede Nacht in den Schlaf. Bitte, bitte hilf mir. Deine Nicola (17)

Liebe Nicola,

ich weiß, es tut furchtbar weh und das, was ich Dir sagen möchte, kann Dich nicht wirklich trösten: Du wirst versuchen müssen, Dich mit der Wirklichkeit abzufinden: Klaus hat sich für seine Freundin entschieden. Ich finde es gut und »reif«, dass Du eine Entscheidung gefordert hast, jetzt hast Du sie, freilich macht es Dich sehr unglücklich, dass sie nicht so ausgefallen ist, wie Du es Dir so gewünscht hattest. Traurig und unglücklich wärest Du aber auch geworden, wenn Klaus weiter zwischen Dir und seiner Freundin hin- und hergependelt wäre; es entspricht Dir nicht, so ein mieses Doppelspiel auf die Dauer mitzumachen. Dass Dich Klaus so lange »hinhalten« konnte, hast Du aber mit ermöglicht. Du hast zwar eine Entscheidung verlangt, aber Dich so verhalten, als wäre sie Dir doch nicht so wichtig.

Ich glaube, liebe Nicola, das musst Du Dir sehr bewusst machen, damit Dir ein Junge nicht wieder so weh tun kann: Du sagst, Du willst eine Entscheidung, aber dann tust Du alles, was Du doch eigentlich nur tun wolltest, nachdem die Entscheidung getroffen und für Dich ausgefallen ist: Du hast es mitgemacht, dass Klaus seine Freundin mit Dir hinterging, Ihr habt auf seinem Bett geschmust und da konnte er schon den Eindruck gewinnen, dass Du vielleicht auch mit ihm schlafen wollen würdest. Du fragst, ob es ein Fehler war, dass Du es nicht getan hast? Es wäre ein Fehler gewesen, wenn Du es getan hättest! Eure Beziehung war unsicher und »unentschieden«, zwischen Euch war dieser ungelöste Konflikt und der wäre ganz sicher durch diesen von ihm geforderten »Liebesbeweis« nicht gelöst worden.

Grundsätzlich: Wenn in einer Beziehung einer vom anderen Miteinanderschlafen als "Liebesbeweis" fordert, dann stimmt da etwas ganz gewaltig nicht? "Liebe", die dadurch "bewiesen" werden muss, dass einer etwas tut, was er nicht wirklich will, ist keine Liebe, sondern Erpressung. In einer ernst gemeinten, ehrlichen Beziehung ist Miteinanderschlafen weder Bedingung, noch "Liebesbeweis", oder dient zur Konfliktvermeidung, sondern ein Wunsch, der aus länger erlebtem Vertrauen erwächst; dann nämlich, wenn beide sich ihrer Liebe sicher sind, sie jetzt auch körperlich erleben wollen und sich dabei der Verantwortung dem Partner und sich selbst gegenüber bewusst sind.

Wenn aber ein Mädchen mit einem Jungen ins Bett geht, um ihn zu "behalten" oder gar zu "bekommen", dann missbraucht es sich selbst, weil es seine Sexualität als "Mittel zum Zweck einsetzt" und es wird sich mit dieser Beziehung eine bittere Enttäuschung einhandeln. Denn was ist denn das für eine Beziehung, die nur dann "hält" oder "zusammenfindet", wenn einer den anderen so krampfhaft "festhalten" muss? Dann kann auch aus der sexuellen Begegnung schließlich nichts anderes als ein "Krampf" werden. Ich wünsch Dir, liebe Nicola, dass Du bald »begreifst«, dass es wohl doch besser für Dich ist. Frag' Dich, wann Du wohl in der gleichen Situation gewesen wärst, wie damals seine Freundin! Im Grunde spielte Klaus mit Euch beiden. Ich weiß, dass Dir das jetzt nicht recht »schmecken« wird, aber ich bezweifle, liebe Nicola, dass Klaus Dich wirklich ernst genommen hat, (seine Freundin ohnehin nicht). Denn sonst hätte er seiner Freundin gesagt, dass er Dich kennen gelernt und lieb gewonnen hat und dass er jetzt Zeit braucht, um diesen Konflikt zu lösen und entscheiden zu können; aber er ging das Risiko dieser Ehrlichkeit nicht ein, sondern machte Dich - doch sicher gegen Deinen Willen - zur heimlichen "Nebenbuhlerin". Hat er Dir nicht damals auch sehr weh getan? Wie hättest Du je sicher sein können, dass er nun DICH nicht gerade mit einem anderen Mädchen hintergeht? Wie hättest Du ihm je wirklich vertrauen können? Wenn Du einen Fehler gemacht hast, dann den, dass Du mitgemacht hast und das solltest Du nie wieder mit Dir machen und mit Dir machen lassen, damit Du nicht wieder sehr enttäuscht und unglücklich sein musst. Du hast ganz recht, liebe Nicola, es IST besser, wenn Ihr Euch nicht mehr seht, konsequent: ohne "Eure" Disco und Anrufe, Du liebst ihn so sehr und daher kommt es wohl, dass Du an ihm nur sahst, was Du sehen "wolltest" und in Deiner Forderung nach einer Entscheidung so inkonsequent warst. Damals wolltest oder konntest Du das nicht erkennen, jetzt musst Du es. Du liebst ihn immer noch so sehr und deshalb wirst Du noch eine (=Deine) Zeitlang unglücklich und traurig sein, eh' Du wieder frei und offen sein kannst für eine neue Begegnung, in der Du Dich selbst und ihn ernster nehmen willst und kannst. Das wünsche ich Dir von Herzen. Deine Toni!

RELIGION	Name:	Klasse:	Datum:	Nr.

"Sexuelle Freiheit schadet dem Zusammenleben!"

Hannelore Schütz von der "Münchner Abendzeitung" führte 1987 ein Interview mit der Schriftstellerin Gabriele Wohmann, die seit 30 Jahren glücklich verheiratet ist. Hier ein Auszug:

AZ: Frau Wohmann, wie schafft man es, Liebe über eine so lange Zeit zu retten?

Wohmann: Das ist mir eine sonderbare Frage. Das ist doch eine gewachsene Sache. Die Zusammengehörigkeit, die Stärke, die Intensität dieses Gefühls nimmt im Lauf der Zeit doch eher zu, nicht ab. Sie brauchen das ja nur einmal mit der Liebe zu den Eltern, den Geschwistern, den Kindern zu vergleichen. Die steigert sich doch auch eher mit dem Bewusstwerden, mit dem Gescheiterwerden des eigenen Selbst und wird immer unauflösbarer.

AZ: Viele Menschen sind der umgekehrten Meinung: das Alltägliche, das Immerwiederkehrende töte die Liebe . . .

Wohmann: Das sehe ich anders, weil ich sehr viel von der Macht der Gewohnheit halte und überhaupt, auch in meinem Beruf, sehr an meine Gewohnheiten geschmiedet bin und mich ohne diese Gewohnheiten ziemlich aufgeschmissen fühlen würde. Das ist ein Tick von mir, dass ich Liebe in diesen festen, gleichmäßigen Ritualen sehe.

AZ: Das gibt Ihnen Geborgenheit?

Wohmann: Ja. Zuverlässigkeit Die Basis, auf der man dann überhaupt erst produktiv sein kann.

AZ: Liebe ist für Sie heute nicht mehr dieses Herzklopfen, dieser Rausch . . .

Wohmann: Das wäre ja überhaupt nicht durchzuhalten. Nein. Das wäre anstrengend und wohl auch nicht denkbar.

AZ: Was ist für Sie Liebe?

Wohmann: Da fallen so Stichworte wie Anhänglichkeit, Gewöhnung, Geborgenheit, Bindung, Sorge. Ja - Sorge.

AZ: Ist Liebe für Sie auch mit Angst verbunden? **Wohmann:** Immer auch.

AZ: Angst, den anderen zu verlieren?

Wohmann: Ja, selbstverständlich. Leider. Liebe ist nicht einfach ein angenehmes Hochgefühl, sondern eben auch eine Gefühlsstrapaze, weil sie angeknüpft ist an das Angsthaben um den anderen, um das Sich-Sorgen-machen.

AZ: Und miteinander alt werden wollen?

Wohmann: Ja, ja. Man macht sich auch schon so seine Gedanken, wie Überleben stattfinden kann und soll und ob das überhaupt zu vertreten ist.

AZ: Sie haben nicht das Bedürfnis, bei aller Liebe auch mal zwischendurch allein zu sein?

Wohmann: Es gibt viele Leute, die brauchen und können das. Die müssen sich ab und zu absentieren, vielleicht mal wegfahren. Es gibt genug Menschen, die verbringen ihre Ferien nicht gemeinsam, sondern absichtich extra, weil sie sich dann eventuell voneinander erholen. Bei uns ist es anders. Wir haben das Gefühl, wenn wir nicht zusammen irgend etwas erlebt oder erfahren haben, müssen wir es uns Minute für Minute nacherzählen.

AZ: Gehört für Sie zur Liebe Treue? **Wohmann:** Unbedingt. Ich rede jetzt von der Idealvorstellung.

AZ: Sie sagten einmal: Absolute Offenheit in der Liebe ist nicht möglich. Wo sind die Grenzen?

Wohmann: Das ist individuell sehr verschieden. Man muss sein Gegenüber mit der Zeit kennen lernen und wissen, wie viel er verträgt an Offenheit, welche Dosis. Das ist ja auch nicht in jedem Moment gleich. Dann wird man sich hüten, etwas zu sagen, was zu viel ist, was verletzt.

AZ: Halten Sie es für legitim, dem Partner zum Beispiel einen Seitensprung zu verschweigen, um ihm nicht weh zu tun oder wäre das eine Offenheit, die sein muss?

Wohmann: Sie müsste eigentlich sein, alles andere käme mir doch verräterisch vor. Die versteckten Untaten sind eigentlich nicht gut, weder für den einen, noch für den anderen. Das Ganze hat ja auch mit Gewissen zu tun.

AZ: Hat das ganze Reden von sexueller Freiheit, der Ruf nach Selbstverwirklichung, der Liebe genützt oder geschadet? Einfluss hat es ja mit Sicherheit gehabt.

Wohmann: Mit Sicherheit. Und Sie sehen jetzt, auch an der Krankheit AIDS, dass das auch nicht grad so wunderbar war. Aber: Was es mit dem großen Begriff der Liebe zu tun hat, dass Menschen freier werden, das weiß ich nicht. Da bin ich nicht kompetent. Da kann ich keine allgemein gültigen Antworten geben, sondern nur solche für mich. Meiner Meinung nach schadet es schon dem Zusammenleben, wenn sich zwei Leute daraufhin verabreden, dass jeder seine absoluten Freiheiten behalten soll auf dem sexuellen Gebiet. Das kann überhaupt nicht dazu führen, dass zwei Leute wirklich intensiv miteinander und mit gutem Gefühl, einer für den anderen, zusammenleben können.

AZ: Ist Liebe heute noch zeitgemäß?

Wohmann: Ich kann es mir überhaupt nicht anders vorstellen, als dass es Liebe selbstverständlich immer gibt. Das fängt ja mit dem Baby an. Das Baby wird geliebt und irgendwann kommt sein Bewusstsein dahin, dass es zurückliebt. Das Getühl der Liebe ist doch überhaupt nicht verloren oder ausrottbar. Ich halte die Liebe für eine selbstverständliche Reakton, fast für einen Reflex.

AZ: Also ist die Liebe noch zu retten . . .

Wohmann: Die Liebe wird dann zu retten sein, wenn man auch Phasen erträgt, wo eine Beziehung schwierig ist, Langeweile da ist. Zur Liebe gehört auch Geduld.

RELIGION	Name:	Klasse:	Datum:	Nr.

Warum haben junge Leute Probleme in der Pubertät?

In der Pubertät stehen junge Leute an der Schwelle zum Erwachsenenalter. Viele Spannungen im zwischenmenschlichen Bereich, oft mit den Eltern oder anderen sogenannten Autoritätspersonen, kennzeichnen das Verhalten. Viele junge Leute sind in dieser Zeit auch sehr unausgeglichen. Gründe hierfür liegen im Sexualleben. ***Tragt weitere mögliche Gründe in die Kärtchen ein!***

RELIGION	Name:	Klasse:	Datum:	Nr.

Lösung: Warum haben junge Leute Probleme in der Pubertät?

In der Pubertät stehen junge Leute an der Schwelle zum Erwachsenenalter. Viele Spannungen im zwischenmenschlichen Bereich, oft mit den Eltern oder anderen sogenannten Autoritätspersonen, kennzeichnen das Verhalten. Viele junge Leute sind in dieser Zeit auch sehr unausgeglichen. Gründe hierfür liegen im Sexualleben. ***Tragt weitere mögliche Gründe in die Kärtchen ein!***

Nicht immer findet man eine passende Freundin/ einen Freund.

Junge Menschen fühlen sich zum anderen Geschlecht hingezogen.

Junge Leute müssen mit der Geschlechtlichkeit "wachsen und reifen".

Jungen und Mädchen haben unterschiedliche Wünsche/Sehnsüchte

Sie denken, fühlen und handeln wie Mann und Frau

Liebes- und Partnerschaftsfähigkeit muss gelernt werden!

Viele wollen noch nicht "erwachsen" sein!

Sexualität wird als Urbedürfnis der Menschen entdeckt.

Geschlechtlichkeit ist eine Gabe Gottes.

Viele wollen sofort "erwachsen" sein!

Man muss mit dem eigenen Geschlecht umgehen lernen.

Man muss mit dem anderen Geschlecht umgehen lernen

In geschlechtlichen Dingen ist man noch "unerfahren".

Mannsein, Frausein - kein kurzer Weg!

RELIGION	Name:	Klasse:	Datum:	Nr.

Was sagt die Bibel zur Geschlechtlichkeit des Menschen?

Immer wenn die Kirche zur Geschlechtlichkeit etwas sagt, bezieht sie sich auf die Heilige Schrift.
Sucht in der Schulbibel die Textstellen und tragt sie ein!

Gen 1, 27:

____

Daraus folgt:
Mann und Frau sind ...
❍ körperlich gleich ❍ verschieden ❍ gleichwertig ❍ gleichartig

Gen 2, 24:

____

Daraus folgt:
Mann und Frau sind ...
❍ nicht ergänzungsbedürftig ❍ ergänzungsbedürftig
❍ nicht ergänzungsfähig ❍ ergänzungsfähig

Gen 1, 28:

____

Daraus folgt:
❍ Gott gibt den Menschen Kinder als Geschenk und Aufgabe.
❍ Gott erlaubt den Geschlechtsverkehr mit vielen Partnern.
❍ Gott will, dass die Erde überbevölkert wird.

Gen 2, 23:

____

____

Daraus folgt:
❍ Gott betont, dass der Mann der Frau untersteht.
❍ Gott betont, dass die Frau dem Mann untersteht.
❍ Gott betont die Zweigeschlechtlichkeit des Menschen.

Stimmt diese Aussage? ❍ ja ❍ nein
Aus den Bibeltexten lassen sich folgende Aussagen zur Sexualität des Menschen machen:
Die Geschlechtlichkeit ist ein kostbares Gut. Sie ist eine Ausdrucksmöglichkeit von Zärtlichkeit und Liebe. Die Geschlechtlichkeit ist aber auch ein Wunder der Natur. Nach Gottes Willen lebt der Mensch als Mann und Frau, die füreinander geschaffen sind.

Diskutiert über folgende Begriffe:
die Intimsphäre verletzen - Schamgrenzen überschreiten

RELIGION	Name:	Klasse:	Datum:	Nr.

Lösung: Was sagt die Bibel zur Geschlechtlichkeit des Menschen?

Immer wenn die Kirche zur Geschlechtlichkeit etwas sagt, bezieht sie sich auf die Heilige Schrift.
Sucht in der Schulbibel die Textstellen und tragt sie ein!

Gen 1, 27:
Gott schuf den Menschen als Mann und Frau

Daraus folgt:
Mann und Frau sind ...
❍ körperlich gleich ● verschieden ● gleichwertig ❍ gleichartig

Gen 2, 24:
... und sie werden ein Fleisch sein ...

Daraus folgt:
Mann und Frau sind ...
❍ nicht ergänzungsbedürftig ● ergänzungsbedürftig
❍ nicht ergänzungsfähig ● ergänzungsfähig

Gen 1, 28:
Gott sprach: " Seid fruchtbar und vermehrt euch, bevölkert die Erde!"

Daraus folgt:
● Gott gibt den Menschen Kinder als Geschenk und Aufgabe.
❍ Gott erlaubt den Geschlechtsverkehr mit vielen Partnern.
❍ Gott will, dass die Erde überbevölkert wird.

Gen 2, 23:
Frau soll sie heißen: denn vom Manne ist sie genommen

Daraus folgt:
❍ Gott betont, dass der Mann der Frau untersteht.
❍ Gott betont, dass die Frau dem Mann untersteht.
● Gott betont die Zweigeschlechtlichkeit des Menschen.

Stimmt diese Aussage? ● ja ❍ nein
Aus den Bibeltexten lassen sich folgende Aussagen zur Sexualität des Menschen machen:
Die Geschlechtlichkeit ist ein kostbares Gut. Sie ist eine Ausdrucksmöglichkeit von Zärtlichkeit und Liebe. Die Geschlechtlichkeit ist aber auch ein Wunder der Natur. Nach Gottes Willen lebt der Mensch als Mann und Frau, die füreinander geschaffen sind.

Diskutiert über folgende Begriffe:
die Intimsphäre verletzen - Schamgrenzen überschreiten

RELIGION	Name:	Klasse:	Datum:	Nr.

Nur nicht aus Liebe heiraten?

Liebe als das A und O einer Ehe zu sehen, erweist sich mehr und mehr als verhängnisvoller Irrtum, weil dieses Wort mit einem Wust von falschen, kitschigen und unwirklichen Vorstellungen belegt ist. Filme, Schlager, Literatur und Femsehen verherrlichen ein Liebesgefühl, das Menschen wie eine Naturgewalt überfällt. Ein himbeersüßer Gefühlspudding überschwappt Herz und Hirn, macht das Leben rosarot und himmelblau. Dieses wunderbare, himmlische Gefühl soll für alle früheren Enttäuschungen, Ungerechtigkeiten und Misserfolge entschädigen. Und so wird ein mit Sehnsüchten, Fantasien und unwirklichen Erwartungen erfüllter Liebes-Luftballon immer mehr aufgeblasen, bis er bei der leichtesten Berührung mit der rauhen Wirklichkeit zerplatzt.

Das soll ein Gefühl wie Feuer und Blitz sein. Es reißt hin, überrennt alle Schranken und moralischen Barrieren, macht kopflos, blind, rasend. Die Leidenschaft der Liebe entschuldigt mieses Verhalten, menschliches Versagen, Untreue, Verantwortungslosigkeit. Es geschah ja aus Liebe! Das ist das Höchste. Mit dem anderen eins werden, nur für ihn leben, sich ihm aufopfern: „Ich bin glücklich, wenn er nur glücklich ist.“ Liebe bis zur Selbstaufgabe. Nein! Nur nicht aus solcher Liebe heiraten! Der arme Partner, auf den sich die Liebes-Kitsch-Erwartungen richten! Kein Mensch kann diese aufgebauten und aufgestauten Liebes-Träume Wirklichkeit werden lassen.

Die armen Partner, die sich in ihrer Liebe aufopfern, aufgeben! Wenn zwei Menschen „eins werden“ bedeutet das, dass sie absolut nutzlos füreinander sind. Wenn eine Frau alles mit den Augen ihres Mannes sieht, hat sie kein Gegengewicht als Bereicherung zu bieten.

Nein! Nur nicht aus solcher Liebe heiraten! Lassen wir die Liebe mal beiseite und versuchen wir, bei der Partnerwahl wieder Verstand und Vernunft ins Spiel zu bringen! Ehe braucht mehr als das erotische und sexuelle Sich - zu - einander - hingezogen - Fühlen. Das kann nur der Anfang sein für ein sich Für-einander-Interessieren. Was ist das für ein Mensch? Welche Wertvorstellungen hat er? Welche Lebensziele verfolgt er? Welches Bild vom Menschen hat er? Wie sieht er die Beziehungen zwischen Menschen, Ehepartnern? Wie ist meine Sicht? Decken sich die Anschauungen? Lässt sich darauf ein gemeinsames Leben aufbauen?

Lassen wir die Liebe beiseite und fragen wir nach Gefühle und Eigenschaften, die für eine dauerhafte Beziehung, für eine Ehe wichtig und notwendig sind:

Ich wünsche mir, dass mein Partner fühlt und begreift, wo ich stehe und was ich denke und empfinde. Ich möchte mich ihm verständlich machen, durch Worte und auch ohne Worte. Durch mein Tun. Er soll besser verstehen als jeder andere, was ich meine und wie ich handle.

Er soll Verständnis haben für weniger positive Stimmungen und Verhaltensweisen, die sich daraus ergeben.

Ich möchte einen Partner, der mir vermittelt, dass auch er manchmal Befürchtungen und Ängste hat wie ich. Der mit mir versucht, sie zu überwinden, der mir Mut macht und mir hilft, in unserem Leben einen Sinn zu erkennen.

Ich möchte im Laufe unseres gemeinsamen Lebens immer vertrauter mit ihm werden. In unserem Zusammensein möchte ich Geborgenheit und Heimat, Wärme und Nähe, Zärtlichkeit und Freude, Spaß und Lust finden.

Ich weiß, dass mein Partner ein anderer ist als ich. Ich weiß mich an ihn gebunden, obwohl er sich verändern wird. Eines Tages ist er nicht mehr der, den ich geheiratet habe. Er ist nicht statisch und lebt in einem Entwicklungsprozess. Wie ich selbst. Ich will ihm helfen, zu wachsen. Ich habe mich an diesen Menschen freiwillig gebunden. Aber ich möchte nicht abhängig von ihm sein, dass ich von ihm beherrscht werde. Er soll nicht für mich denken, das kann ich selbst. Ich möchte meine Eigenständigkeit behalten. Nur so können wir uns stützen und ergänzen. Ich möchte sagen können: „Ich kann auch ohne dich leben. Aber mit dir ist es schöner!“

Ich möchte, auch wenn ich mit dir verheiratet bin, für mich und meine Handlungen selbst verantwortlich bleiben, so wie du für dich verantwortlich bist. Aber wir sind beide für unsere Beziehung, für unsere Familie, unsere Umwelt, unsere Welt verantwortlich.

Ich weiß: was du sagst, meinst du auch so. Du hast es nicht nötig, mir etwas vorzumachen. Wenn ich dich brauche, bist du da. Zusagen, die du machst, hältst du auch, wenn du kannst. Und wenn irgend etwas dich hindert, rufst du mich an, informierst du mich. Du lässt mich nicht hängen.

Ich weiß, dass sich Gefühle verändem. Nach der Faszinations-Phase empfinde ich jetzt sanftere und intensivere Gefühle für dich. Das ist ganz in Ordnung. Und darüber können wir offen sprechen. Deshalb habe ich dich nicht weniger gern. Dass von einem anderen stärkere, neue erotische Impulse ausgehen können, ist auch ganz natürlich. Aber ich kann entscheiden, was ich daraus mache.

Wir wissen, wohin unser Leben gehen soll. Und über unserer eigenen Familie, unserem persönlichen Glück wollen wir die anderen um uns herum nicht vergessen: die Nachbarn, die Gemeinde, unsere Welt. Wir möchten, soweit wir können, ein bisschen was verändern, verbessern in dieser Welt. Das ist nicht alles. Das sind nur einige Aspekte. Über die sollte man nachdenken und sprechen, bevor man heiratet. Wenn die stimmen, hat man eine Basis. Keine Garantie. Die gibt es nicht. Nur nicht aus Liebe heiraten? Oder könnte das alles unter Umständen Liebe sein?

Ursula Burghardt, in: Leben und Erziehen 4/1984

RELIGION	Name:	Klasse:	Datum:	Nr.

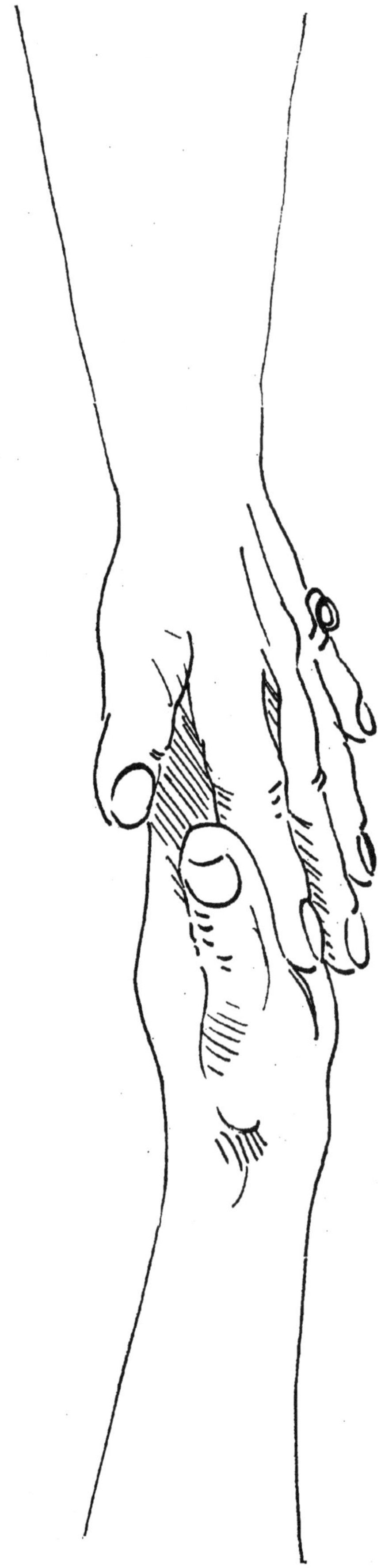

Arbeitsaufgabe: Gestaltet zum Thema "Partnerschaft" dieses Arbeitsblatt!

RELIGION	Name:	Klasse:	Datum:	Nr.

Partnerschaft, Liebe und ein paar coole Fragen

❶ Es gibt viele Charaktereigenschaften, die bei der Partnerwahl ein Rolle spielen.

Unterstreicht
äußerlich-nebensächliche Eigenschaften gelb,
wichtige und wünschenswerte Eigenschaften orange
unverzichtbare Eigenschaften rot!

Treue - Ehrlichkeit - Haarfarbe - Humor - Augenfarbe - Wärme - Herzlichkeit - Tüchtigkeit - Figur - Fleiß - Offenheit - Erscheinungsbild - Natürlichkeit - Selbstlosigkeit - Automarke - Verantwortungsbewusstsein - Art des Parfüms

❷ Welche Testfragen an einen Partner würdet ihr wie beurteilen?
Unterstreicht unwichtige Fragen gelb, wichtige Fragen rot!

Kann sich mein Partner in meine Probleme hineinversetzen?
Hört mein Partner überhaupt zu?
Welches Freizeitverhalten hat mein Partner?
Wie groß ist mein Partner?
Wie viel Geld verdient er im Monat?
Wie kommt er mit Schule / Beruf / Verein zurecht?
Welche Lebensperspektiven interessieren ihn?
Worin sieht er den Sinn seines Lebens und seiner Arbeit?
Welche Zigarettenmarke raucht er?
Setzt er sich für andere ein?
Kann man sich auf ihn verlassen?

❸ Könnt ihr dieser Aussage zustimmen? ❍ ja ❍ nein

Es gibt zwar das Sprichwort: Nobody is perfect. Aber dennoch gibt es innere Werte, die für die Partnerwahl wichtig sind. Sie allein zählen und bleiben.

❹ Macht kurz mit beim folgenden Partnertest und stellt das Klassen-Ergebnisse zusammen!

MÄDCHEN: *Welche Eigenschaften schätzt ihr besonders bei einem* JUNGEN?
Treue - Ehrlichkeit - Klugheit - Tüchtigkeit im Beruf - Sparsamkeit - Sauberkeit - Ritterlichkeit - Ordnungsliebe - Wärme - Herzlichkeit - Natürlichkeit - Humor - Fleiß - praktische Veranlagung - gutes Aussehen - Pünktlichkeit - Verschwiegenheit

JUNGEN: *Welche Eigenschaften schätzt ihr besonders bei einem* MÄDCHEN?
Treue - Natürlichkeit - Sparsamkeit - Sauberkeit - Klugheit - Kochkunst - Verschwiegenheit - Pünktlichkeit - Wärme - Herzlichkeit - Ehrlichkeit - hübsches Aussehen - Humor - Fleiß - Ordnungsliebe - Tüchtigkeit im Beruf - Selbstlosigkeit

❺ Streicht weg, was Partnerschaft nicht sein sollte!

Verstehen - Verständnis - Liebeskitsch - Solidarität - Vertrautsein - Leidenschaft - Respekt - Verantwortung - Opferbereitschaft - Unterwerfung - Abhängigkeit - Zuverlässigkeit - Offenheit - gemeinsames Ziel

❻ Zum Nachdenken!

Junger Zahnarzt, Michael, 35 Jahre, 1,79 m, schlank, sportlich, braune Haare, blaue Augen; so sympathisch, wie dieser Mann ausieht, ist er auch. Seine Arbeit in der Praxis, die Anerkennung seiner Kollegen - seine Patienten, die ihn mögen - er ist ein herzlicher und aufgeschlossener Mann - das merkt man gleich, wenn man ihm zum ersten Mal begegnet. Jahrelang stürzte er sich in seine Arbeit, doch nun merkt er, dass Arbeit nicht alles ist im Leben. Seinen größten Wunsch möchte er sich nun erfüllen, eine liebevolle Frau, der er alles schenken möchte, die für immer an seiner Seite ist. Sehen Sie in mir bitte den Menschen, nicht den Arzt, der auch viel Geld verdient. - Zwei Herzen, die ineinanderfließen - das sind meine, auch ein wenig romantischen Gedanken, wenn ich an Dich denke, die ich suche.

Christiane, 20, 165, ist eine bezaubernde, sehr gut aussehende einfache Angestellte mit schulterlangen braunen Haaren, hübschen braunen Augen und einer aufregend weiblichen Figur. Sie kleidet sich nett, hat Humor, ist anpassungsfähig und vielseitig interessiert. Radeln, Kochen, Schi fahren, Schwimmen und Tanzen zählen zu ihren liebsten Beschäftigungen. Auch mag sie die Natur und sie ist sehr tierlieb. Leider ist sie ein klein wenig schüchtern und braucht immer etwas mehr Zeit, Vertrauen zu einem Partner zu finden. *(Heiratsannoncen aus Tageszeitungen)*

RELIGION	Name:	Klasse:	Datum:	Nr.

Vom Verliebtsein zur Liebe

Arbeitsaufgaben:

❶ Was sollen beide Karikaturen (links oben: nach LORIOT, rechts: nach O. Oberndorfer) aussagen?

❷ Die Karikatur von LORIOT ist mit dem Zusatz: *vorher - nachher* versehen. Was könnte hier gemeint sein?

❸ Findet zu den beiden Karikaturen passende Überschriften!

❹ Sucht in Zeitschriften Beispiele, wie Liebe verschieden in Wort und Bild dargestellt wird. Klebt die Bilder unten im Rahmen ein zum Thema:

"Liebe kann blind machen - muss aber nicht!"

RELIGION	Name:	Klasse:	Datum:	Nr.

Gibt es noch glückliche Ehen?

Fall 1:

Ich bin 23 Jahre alt und 5 Jahre verheiratet; meine Frau ist 23, wir haben 2 Kinder.

Unsere Ehe ist eine von den sogenannten Teenager-Ehen, über die heute nicht genug geschimpft werden kann. Wir wollen für diese Ehen keine Lanze brechen, jedoch mit diesen Zeilen beweisen, dass man sie nicht grundsätzlich verurteilen kann ... , doch mit echter Liebe und einigem guten Willen kann man sicher auch in sehr jungen Jahren eine glückliche Ehe führen. Was uns betrifft, so sind wir nun über fünf Jahre verheiratet und glücklicher denn je. Wir waren beide 14, als wir uns kennen lernten. Mit 16 lernten wir uns lieben und mit 18 Jahren heirateten wir. Unsere Ehe mussten wir uns im wahrsten Sinne des Wortes erkämpfen, da weder die Eltern noch sonst jemand eine glückliche Ehe für möglich hielten. Wir besaßen nichts als unsere Liebe und unseren guten Willen. Heute haben wir zwei Kinder (das größere ist leider blind) und haben ein eigenes, wenn auch bescheidenes Heim. Meine Frau versorgt den Haushalt und die Kinder, während ich als Reisender arbeite.

Wir waren durchaus nicht immer einer Meinung, doch ist es in der Ehe wie mit zwei Kieselsteinen, die im Gebirgsbach noch eckig, im Tal jedoch schön rund und abgeschliffen sind. Die Liebe zur Natur, Reiselust und eine Vorliebe für ausgefallene Ideen haben wir gemeinsam und unsere Liebe, Kameradschaft und gegenseitiges Vertrauen und nicht zuletzt der Glaube an Gott sind die Garanten unseres Glückes. Es könnten viel mehr Ehen glücklich sein, wenn man seinem Partner nur halb so viel Aufwerksamkeit schenkte wie etwa dem Beruf, dem Hobby oder dem Auto, wenn man sich über Probleme aussprechen und weniger Geheimisse mit sich herumtragen würde, wenn man versuchte, sich gegenseitig zu verstehen, die Meinung des Partners mehr zu beachten als die der lieben Mitmenschen, wenn man in jeder Situation wie Pech und Schwefel zusammenhielte, und wenn man sich auch ohne „Aufsicht" so benähme, wie es der Partner von einem erwartet.

Fall 2:

Ich bin Malergehilfe und 32 Jahre alt; meine Frau ist 35, wir sind 10 Jahre verheiratet.

Wir hatten damals nichts als zwei Hände zum Arbeiten und den festen Willen, was immer kommen mag, gemeinsam zu meistern. Nach drei Jahren kam das erste Kind. Ich ließ meine Frau nach der Geburt des Kindes nicht mehr zur Arbeit gehen. Sie konnte sich immer voll und ganz den Kindern widmen und dadurch hatte ich stets eine gute Ordnung und kein nervöses Weib. Ich lasse meine Frau voll und ganz Finanzminister sein, doch wird jeder Kauf gemeinsam besprochen. Ein großes Plus für unsere Ehe ist das kluge Verhalten meiner Frau, wenn ich etliche Male im Jahr angeheitert um 2 - 3 Uhr morgens nach Hause komme. Da gibts kein Geschrei und Gekreische, vielmehr - ich habe in diesem Zustand ein überglückliches Gemüt - richtet sie mir noch etwas zum Essen und serviert mir Bier, um mich dann mit Frauenschläue leicht ins Bett zu bringen. Noch ein Umstand trägt zu unserer guten Gemeinschaft bei: wir haben uns von der Hochzeit an als zwei Menschen in einem Kreis gefühlt. Bis zum Kreis dürfen Verwandte und Bekannte, aber sie dürfen ihn in keiner Weise übertreten. Innerhalb des Kreises sind wir und unsere Kinder. Sonst niemand. Darum machen wir auch wenig Besuche und erhalten nur wenige, und sind trotzdem nicht verfeindet. Die Geschehnisse unserer Ehe werden von keinem von beiden nach außen getragen. Die Außenstehenden behaupten von uns, wir seien eine nette, glückliche und ruhige Familie. So wird es wohl auch stimmen.

Habt ihr die Texte genau gelesen?

❶ Warum "funktionieren" diese beiden Ehen?
❷ Welche Gründe lassen diese Ehen gelingen?
❸ Gibt es eventuell ein Patent-Rezept für glückliche Ehen?
❹ Kann man "Gemeinsamkeit" lernen?
❺ Kann Liebe "wachsen"?
❻ Warum ändert sich während der Lebensphasen eines Menschen auch seine Einstellung zur Liebe?

RELIGION	Name:	Klasse:	Datum:	Nr.

Fall 3:
Ich bin Hausfrau, 49 Jahre alt und 23 Jahre verheiratet; wir haben 1 Kind.
Wir halten uns an das alte Wort: "Weißt du, wo's keinen Herrn und keinen Diener gibt? Wo eins dem andern dient, weil eins das andre liebt." Wir haben in unserer Ehe ein Hauptbestreben; dem anderen Freude zu machen. Ich als Frau bemühe mich, sehr vielseitig zu sein; eine Frau, die dem Mann die Erfüllung seiner Sehnsüchte in sexueller Beziehung bringt; daneben, eine gute Mutter des Kindes; dazu auch eine gute Hausfrau, die für gutes Essen sorgt und sparsam ist, die ein Heim zu gestalten versteht, in dem sich der Mann abends nach dem Beruf wohl fühlt; aber auch eine liebenswürdige Gastgeberin zu sein, wenn der Mann Freunde einlädt; ich habe sogar beobachtet, dass es unserer Ehe ganz gut tut, wenn auch andere die Frau des Hauses charmant finden, denn es macht den eigenen Mann stolz und glücklich; mein Mann liebt es, wenn ich zu alledem auch noch sportlich bin und mit ihm im Winter Schi laufe, im Sommer bergsteige und schwimme. So verbringen wir unsere Freizeit zu zweit oder dritt (mit Kind, wenn es nicht im Studium ist) und sind dabei sehr, sehr froh und glücklich. . .

Körperliche Anziehung ist unbedingt wichtig. Vielleicht wird gerade in unseren Kreisen diese Seite der Ehe unterschätzt. Seelische und körperliche Anziehung hängen ganz stark zusammen. Ein Ehemann, der daheim eine reizvolle Frau vorfindet, - auch im Schlafzimmer, eine Frau, die sich nicht nur für andere oder für die Straße zurechtmacht, ein solcher Ehemann wird kaum auf Abwege kommen. Man kann als Frau wirklich viel Abwechslung in eine Ehe bringen. Der Mann soll sich daheim nie langweilen.

Wir haben eine Tochter mit 18 Jahren. Wir hätten gerne mehr Kinder gehabt, aber leider hatte ich neun Früh- und Fehlgeburten. Die Jahre waren aus diesem Grunde oft ausgefüllt mit Kummer und Tränen. Aber wir wissen, dass jedes Leid eine Gnade Gottes ist.

Fall 4:
Ich war Ärztin, bin 38 Jahre alt und 11 Jahre verheiratet; wir haben 2 Kinder.

Seit der Geburt des ersten Kindes bin ich im Haushalt. Ich glaube, dass unsere Ehe dadurch glücklich geworden und geblieben ist, dass wir sie beide für ein Sakrament und unauflöslich halten. . . Einem Rat meines Vaters folgend, bemühe ich mich bei allem, was mich kränkt oder ärgert, mir vorzustellen, wie ich über die Sache in zehn Jahren denken würde. Diese Vorstellung lässt alles zur Lapalie zusammenschrumpfen. Außerdem habe ich mir vom ersten Tag meiner Ehe an vorgenommen, nicht meinen Mann, sondern mich selbst zu erziehen, und die Schuld an Zerwürfnissen zuerst bei mir zu suchen. Allerdings muss ich zugeben, dass mein Mann mir weder durch Untreue noch durch Unverlässlichkeit, Unehrlichkeit oder Herzenskälte Anlass zu Kummer gegeben hat.
Unser Glück besteht in unerschütterlicher Gemeinsamkeit in Freud und Leid. Wir sind beide, seit wir die Kinder haben, noch glücklicher geworden, da sie eine Erfüllung unseres gemeinsamen Wunsches waren; doch hat die jahrelange ungewollte Kinderlosigkeit uns nicht auseinander, sondern noch fester zusammengeführt, so wie jede gemeinsam getragene Sorge uns immer mehr vereint hat.
Ich glaube, dass unser Glück nicht zuletzt dem beiderseitigen guten Willen und der Bereitschaft zum Verzeihen zuzuschreiben ist.

Habt ihr die Texte genau gelesen?
❶ Warum "funktionieren" diese beiden Ehen?
❷ Welche Gründe lassen diese Ehen gelingen?
❸ Gibt es eventuell ein Patent-Rezept für glückliche Ehen?
❹ Kann man "Gemeinsamkeit" lernen?
❺ Kann Liebe "wachsen"?
❻ Warum ändert sich während der Lebensphasen eines Menschen auch seine Einstellung zur Liebe?

RELIGION	Name:	Klasse:	Datum:	Nr.

Fall 5:
Ich bin 40 Jahre alt und 12 Jahre verheiratet; mein Mann ist 35, Bundesbeamter.
Wir sind seit Herbst 1950 verheiratet und ich darf Gott sei Dank sagen, dass es eine durchaus harmonische Lebensgemeinschaft geworden ist, obwohl unsere Ehe eigentlich keinen Modellfall darstellt: Wir haben leider keine Kinder, wir stehen beide im Berufsleben und der ideale Altersunterschied von fünf Jahren trifft hier mit umgekehrten Vorzeichen zu: Mein Mann ist der Jüngere.

Worin besteht nun ... das Glück dieser Ehe? Ich glaube, es besteht für mich in der Überzeugung, die mir gemäße Lebensform und auch jenen Partner gefunden zu haben, den ich als Mann und Lebenskameraden gern an meiner Seite habe. Dasselbe trifft, so darf ich sagen, umgekehrt für meinen Mann zu ...

Ein Umstand, der eine Verbindung auf die Dauer glücklich macht, ist also meines Erachtens, dass man die guten Eigenschaften des Partners anerkennt und nicht verlangt, dass er alle Tugenden gleichzeitig hat. Viele schließen einander in der unvollkommenen menschlichen Natur eben zumeist aus. Wichtig scheint mir auch zu sein, nicht nur die eigenen Opfer zu sehen, sondern auch jene, die der Partner bringt ... Heilsam und notwendig ist es überhaupt, dass uns die Ehe ein Maximum an Anpassungswillen und Einfühlung abverlangt, denn gerade darin kommen charakterliche Kräfte und Möglichkeiten zur Entfaltung, die sonst brach liegen und Unfug anrichten. Vielleicht ist gerade dies das „Glück", dass hier menschliche Möglichkeiten aufgerufen werden, durch die sich die Persönlichkeit erst zur Reife entwickelt. Fast will es mir so scheinen.

Auf alle Fälle sollten aber Ehepaare miteinander reden, nicht über die alltäglichen Dinge, sondern sie sollten ihre Ehe im guten Sinne des Wortes zu einem Gespräch machen über ihre Gedanken und Überlegungen, über die Art, wie jeder die „Welt anschaut", damit sie eben auch im Geistigen miteinander leben und reifen. Es sollte, wenn ich mich richtig ausdrücke, im Lauf der Jahre doch so etwas wie eine Vermählung auch in der gedanklichen Lebensbewältigung zustande kommen. Bei annähernder Gleichheit der Ausgangspositionen denken Mann und Frau doch anders und können einander sehr viel geben, eben den Zugang zu der anderen Art, das Leben zu nehmen, aufschließen.

Wir sind, wie schon erwähnt, ohne Kinder. Leider. Doch habe ich im Kreise der Verwandten und Freunde beobachtet, dass die Ehe der Eltern für die Kinder sehr wichtig ist, aber Kinder für die Ehe der Eltern oft nur ein äußerlicher Kitt. Sie wird durch die Kinder nicht besser oder schlechter als vorher. Doch dies nur eine Beobachtung bei anderen.

Fall 6:
Ich bin Angestellter, 22 J. alt und 2 Jahre verheiratet; meine Frau ist ebenfalls Angestellte, 21 Jahre alt.
Diese Angaben erwecken wahrscheinlich den Eindruck, dass es sich hier um eine „Muss-Ehe" handeln kann. Dem ist nicht so; wir sind noch heute kinderlos, obwohl wir gerne ... mehrere Kinder hätten! Was wir tun, dass unsere Ehe glücklich ist und bleibt? Wir lieben uns! ... je mehr und je länger wir uns kannten, um so tiefer wurde das Verstehen, die gegenseitige Achtung, die Liebe! Warum sollte daher unsere Ehe nicht auch in Zukunft glücklich sein! Gewiss, es werden Krisenzeiten kommen. Wir werden einander beistehen, so gut wir nur können ... Es wird keinen Tag in unserer Ehe geben, wo wir aufeinander bös schlafen gehen. (Das haben wir in unserer ersten Ehewoche so ausgemacht). Am glücklichsten sind wir beide, wenn wir gemeinsam sind. Egal, ob zu zweit oder in Gesellschaft anderer. Das Wichtigste ist, der Andere ist dabei! Gleiche religiöse Einstellung ist meiner Ansicht nach für eine dauerhafte glückliche Ehe der Grundstein! Seelische Anziehung steht ganz klar bei einer guten Ehe in vorderster Linie ... Aber auch die körperliche ist gerade bei jungen Paaren von großer Bedeutung. Die Vereinigung ist der höchste Ausdruck und Beweis der gegenseitigen Zuneigung und Liebe und nicht zuletzt deshalb der Ursprung des Lebens. Wir sind glücklich verheiratet. Gebe Gott, dass es so bleibt und Kinder unser Glück nur noch fester schmieden. Allen jungen Paaren diesen Leitsatz fürs Eheglück ... Es ist nicht wichtig, dass es uns gut geht, sondern den Menschen, die uns anvertraut sind!

RELIGION	Name:	Klasse:	Datum:	Nr.

Ein freier Abend - ist das gut für die Ehe?

Thema: Partnerschaft und die Frage: Warum manche Ehepartner gerne mal allein ausgehen - ohne Anhang.

Heidi S. (26) fühlte sich wie im siebten Himmel. Seit drei Monaten war sie glücklich verheiratet, mit Rolf, ihrem Traummann. Ihre Ehe verlief harmonisch, fast alles unternahmen sie gemeinsam. Sogar zum Fußball war Heidi mit ihrem Mann gegangen.

Dann erlitt das junge Glück den ersten Kratzer. Das war, als Rolf eines Abends seiner Frau eröffnete, er gehe noch mal weg. Allein, ohne sie. Alte Freunde wolle er treffen, sagte er. Ein Bier mit ihnen trinken, reden.

Prompt fiel die frisch gebackene Ehefrau aus allen Wolken. Sie machte ihm eine Szene. Bis er rigoros einen Schlussstrich unter die Auseinandersetzung zog:

Das ist mein gutes Recht! rief er. Und knallte die Tür zu, als er aus der gemeinsamen Wohnung stürmte.

Später, nachdem ihr Zorn verraucht war, verständigten sich beide darauf, dass künftig jeder einmal die Woche eigene Wege gehen darf. Sei es ins Kino, zum Kaffeekränzchen oder zur Skatpartie.

Ist das die Lösung? Oder sollte in einer Partnerschaft eines dem anderen zuliebe auf Soloausflüge verzichten?

Dazu meint Hermann Messmer, Rechtsanwalt in München: „Viele Ehen sterben daran, dass sich die Partner zu sehr aneinander klammem. Wenn die Ehe zum Gefängnis wird, ist die Gefahr groß, dass sie eines Tages auseinanderbricht.

Der freie Abend, so Messmer, habe eine Ventilfunktion Er sei ein wichtiges Stück persönlicher Freiheit, das jede Ehe braucht. „Wer dem andern keine Luft lässt, versucht, ihn in eine Zwangsjacke zu schnüren, der muss sich nicht wundern, wenn die Beziehung scheitert", sagt der Anwalt. Allerdings sollte man das gegenseitige Vertrauen nicht mit einer „freien Nacht" missbrauchen.

Anders denkt Rosi Mittermaier, Olympiasiegerin und Unternehmerin: "Regelmäßig ein freier Abend? Das bringt gar nichts! Das muss sich nach Lust und Laune entscheiden. Wochen vorher festgeplante Termine, das ist nichts für mich. Im Idealfall haben beide die gleichen Hobbys.

Es ist immer besser, wenn man etwas gemeinsam unternimmt", sagt die Gold-Rosi. „Natürlich würde ich aber meinem Mann Christian jederzeit zugestehen, allein wegzugehen. Er mir übrigens auch."

Und das sagt Partnerschaftsexperte Oswald Kolle: „Ich bin immer für sehr viel Freiheit in der Partnerschaft gewesen. Man muss sich gegenseitig Urlaub geben. Denn wer nicht weggeht, kann auch nicht wiederkommen.

Ruth Lenwerik, Schauspielerin, sagt: „Man sollte einander ein wenig Luft gönnen. Das ist geradezu eine Voraussetzung, damit eine Partnerschaft überhaupt funktioniert."

Hans-Hermann Sprado

Arbeitsaufgaben:

❶ ***Wie denkt ihr über folgende Aussagen?***

Oswald Kolle, Partnerschaftsexperte:

Ich bin immer für sehr viel Freiheit in der Partnerschaft gewesen. Doch wenn kein Vertrauen da ist, geht ohnehin nichts mehr."

Rosi Mittermaier, Schi-Olympiasiegerin:

"Es ist schöner, wenn man gemeinsam etwas unternimmt. Aber natürlich muss man auch Zugeständnisse machen."

Hermann Messmer, Rechtsanwalt:

Eine vernünftige Einrichtung, die niemand missbrauchen sollte. Wenn jeder ein bisschen Freiheit schnuppern
darf, wird er auch nicht ausbrechen."

Ruth Leuwerik, Schauspielerin:

"Man muss sich ein bisschen Luft gönnen, damit eine Partnerschaft langfristig überhaupt funktoniert."

❷ ***Warum braucht echte Partnerschaft auch die Freiheit des einzelnen Partners?***

❸ ***Sollten Partner eigene Hobbies wegen einer Ehe aufgeben?***

❹ ***Warum sind Freiräume in der Ehe wichtig?***

❺ ***Wann kann eine Ehe zum "Gefängnis" für einen der Partner werden?***

RELIGION	Name:	Klasse:	Datum:	Nr.

Welche Gründe lassen eine lebenslange Partnerschaft gelingen?

Unsere Fallbeispiele zeigen Möglichkeiten für eine "glückliche Ehe", stellen aber kein Patent-Rezept dar!

Beispiel 1:

Beispiel 2:

Beispiel 3:

Beispiel 4:

Beispiel 5:

Beispiel 6:

❶ Welches Sprichwort passt für eine gute Partnerschaft? (Das Bild rechts hilft euch dabei!)

❍ Das Glück ist ein unsicherer Schütze.
❍ Das Glück kann man verdoppeln, indem man es teilt.
❍ Glück hat nur der Tüchtige.
❍ Glück ist nicht von dieser Welt.

❷ Könnt ihr dieser Aussage zustimmen? ❍ ja ❍ nein

Es gibt kein Patent-Rezept für eine intakte lebenslange Partnerschaft. Dennoch kann eine Ehe gelingen, wenn beide Partner "Gemeinsamkeit" lernen.

❸ Was bedeutet es, wenn zwei Partner sich in einer Ehe binden wollen? Kreuzt an!

❍ Sie wollen das Leben miteinander teilen. ❍ Sie haben gemeinsame Lebensziele und Lebensaufgaben.
❍ Sie nehmen einander ohne Vorbehalte an. ❍ Sie rechnen gegenseitig Vor- und Nachteile auf.

❹ Welche Aussagen passen nicht zu einer guten Partnerschaft? ***Streicht sie durch!***

Ja sagen zum Partner - nörgeln - miteinander Zeit verbringen - Treue schenken - Probleme unter den Teppich kehren - Aufgaben und Schwierigkeiten gemeinsam lösen - Vorsorge der materiellen Sicherheiten - Vertrauen - Misstrauen - Offenheit - Freude - Rücksichtnahme in Alltäglichkeiten - Vergebung erbitten und gewähren

❺ Warum ist es sinnvoll für junge Verliebte, einander nicht um jeden Preis zu irgendetwas zu drängen?
❻ Warum sollte man mit einem frühen Geschlechtsverkehr warten?
❼ Welche Probleme können entstehen, wenn Sexualbeziehungen sehr früh stattfinden?
❽ Warum muss Liebe "wachsen" können?
❾ Warum hat Liebe auch etwas mit Entwicklung und Reifung zu tun?
❿ Warum sollten wir die Sexualität als kostbare Gabe schätzen?
11. **Warum wird Sexualität in den Medien sehr oft mit Gewalt gegen die Frau gleichgesetzt?**

RELIGION	Name:	Klasse:	Datum:	Nr.

Lösung: Welche Gründe lassen eine lebenslange Partnerschaft gelingen?

Unsere Fallbeispiele zeigen Möglichkeiten für eine "glückliche Ehe", stellen aber kein Patent-Rezept dar!

Beispiel 1:

Gemeinsame Interessen
Glaube an Gott

Beispiel 2:

Familiensinn, Gemeinschaftsgefühl

Beispiel 3:

dem anderen Freude machen, gegenseitige Verständnisbereitschaft

Beispiel 4:

Bereitschaft zu verzeihen, geistige und seelische Reife

Beispiel 5:

Übereinstimmung in wichtigen Lebensauffassungen, gleiche Weltanschauung

Beispiel 6:

gleiche religiöse Einstellung, Verantwortung

❶ Welches Sprichwort passt für eine gute Partnerschaft? (Das Bild rechts hilft euch dabei!)

❍ Das Glück ist ein unsicherer Schütze.
● Das Glück kann man verdoppeln, indem man es teilt.
❍ Glück hat nur der Tüchtige.
❍ Glück ist nicht von dieser Welt.

❷ Könnt ihr dieser Aussage zustimmen? ● ja ❍ nein
Es gibt kein Patent-Rezept für eine intakte lebenslange Partnerschaft. Dennoch kann eine Ehe gelingen, wenn beide Partner "Gemeinsamkeit" lernen.

❸ Was bedeutet es, wenn zwei Partner sich in einer Ehe binden wollen? Kreuzt an!
● Sie wollen das Leben miteinander teilen. ● Sie haben gemeinsame Lebensziele und Lebensaufgaben.
● Sie nehmen einander ohne Vorbehalte an. ❍ Sie rechnen gegenseitig Vor- und Nachteile auf.

❹ Welche Aussagen passen nicht zu einer guten Partnerschaft? ***Streicht sie durch!***
Ja sagen zum Partner - ~~nörgeln~~ - miteinander Zeit verbringen - Treue schenken - ~~Probleme unter den Teppich kehren~~ - Aufgaben und Schwierigkeiten gemeinsam lösen - Vorsorge der materiellen Sicherheiten - Vertrauen - ~~Misstrauen~~ - Offenheit - Freude - Rücksichtnahme in Alltäglichkeiten - Vergebung erbitten und gewähren

❺ Warum ist es sinnvoll für junge Verliebte, einander nicht um jeden Preis zu irgendetwas zu drängen?
❻ Warum sollte man mit einem frühen Geschlechtsverkehr warten?
❼ Welche Probleme können entstehen, wenn Sexualbeziehungen sehr früh stattfinden?
❽ Warum muss Liebe "wachsen" können?
❾ Warum hat Liebe auch etwas mit Entwicklung und Reifung zu tun?
❿ Warum sollten wir die Sexualität als kostbare Gabe schätzen?
11. **Warum wird Sexualität in den Medien sehr oft mit Gewalt gegen die Frau gleichgesetzt?**

RELIGION	Name:	Klasse:	Datum:	Nr.

Die Liebe hört niemals auf

Ich zeige euch jetzt noch einen anderen Weg, der alles übersteigt:
Wenn ich in den Sprachen der Menschen und Engel redete,
hätte aber die Liebe nicht,
wäre ich dröhnendes Erz oder eine lärmende Pauke.
Und wenn ich prophetisch reden könnte
und alle Geheimnisse wüsste
und alle Erkenntnis hätte;
wenn ich alle Glaubenskraft besäße
und Berge damit versetzen könnte.
hätte aber die Liebe nicht,
wäre ich nichts.
Und wenn ich meine ganze Habe verschenkte,
und wenn ich meinen Leib dem Feuer übergäbe,
hätte aber die Liebe nicht,
nützte es mir nichts.
Die Liebe ist langmütig,
die Liebe ist gütig.
Sie ereifert sich nicht,
sie prahlt nicht,
sie bläht sich nicht auf.
Sie handelt nicht ungehörig,
sucht nicht ihren Vorteil,
lässt sich nicht zum Zorn reizen,
trägt das Böse nicht nach.
Sie freut sich nicht über das Unrecht
sondern freut sich an der Wahrheit.
Sie erträgt alles,
glaubt alles,
hofft alles,
hält allem stand.
Die Liebe hört niemals auf.
Prophetisches Reden hat ein Ende.
Zungenrede verstummt,
Erkenntnis vergeht.
Denn Stückwerk ist unser Erkennen,
Stückwerk unser prophetisches Reden;
wenn aber das Vollendete kommt,
vergeht alles Stückwerk.
Als ich ein Kind war,
redete ich wie ein Kind,
dachte wie ein Kind
und urteilte wie ein Kind.
Als ich ein Mann wurde
legte ich ab, was Kind an mir war.
Jetzt schauen wir in einen Spiegel
und sehen nur rätselhafte Umrisse,
dann aber schauen wir von Angesicht zu Angesicht.
Jetzt erkenne ich unvollkommen,
dann aber werde ich durch und durch erkennen,
so wie ich auch durch und durch erkannt worden bin.
Für jetzt bleiben Glaube, Hoffnung, Liebe, diese drei;
doch am größten ist die Liebe.

Arbeitsaufgaben:

❶ ***Gestaltet zu diesem Text passende Zeichnungen!***
❷ ***Sucht Bilder aus der Tagespresse und klebt sie ein!***
❸ ***Untersteicht die Zeilen, die euch am besten gefallen!***
❹ ***Gebt diesem Gedicht einen anderen Titel!***
❺ ***Wer könnte dieses Gedicht geschrieben haben?***

RELIGION	Name:	Klasse:	Datum:	Nr.

Die Liebe hört niemals auf

Ich zeige euch jetzt noch einen anderen Weg, der alles übersteigt:
Wenn ich in den Sprachen der Menschen und Engel redete,
hätte aber die Liebe nicht,
wäre ich dröhnendes Erz oder eine lärmende Pauke.
Und wenn ich prophetisch reden könnte
und alle Geheimnisse wüsste
und alle Erkenntnis hätte;
wenn ich alle Glaubenskraft besäße
und Berge damit versetzen könnte.
hätte aber die Liebe nicht,
wäre ich nichts.
Und wenn ich meine ganze Habe verschenkte,
und wenn ich meinen Leib dem Feuer übergäbe.
hätte aber die Liebe nicht.
nützte es mir nichts.
Die Liebe ist langmütig.
die Liebe ist gütig.
Sie ereifert sich nicht.
sie prahlt nicht,
sie bläht sich nicht auf.
Sie handelt nicht ungehörig,
sucht nicht ihren Vorteil,
lässt sich nicht zum Zorn reizen,
trägt das Böse nicht nach.
Sie freut sich nicht über das Unrecht
sondern freut sich an der Wahrheit.
Sie erträgt alles,
glaubt alles,
hofft alles,
hält allem stand.
Die Liebe hört niemals auf.
Prophetisches Reden hat ein Ende.
Zungenrede verstummt,
Erkenntnis vergeht.
Denn Stückwerk ist unser Erkennen,
Stückwerk unser prophetisches Reden;
wenn aber das Vollendete kommt,
vergeht alles Stückwerk.
Als ich ein Kind war,
redete ich wie ein Kind,
dachte wie ein Kind
und urteilte wie ein Kind.
Als ich ein Mann wurde
legte ich ab, was Kind an mir war.
Jetzt schauen wir in einen Spiegel
und sehen nur rätselhafte Umrisse,
dann aber schauen wir von Angesicht zu Angesicht.
Jetzt erkenne ich unvollkommen,
dann aber werde ich durch und durch erkennen,
so wie ich auch durch und durch erkannt worden bin.
Für jetzt bleiben Glaube, Hoffnung, Liebe, diese drei;
doch am größten ist die Liebe.

Arbeitsaufgaben:

Woraus stammt dieser Text? *Unterstreicht!*

alte Indianer-Weisheit   aus dem Buddhismus   aus dem Hinduismus   aus dem alten Babylon
aus der Bibel   aus einem mittelalterlichen Minnesang   aus dem Islam   aus einem Schlagertext
aus einem modernen französischen Chanson   aus dem jüdischen Talmud   aus einem russichen Märchen

RELIGION	Name:	Klasse:	Datum:	Nr.

Was verstehen Christen unter "Ehe"?

❶ **Schreibt folgende Textstellen aus der Heiligen Schrift heraus!**

Gen 2, 24:

____

____

Eph 5, 32. 33:

____

____

Daraus folgt:

❍ Die Ehe ist ein Vertrag zwischen zwei Menschen, die sich lieben.
❍ Die Ehe ist ein Abbild der Verbindung Christi mit der Kirche.
❍ Die Ehe ist ein Symbol für die Liebe der Menschen zu Gott.
❍ Die Ehe ist ein Symbol für die Liebe Gottes zu den Menschen.

Mt 19, 6:

____

____

Daraus folgt:

❍ Die Ehe kann unter bestimmten Umständen gelöst werden.
❍ Die Ehe ist unauflöslich.
❍ Die Ehe bedeutet das uneingeschränkte Ja der Zuwendung zum Partner.
❍ Die Ehe bedeutet ein eingeschränktes Ja der Zuwendung zum Partner.

❷ **Stimmt folgende Aussage?** ❍ ja ❍ nein

Im Sakrament der Ehe sagt Gott sein Ja, damit die Partner immer Ja zueinander sagen können. Dieses Ja sprechen die Eheleute in der Gemeinschaft der Kirche.

❸ **Ordnet folgende Textstelle richtig zu!** ❍ 1 Kor 12, 31 ❍ Gen 1, 26-27 ❍ Röm 13, 8 - 10

Bleibt keinem etwas schuldig. Nur eine Schuld könnt ihr nie abtragen: die Liebe, die ihr einander schuldet. Wer den anderen liebt, hat den Willen Gottes erfüllt. Die Gebote "Du sollst nicht die Ehe brechen, du sollst nicht morden, nicht stehlen, nicht eigensüchtig sein" - diese Gebote und alle anderen sind in dem einen Satz zusammengefasst: "Du sollst deinen Mitmenschen so lieben wie dich selbst!" Wer seinen Mitmenschen liebt, fügt ihm kein Unrecht zu. Den anderen lieben bedeutet also: das Gesetz Gottes erfüllen.

❹ **Zum Nachdenken!**

Eine Ehe mit Kindern ist auf der Wunschliste der Bundesbürger jetzt so weit an der Sitze wie noch nie zuvor. Bei einer Umfrage der Wickert-Institute unter 2.302 Bürgern zwischen 16 und 45 Jahren hielten 91 Prozent die "Ehe mit Kindern gegenwärtig für die beste Lebensform". Zum Vergleich: 1984 waren es 84, 1972 sogar nur 79 Prozent. Bei der Umfrage ergab sich weiter: drei Prozent sind für eine "Ehe ohne Kinder". Für "unverheiratetes Zusammenleben mit Kindern" sprechen sich vier Prozent aus. Weitere zwei Prozent machten unterschiedliche Angaben ("in einer Wohngemeinschaft mit oder ohne Kinder leben", "allein leben mit oder ohne Kinder").
Die Frage hatte gelautet: "Welche Lebensform halten sie für die beste?" Der Umfrage-Zeitraum belief sich auf drei Wochen.

❺ **Grundgesetz, Artikel 124:**

Ehe und Familie sind die natürliche und sittliche Grundlage der menschlichen Gemeinschaft und stehen unter dem besonderen Schutz des Staates. Mann und Frau haben in der Ehe grundsätzlich die gleichen bürgerlichen Rechte und Pflichten.

RELIGION	Name:	Klasse:	Datum:	Nr.

Lösung: Was verstehen Christen unter "Ehe"?

❶ **Schreibt folgende Textstellen aus der Heiligen Schrift heraus!**

Gen 2, 24:

Darum wird der Mann Vater und Mutter verlassen und sich an seine Frau binden, und die zwei werden ein Fleisch sein.

Eph 5, 32. 33:

Dies ist ein tiefes Geheimnis; ich beziehe es auf Christus und die Kirche. Was euch angeht, so liebe jeder von euch seine Frau wie sich selbst, die Frau aber ehre den Mann.

Daraus folgt:

❍ Die Ehe ist ein Vertrag zwischen zwei Menschen, die sich lieben.
● Die Ehe ist ein Abbild der Verbindung Christi mit der Kirche.
❍ Die Ehe ist ein Symbol für die Liebe der Menschen zu Gott.
❍ Die Ehe ist ein Symbol für die Liebe Gottes zu den Menschen.

Mt 19, 6:

Sie sind also nicht mehr zwei, sondern eins. Was aber Gott verbunden hat, das darf der Mensch nicht trennen.

Daraus folgt:

❍ Die Ehe kann unter bestimmten Umständen gelöst werden.
● Die Ehe ist unauflöslich.
● Die Ehe bedeutet das uneingeschränkte Ja der Zuwendung zum Partner.
❍ Die Ehe bedeutet ein eingeschränktes Ja der Zuwendung zum Partner.

❷ **Stimmt folgende Aussage?** ● ja ❍ nein

Im Sakrament der Ehe sagt Gott sein Ja, damit die Partner immer Ja zueinander sagen können. Dieses Ja sprechen die Eheleute in der Gemeinschaft der Kirche.

❸ **Ordnet folgende Textstelle richtig zu!** ❍ 1 Kor 12, 31 ❍ Gen 1, 26-27 ● Röm 13, 8 - 10

Folienbild:

RELIGION	Name:	Klasse:	Datum:	Nr.

Männer entdecken die Familie - Die "neuen" Väter

Der neue Vater weiß, dass die Entscheidung für Kinder sein zukünftiges Leben grundlegend beeinflusst. Im Zweifelsfall wird die berufliche Karriere hinter den Interessen der Familie zurückstehen; das Kind (oder die Kinder) verändert nicht nur das Leben der Mutter, sondern auch das des Vaters. Die alte Arbeitsteilung Vater = Ernährer, Mutter = Betreuer gilt nicht mehr; vielmehr teilen sich Mann und Frau beide Aufgaben im Prinzip partnerschaftlich.
Zwar drängen wirtschaftliche Zwänge nach wie vor die meisten Paare dazu, dass im Zweifelsfall eher die Frau beruflich zurücksteckt und sich besonders um den Nachwuchs kümmert. Am Grundsatz der partnerschaftlichen Arbeitsteilung ändert das aber nichts.
So bereitet sich der werdende Vater mit der werdenden Mutter auf die Geburt vor, besucht mit ihr Schwangerschafts- und Babypflegekurse. Auch kümmert er sich mit um die Erstausstattung für das Kind, erwirbt mit ihr gemeinsam das notwendige Wissen über Geburt und Erziehung, unterstützt sie bei der Wahl der Geburtsart und der Geburtsklinik. Während der Geburt bleibt er bei seiner Frau und hilft ihr, das Kind zur Welt zu bringen. So wie er es für selbstverständlich hielt, während der "kinderlosen" Zeit seinen Anteil an der Hausarbeit zu übernehmen, wird er insbesondere während der Schwangerschaft und in den ersten Monaten nach der Geburt seine Frau im Haushalt möglichst entlasten. Wenn das von der Bundesregierung geplante Erziehungsgeld Müttern oder Vätern ausgezahlt wird, wird dieses Vaterbild unterstützt. Er hielte es durchaus für denkbar, nach Ablauf der Mutterschutzfrist mit ihr die Rollen zu tauschen.
Die gemeinsame Vorbereitung auf die Geburt setzt sich in der gemeinsamen Fürsorge für das Baby fort. Der neue Vater braucht sich nicht zu „überwinden", wenn er Babys Windelpaket auspackt; die intensive Beschäftigung mit dem Kind von Anfang an lässt Ekelgefühl erst gar nicht aufkommen.
Der Umgang mit dem Kind bringt einen viel größeren Gewinn, als er „Arbeit" macht: Beim Spielen kann der Vater sich erholen, vergisst „die Zeit" mit ihren Sorgen und Belastungen, erfährt tausendmal gesehene Selbstverständlichkeiten aus dem Blickwinkel der Kinder ganz neu, entdeckt verschüttete eigene Fähigkeiten wieder. Die Zuwendung zum Kind schützt den Vater davor, ins Abseits zu geraten, der Mutter-Kind(er)-Einheit als Nur-Ernährer gewissermaßen von außen zuzuschauen, womöglich Eifersuchtsgefühle gegenüber den eigenen Kindern zu entwickeln, die ihm die Frau „wegnehmen". Aber nicht nur deshalb kümmert sich der neue Vater um die Kinder, wo immer er kann; er weiß, dass sie zu einer best möglichen Entwicklung Vater und Mutter brauchen.
Er weiß, dass die Kinder vieles von seinem Beispiel lernen. Mag er ihnen noch so wohlklingende Predigten über die Schädlichkeit des Viel-Fernsehens und die Freude an einer selbstgestalteten Freizeit voller Erlebnisse und Entdeckungen halten: solange er sich ... berieseln lässt und ... selbst bevorzugt konsumiert, was andere anbieten, werden die Kinder seine Ratschläge „vergessen". So versucht er, mit den Kindern Neues zu erleben und zu erproben, mit ihnen über eigene Erfahrungen oder - später - Ereignisse in Gesellschaft, Staat und Welt zu diskutieren, um so ihre Interessen zu wecken und ihnen zu einem eigenen Standpunkt zu verhelfen.
Der neue Vater weiß aber auch, dass er seine Kinder nicht auf den Weg zwingen kann und darf, den er für richtig hält, und lässt ihnen Raum für ihre eigene Entwicklung. Je älter sie werden, desto mehr Entscheidungen lässt er sie selbst treffen.
Ohne sie dabei aber sich selbst zu überlassen; er bietet ihnen jederzeit seinen Rat an. Über den Kindern vergisst er aber nicht die Mutter. Er weiß, dass sie sich, auch wenn sie der Kinder wegen für einige Zeit den Beruf aufgibt, die Aussicht auf eine spätere Rückkehr offenhalten muss.
Die Kinder werden die Rund-um-die-Uhr-Betreuung immer weniger brauchen, sorgen mehr und mehr für sich selbst und werden eines Tages das Elternhaus ganz verlassen. Dann braucht die Mutter ein anderes Tätigkeitsfeld, wenn sie nicht Gefahr laufen will, allein im leeren Haus zu versauern. So unterstützt ihr Mann sie darin, Kontakt zum „öffentlichen Leben" zu halten, sich fort- und weiterzubilden oder sozial zu engagieren. Dazu muss er ihr vor allem die notwendige freie Zeit verschaffen, indem er in der Zwischenzeit Haushalt und Kinder versorgt.
Schließlich wird er darauf achten, dass die gememsamen Interessen der Eltern sich nicht in der Fürsorge für die Sprößlinge erschöpfen; andernfalls hätten sie sich mit 45, 50 Jahren, wenn die Kinder aus dem Haus sind, nichts mehr zu sagen. So werden die Eltern auch weiterhin gemeinsame Hobbys pflegen, ihren Freundeskreis nicht vergessen und sich (mit Hilfe von Verwandten oder Freunden) ab und zu auch einmal für ein paar Stunden oder Tage von den Kindern „befreien", um Zeit nur für sich selbst zu haben.
Die stärkere Einbindung des neuen Vaters in die Familie bedeutet also nicht, dass er deshalb alle Interessen „draußen" streichen müsste. Ebenso wie seine Frau kann und soll er sich in der Elternarbeit des Kindergartens und der Schule oder anderweitig gesellschaftlich-politisch einmischen, sei es in der Nachbarschaft, der Gemeinde, der Pfarrei, in Parteien, Verbänden oder Bürgerinitiativen. Bei dieser Arbeit wird er aber, gerade weil er sich im übrigen so gründlich mit seinen Kindern befasst, andere Prioritäten als die weithin üblichen setzen: Er wird sich bemühen, mitzuarbeiten an einer Umwelt, die seinen (und allen) Kindern die besten Chancen für ihre Zukunft sichert.

Josef Pütz, in: Leben & Erziehen 10/1984

RELIGION	Name:	Klasse:	Datum:	Nr.

Krach um den Ehrentag

Sonntagmorgen, 7.30 Uhr. In der Küche herrscht geschäftiges Treiben. Tassen und Teller klappern, man hört das Surren der Brotschneidemaschine, unterbrochen vom schrillen Pfeifen des Wasserkessels. „Hast du den Tisch schon gedeckt?“ "Ja, und der Kaffee ist auch gleich fertig!" "Pst, nicht so laut, sonst wacht Mutter auf!" geht es zwischen den beiden Geschwistern hin und her. Währenddessen sitzt der Jüngste ruhig am Tisch und malt noch die letzten Blumen auf ein Pappschild. „Der lieben Mama“ hat er mit großen ungelenken Buchstaben daraufgeschrieben.
Kein Zweifel: Es ist Muttertag.
Begründet wurde dieser Feiertag von einer Frau, die selbst nie Kinder hatte. Im Mai 1908 verbreitete Ann Jarvis in Amerika einen Aufruf, in dem sie forderte, einen „general memorial day of all mothers", einen allgemeinen Ehrentag für alle Mütter einzurichten.
Die Lehrerin aus Philadelphia, die mit amerikanischen Frauenrechtlerinnen zusammenarbeitete und die englischen Sufragetten unterstützte, hatte am Totenbett ihrer Mutter geschworen, dass sie nicht eher ruhen wolle, bis es in der ganzen Welt einen Muttertag gebe. Bereits ein Jahr später wurde der zweite Sonntag im Mai von 45 Unionsstaaten Amerikas gefeiert. 1912 erklärte ihn die Methodist Episcopal Church zum kirchlichen Feiertag. Als immer mehr Frauen Ann Jarvis unterstützten, stimmten auch die Politiker zu. Der Präsident James Wilson erklärte am 8. Mai 1914, dass der zweite Sonntag im Mai von nun an ein Staatsfeiertag sei.
Durch die „Internationale Muttertagsgesellschaft“, die Heilsarmee sowie die eifrigen Werbekampagnen floristischer Organisationen wurde der Muttertag bald weltweit verbreitet. 1922 wurde er erstmals in Deutschland gefeiert.
Schon früh entdeckten clevere Geschäftsleute in Amerika, dass mit dem Muttertag Geld zu verdienen ist. Deshalb setzten sie sich dafür ein, dass dieser Tag international gefeiert wird. Das ist bis beute so geblieben. Bereits Ende April fordern rote Papierherzen in den Blumenläden auf: "Zum Muttertag Blumen schenken!" Auch die Parfüm-Industrie erinnert ihre Käufer: "Am 11. Mai ist Muttertag!"
Ann Jarvis, der die Kommerzialisierung ein Dorn im Auge war, führte jahrelang Prozesse gegen die Geschäftemacherei. Sie verlor sie alle und mit ihnen ihr gesamtes Vermögen. 1943 starb die Initiatorin des Muttertags - vergessen und zudem verarmt.
Vor knapp achtzig Jahren unterstützten die Frauenrechtlerinnen Ann Jarvis bei ihrem Vorhaben, international einen Feiertag zu Ehren der Mutter einzuführen. Heute haben sie ihre Probleme mit dem Muttertag. "Wir machen Putz in Bonn. Nicht Blumen, Rechte fordern wir", unter diesem Motto gingen Frauen 1984 erstmals in der damaligen Bundeshauptstadt auf die Straße. Auch in diesem Jahr ruft die „Aktion Muttertag“, der etwa 30 Frauengruppen angehören, zur Demonstration auf. Chancengleichheit bei Ausbildung und Beruf, Verbot aller Gen- und Reproduktionstechnologien, die die Menschenwürde und Selbstbestimmung missachten, gleiche Rechte für ausländische Frauen, das sind einige der Forderungen, für die sich die Frauen einsetzen. In einem Flugblatt heißt es: „Frauen, am 11. Mai wird wieder der Muttertag gefeiert - jener „Ehrentag“ für Frauen, an dem ein paar Blumen und Pralinen über frauen-feindlichen Alltag und frauen-feindliche Politik hinwegtrösten sollen . . . Wir haben . . . allen Patriarchen in Bund und Ländern gezeigt, dass Frauen nicht bereit sind, ihre Politik länger hinzunehmen."
Die Arbeit der "Aktion Muttertag" ist umstritten. Erst recht die Forderungen. Es ist auch nicht jedermanns Sache, auf die Straße zu gehen. Doch hoffen die Frauen der "Aktion Muttertag" mit ihrer Demonstration, dass sich Politiker verstärkt für die Rechte der Frauen, für eine Gleichberechtigung in allen Bereichen einsetzen.

Martina Kaiser, in: Frau im Leben 5/86

Arbeitsaufgaben:

❶ Brauchen wir den 11. Mai, um uns einmal im Jahr an unsere Mutter zu erinnern?
❷ Machen Kinder ihren Müttern wirklich nur materielle Geschenke?
❸ Sollte man den Muttertag abschaffen?
❹ Wie könnte man den Muttertag anders gestalten?

❺ Zum Nachdenken!
Mutter ist nicht gleich Mutter. Auf dem Deutschen Juristentag war bei der Beratung über die künstliche Befruchtung unter Begriffserläuterungen zu lesen:
"Ammenmutter",
"Auftragsmutter" und
"Gastmutter" - siehe "Tragemutter".
Unter "Tragemutter" steht dann: "Eine Frau, die ein nicht aus ihrer Eizelle entstandenes Kind zur Welt bringt, welches sie an Wunscheltern abgeben will." Kommentar eines Beobachters: "Wenn das meine Mutter gewusst hätte ... "

RELIGION	Name:	Klasse:	Datum:	Nr.

Als Vater und Mutter Verantwortung übernehmen

❶ Welche alte Arbeitsteilung gilt in der Familie heute nicht mehr?
❍ Vater = Ernährer und Mutter = Kinder, Küche, Kirche
❍ Vater = Ernährer und Mutter = Ernährerin
❍ Vater = Kindererziehung und Mutter = Berufstätigkeit

❷ Wie bereitet sich heute der Vater auf seine neue Rolle in der Familie vor?
❍ Er ist bei der Geburt des Kindes dabei.
❍ Er unterstützt seine Frau bei den Vorbereitungen.
❍ Er hilft im Haushalt und sorgt sich um das Baby.
❍ Er kümmert sich um finanzielle Dinge.

❸ Welchen Gewinn zieht der Vater aus dem Umgang mit dem Kind? ***Streicht den falschen Begriff weg!***
Erholung Zeitvertreib Hineindenken in das Kind Entdecken eigener Fähigkeiten Einschränkung

❹ Warum ist der Vater für eine Familie so wichtig?
❍ Er weckt Interessen der Kinder für Gesellschaft, Staat und Welt.
❍ Er diszipliniert unartige Kinder mit Strafen.
❍ Er gibt Entscheidungshilfen.
❍ Er bietet Rat an. ❍ Er stellt sich in Streitfragen zwischen Frau und Kinder.

❺ Wie können Vater und Mutter in einer Partnerschaft sich gegenseitig unterstützen?
❍ Der Freundeskreis der einzelnen Partner sollte beibehalten werden.
❍ Gemeinsame Hobbys sollten intensiv gepflegt werden.
❍ Haushalt und Kinder sollten stets gemeinsam versorgt werde.
❍ Jeder der Partner sollte eigene Wege in der Freizeitgestaltung gehen.
❍ Die beiden Partner sollten sich möglichst große sexuelle Freiheiten zugestehen.
❍ Es solllte eine Rückkehr in den Beruf immer möglich sein.
❍ Kontakte zum öffentlichen Leben sollten trotz Familiengründung niemals ganz abreißen.

❻ Könnt ihr dieser Aussage zustimmen? ❍ ja ❍ nein
Vater und Mutter tragen für ihre Kinder die erste und entscheidende Verantwortung. Sie sind Vorbild, Richtschnur und Sinngeber. Kinder lernen durch gutes Vorbild, Neues in der Welt zu erproben, über Erfahrungen zu diskutieren und Orientierung zu bekommen. Die Eltern wecken die Interessen der Kinder, lassen genügend Raum für ihre Entwicklung und zeigen durch eigenes Verhalten, was sie unter Erziehung verstehen.

❼ Wie denkt ihr über folgende Aussagen?
"Meine ganz persönliche Meinung: Ich halte nicht viel vom Muttertag. Er ist eine Glorifizierung der Mutter, er ist wie ein Denkmal. Für viele ist er eine Verpflichtung, die Mutter an diesem Tag ehren zu müssen. Das finde ich nicht gut. Ich stehe dem Muttertag sehr kritisch gegenüber. Erwachsene Kinder erinnern sich einmal im Jahr: Ach, da ist ja noch jemand ...
Ich finde, man sollte heute andere Wege suchen, Wege, an denen die ganze Familie beteiligt ist. Väter bringen sich heute ja auch in die Erziehung ein, also müsste es auch einen Vatertag geben. In der Kirche gibt es einen Familiensonntag. So einen Festtag müsste es statt des Muttertages geben. Ich würde ihn mir so vorstellen, dass auch Familien, die nicht kirchlich gebunden sind, daran teilnehmen können."
Pia Rechel, Ex-Präsidentin des Katholischen Deutschen Frauenbundes

"Ich halte eine ganze Menge vom Muttertag. Der zweite Sonntag im Mai steht in besonderer Weise im Zeichen der Familie. Er erinnert alle Familienmitglieder an Zusammengehörigkeit und an die Notwendigkeit gegenseitigen Respekts und Hilfsbereitschaft - die Voraussetzungen für ein gutes Familienleben. Dazu gehört auch, der Mutter und ihrer besonderen Belastung in der Familie mit einem besonderen Festtag Anerkennung und Dank zu bezeugen.
Dorothee Wilms, Ex-Bundesministerin für Bildung und Wissenschaft

Solange die Kinder noch klein sind, gib ihnen tiefe Wurzeln; wenn sie älter geworden sind, gib ihnen Flügel.
indisches Sprichwort

RELIGION	Name:	Klasse:	Datum:	Nr.

Lösung: Als Vater und Mutter Verantwortung übernehmen

❶ Welche alte Arbeitsteilung gilt in der Familie heute nicht mehr?

● Vater = Ernährer und Mutter = Kinder, Küche, Kirche
❍ Vater = Ernährer und Mutter = Ernährerin
❍ Vater = Kindererziehung und Mutter = Berufstätigkeit

❷ Wie bereitet sich heute der Vater auf seine neue Rolle in der Familie vor?

● Er ist bei der Geburt des Kindes dabei.
● Er unterstützt seine Frau bei den Vorbereitungen.
● Er hilft im Haushalt und sorgt sich um das Baby.
❍ Er kümmert sich um finanzielle Dinge.

❸ Welchen Gewinn zieht der Vater aus dem Umgang mit dem Kind? ***Streicht den falschen Begriff weg!***

Erholung Zeitvertreib Hineindenken in das Kind Entdecken eigener Fähigkeiten ~~Einschränkung~~

❹ Warum ist der Vater für eine Familie so wichtig?

● Er weckt Interessen der Kinder für Gesellschaft, Staat und Welt.
❍ Er diszipliniert unartige Kinder mit Strafen.
● Er gibt Entscheidungshilfen.
● Er bietet Rat an. ❍ Er stellt sich in Streitfragen zwischen Frau und Kinder.

❺ Wie können Vater und Mutter in einer Partnerschaft sich gegenseitig unterstützen?

● Der Freundeskreis der einzelnen Partner sollte beibehalten werden.
● Gemeinsame Hobbys sollten intensiv gepflegt werden.
● Haushalt und Kinder sollten stets gemeinsam versorgt werde.
❍ Jeder der Partner sollte eigene Wege in der Freizeitgestaltung gehen.
❍ Die beiden Partner sollten sich möglichst große sexuelle Freiheiten zugestehen.
● Es solllte eine Rückkehr in den Beruf immer möglich sein.
● Kontakte zum öffentlichen Leben sollten trotz Familiengründung niemals ganz abreißen.

❻ Könnt ihr dieser Aussage zustimmen? ● ja ❍ nein

Folienbild:

Abendzeitung München

Spitzenwunsch:
EHE und KINDER!

Bei einer Umfrage sprachen sich
91 Prozent der Bürger für die Familie aus

"Höre Israel, Jahwe unser Gott ist einzig" - die Religion der Juden

❶ Jüdisches Glaubensleben - Frömmigkeit, Feste und Brauchtum

Erkennen, dass in der Religion der Juden die Wurzeln des Christentums liegen
Erkennen, wie stark der jüdische Glaube das Christentum prägt
Kennen lernen der Grundzüge jüdischen Glaubens

● Tora-Lehre und Gesetzestreue	AB, Text, Bild
● Frömmigkeit im jüdischen Haus	AB, Texte
● Wie ist das religiöse Leben der Juden gestaltet?	AB, Texte

Film: Mischna und Talmud: nach der Tora und ihrer Überlieferung leben
(Alltag, Feste und Festkalender, Feiern in der Synagoge und zu Hause: Sabbat und Pessach)

❷ Miteinander zutiefst verbunden - jüdischer und christlicher Glaube

Aufmerksam werden auf Spuren des Judentums in unserer Kultur

● "Siehe der Stein schreit aus der Mauer"	AB, Text, Bild
● Spuren des Judentums bei uns in Bayern	AB, Texte

Projektarbeit:
Wo finden wir Spuren des Judentums in unserer unmittelbaren Umgebung
(Erzählungen, Schriftsteller, Künstler, Wissenschaftler, Synagogen, Friedhöfe, Gedenktafeln, Straßennamen, Gebäude)?
Synagogenbesuch

❸ Entfremdung und Verfolgung - Verständigung und Versöhnung

Erfahren der leidvollen Geschichte der Juden in Europa
Die Schuldgeschichte der Christen gegenüber den Juden als Mahnung erkennen
Eintreten gegenüber jeglicher Form von Judenfeindlichkeit
Einsatz für die Menschenwürde, für Völkerverständigung und Versöhnung

Besuch eines Konzentrationslagers
Klassen-Ausstellung zum Thema Verständigung und Versöhnung
Plakat 1: das II. Vatinanische Konzil   Plakat 2: kirchliche Initiativen   Plakat 3: Woche der Brüderlichkeit
Plakat 4: Aktion Sühnezeichen   Plakat 5: Jugendaustausch Deutschland - Israel

Hinweis:
Umfangreiches Unterrichtsmaterial aus dem pb-Verlag Puchheim zu diesen Lernzielen finden Sie in:
Weltreligionen
19. Was wir über das Judentum wissen wollen!
20. Was jüdischen Gläubigen wichtig ist!
21. Jüdische Gläubige erinnern sich ihrer Geschichte
22. Der Jahreskreis im jüdischen Kalender
23. Die Juden - das Volk vieler Völker
24. Wo fanden Juden ihr Zuhause?
25. Wichtiges über das Judentum
26. Feste und Feiern der Juden
27. Judentum und Christentum haben gemeinsame Wurzeln oder:
 Wie aus dem jüdischen Paschafest das christliche Osterfest wurde!
28. Eliezer Ben-Yehuda - der Mann, der die Bibelsprache wiederbelebte
29. Wurde Edith Stein als gläubige Katholikin oder als geborene Jüdin umgebracht?

Katholische Religion 6, Eigene Interessen und Fähigkeiten entdecken und entfalten
Thema 4: Befreiung und Rettung - Grunderfahrungen des Glaubens
u.a. Glaubensfeste erinnern an die Geschichte Israels, Israel lebt aus den Erzählungen seiner Geschichte ...
Geschichte, Band V, Nationalsozialismus und II. Weltkrieg
Seite 65 ff: Die Verfolgung der Juden - von der "Erbschuld" zur "Endlösung"

RELIGION	Name:	Klasse:	Datum:	Nr.

"Höre Israel, Jahwe unser Gott ist einzig" - die Religion der Juden

Berichtet über euer Vorwissen!

Folgende Begriffe helfen euch dabei:

Tora

Talmut - Mischna

Sabbat - Sonntag

Synagoge - Kirche

Pessach - Abendmahl

"Sündenböcke" - Ghettos - Pogrome

"Rassengesetze" - Nationlsozialimus

Vernichtungslager Auschwitz

Aktion Sühnezeichen - Woche der Brüderlichkeit

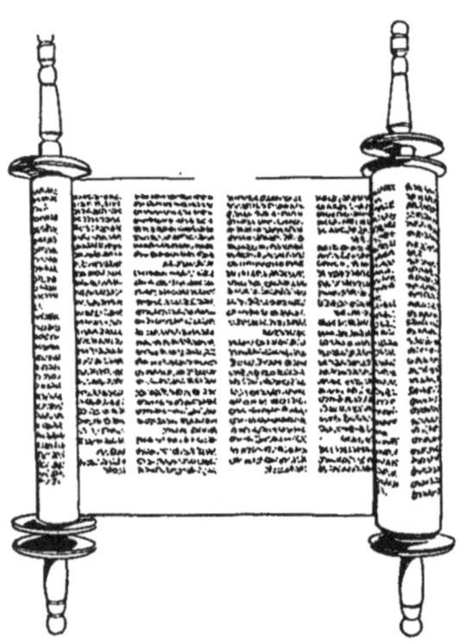

RELIGION	Name:	Klasse:	Datum:	Nr.

"Siehe der Stein schreit aus der Mauer"

Unter diesem Titel stellte man 1988/89 im Germanischen Nationalmuseum Nürnberg eine Ausstellung zur Geschichte und Kultur der Juden in Bayern zusammen. Das Plakatmotiv bildete ein jüdischer Grabstein aus dem mittelalterlichen Nürnberg, der nach der Vertreibung der Juden aus der Stadt 1349 zur Stufe einer Wendeltreppe in der Nürnberger St.-Lorenz-Kirche umgearbeitet wurde. Er befindet sich heute als Gedenkstein in der Halle des Friedhofs der Israelitischen Kultusgemeinde zu Nürnberg.
Der Stein weist auf die mannigfachen Verfolgungen hin, denen die Juden im Laufe ihrer Geschichte ausgesetzt waren, er verweist aber auch auf die Lebenskraft, die das jüdische Volk aus seiner Religion schöpft.
Die Ausstellung stellte den Reichtum jüdischer Geschichte und Kultur eindrucksvoll vor, ohne dabei Verfolgung und Vernichtung zu verschweigen. Es wurde in der Ausstellung daran erinnert, dass fünfzig Jahre vergangen waren, seitdem die Verfolgungen der Juden im nationalsozialistischen Deutschland mit der Zerstörung der Kultstätten, der Geschäftshäuser und Wohnungen, mit Verhaftung und Mord einen ersten Höhepunkt fanden.
Religion und Kultur, Bewahrung der Eigenart in dauernder Gefährdung, Zusammenleben und Unterdrückung, Assimilation und Identität waren die gedanklichen Leitmotive der Ausstellung. Sie wurden vor dem Hintergrund allgemeiner Entwicklungen vornehmlich an Materialien aus Bayern gezeigt, an Zeugnissen des kultischen Gebrauchs und des häuslichen Lebens, an Gemälden, Graphiken, Fotos und Textdokumenten, an Überresten aus vielen jüdischen Gemeinden Süddeutschlands, die z.T. für die Ausstellung wiederentdeckt, restauriert und erstmals der Öffentlichkeit zugänglich gemacht wurden. So bot die Ausstellung in Originalobjekten, Rekonstruktionen und Inszenierungen Einblicke in das jüdische Leben in der sich wandelnden Umwelt vom Mittelalter bis in die Gegenwart und half Verständnis zu schaffen für die Besonderheit jüdischer Kultur.

Religion und Brauchtum

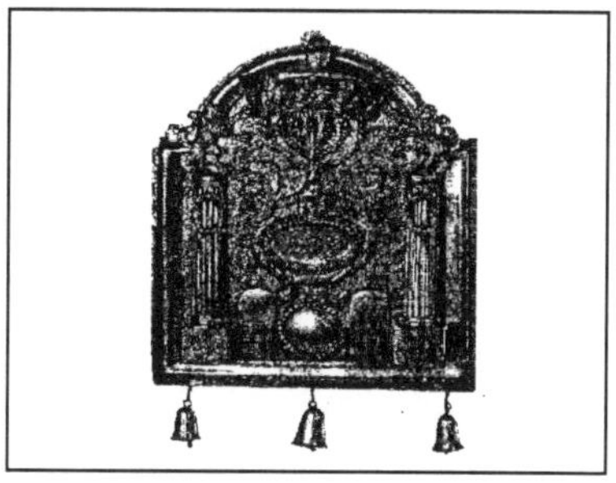

Der Mittelpunkt jüdischer Existenz ist die Religion. Ihre Grundlage bildet die Tora ("Lehre"). Die Torarolle, in der die fünf Bücher Moses enthalten sind, ist Inbegriff geistigen und religiösen Daseins. Die Vorschriften der Tora, der mündlichen und schriftlichen Tradition, die im Talmud („Lernen", „Lehre") als Gesetzessammlung, als Enzyklopädie theologischen und ethischen Wissens zusammengefasst sind, ordnen das Leben des Juden. Handschriften und Druckerzeugnisse, Gerätschaften des Kultes und des Brauchtums kennzeichnen die Vielfalt und den Reichtum religiöser Überlieferung, wie sie im Gottesdienst in der Synagoge, im Gebet, in der häuslichen Feier des Sabbats oder den Festen des Jahres- und Lebenskreises ihren Ausdruck finden.

Leben im Mittelalter

Seit dem 10. Jahrhundert wurden Juden als Fernhändler in Regensburg, im 12. und 13. Jahrhundert insbesondere als Geldverleiher in anderen bayerischen Städten aufgenommen. Da der Geldhandel den Christen untersagt war, konnten jüdische Geldverleiher in diesem Bereich eine Monopolstellung einnehmen, die ihnen z.T. Erfolg und Reichtum einbrachte. Tätigkeiten in Ackerbau und zunftgebundenem Handwerk waren ihnen jedoch weitgehend verboten.
Die Juden entfalteten ein vielfältiges kulturelles und religiöses Leben. Allerdings blieb ihre Stellung stets gefährdet, obwohl sie hohe Schutzgelder an den Kaiser oder ihren Landesherrn entrichteten. Die kirchliche Verurteilung der Juden als angebliche Mörder Christi gab seit dem 1. Kreuzzug (1096) den Vorwand für Verachtung und Verfolgung. Unter dem Vorwurf des Ritualmordes, der Hostienschändung oder der Brunnenvergiftung kam es - etwa im Pestjahr 1349 - zu schweren Pogromen.

Arbeitsaufgaben:

❶ Was wisst ihr über das Plakatmotiv zur Ausstellung?
❷ In welchen Quellen finden wir Informationen über die Geschichte und Kultur der Juden in Bayern?
❸ Was ist die Grundlage jüdischer Religion?
❹ Gab es Juden-Pogrome nur zur Zeit der Nationalsozialisten?

RELIGION	Name:	Klasse:	Datum:	Nr.

Landjudentum und Alltag
Am Ausgang des Mittelalters wurden die Juden nach und nach aus den Reichsstädten und 1553 auch aus dem Herzogtum Bayern vertrieben. Im territorial zersplitterten Franken und Schwaben fanden sie vor allem bei der Reichsritterschaft gegen hohe Abgaben eine Zuflucht. Als Händler, Hausierer und Geldverleiher nahmen die Landjuden eine wichtige Stellung im dörflichen und kleinstädtischen Wirtschaftskreislauf ein. Obwohl ihre Existenz durch Konkurrenzneid, Abgabenlast und religiöse Intoleranz gefährdet war, konnte sich eine vielfältige jüdische Volkskultur entwickeln. Mit der schrittweisen Emanzipation im 19. Jahrhundert setzte eine starke Abwanderung in die Städte ein. Dort ging der Assimilationsprozess rasch voran, während die schrumpfenden Landgemeinden traditionell - also judenkritisch - eingestellt blieben.

Emanzipation
Das 18. Jahrhundert zeichnet sich durch zunehmendes Interesse am Judentum aus. Die Aufklärung prägte den Typus des „guten Juden“, wie er in Lessings Dramatik Gestalt erhielt, und entwickelte Erziehungskonzepte zur "bürgerlichen Verbesserung der Juden". Entscheidende Impulse für die jüdische Aufklärung gingen von dem Kreis um Moses Mendelssohn aus, der die geistigen Voraussetzungen für den Assimilationsprozess des 19. Jahrhunderts schuf. Im mitteleuropäischen Vergleich setzte sich die Emanzipation in Bayern nur zögernd durch. Ausgehend von dem restriktiven "Judenedikt" (1813), das die Zahl der jüdischen Familien festschrieb, führte der Weg von der Zusicherung des Wahlrechts 1848 zur 1871 durch Reichsgesetz verankerten Gleichstellung.
Dieser sozialen und rechtlichen Emanzipation entsprach ein Verlust der Identität, der oft in den Übergang zum Christentum mündete. Zugleich entstand auf der Grundlage traditioneller Judenfeindlichkeit ein in der Folge verhängnisvoller neuer Antisemitismus.

Gemeindeleben
Die Geschichte der Juden in Bayern ist im 19. Jahrhundert von einer allmählich fortschreitenden Emanzipation geprägt, die ihnen in der zweiten Jahrhunderthälfte bis in die NS-Zeit die formale Gleichstellung mit den Mitbürgern anderer Konfessionen brachte. An den wirtschaftlichen und sozialen Wandlungsprozessen dieser Epoche waren die Juden wesentlich beteiligt. Besonders die großstädtischen Kultusgemeinden entfalteten ein reges religiöses und gesellschaftliches Leben, das sich vor allem in einer Vielzahl von Wohltätigkeitsstiftungen und in repräsentativen Synagogenbauten zeigte. Entsprechend dem historisierenden Zeitgeschmack wurden nach romanischen und gotischen Vorbildern christlicher Kirchen für die Synagogen orientalisch-maurische Stilelemente bevorzugt.

Judenfeindlichkeit
Seit den Kreuzzügen (1096) trat neben die religiös motivierte Judenfeindlichkeit eine wirtschaftlich bedingte. Die Erfolge der Juden als Fernhändler und Geldverleiher erregten Neid und Missgunst, die sich in diskriminierenden Maßregelungen äußerten wie Kleider- und Wohnvorschriften. Der Vorwurf der Hostienschändung und des Ritualmordes hielt sich bis ins 20. Jahrhundert. Hinzu kam seit dem späten 19. Jahrhundert die Rassenideologie, mit der im Nationalsozialismus die Ermordung der Juden als „minderwertige Rasse“ gerechtfertigt wurde. Daneben stützte sich dieser Antisemitismus auf völkisch-nationalistisches Gedankengut: Die sog. Dolchstoßlegende unterstellte insbesondere Juden, im 1. Weltkrieg der unbesiegten Front in den Rücken gefallen zu sein.

Verfolgung und Vernichtung
Die nationalsozialistische Politik war bestimmt von der Ausgrenzung der Juden aus der deutschen Gesellschaft. Der Pogrom vom 9./10. November 1938, die sog. Reichskristallnacht, bildete einen ersten Höhepunkt der Gewalt: Synagogen, jüdische Geschäftshäuser und Wohnungen wurden zerstört; die jüdische Bevölkerung wurde bei diesem staatlich sanktionierten und organisierten Pogrom brutal misshandelt, hundert Menschen wurden in dieser Nacht ermordet, 26 000 in Konzentrationslager verschleppt. Die konsequente Entrechtung mündete in den Massenmord an 5 bis 6 Millionen Juden.

Weiterleben nach 1945
Das bayerische Judentum überstand das "Dritte Reich" nicht: die wenigen in Bayern geborenen Juden, die entkamen, blieben überwiegend im Ausland. Dennoch begann sich in den ersten Nachkriegsjahren wieder zaghaft jüdisches Leben in Bayern zu entwickeln. Auf Grund politischer Umstände fanden sich einige hunderttausend Überlebende in sog. DP-Lagern (Displaced Persons) in Bayern wieder. Die meisten von ihnen kamen aus Osteuropa und wanderten vor allem nach Israel aus. Für sie war Bayern nur eine Durchgangsstation. Ungefähr 7000 jüdische Menschen blieben hier und bauten in 12 Städten wieder Gemeinden auf, um religiös, kulturell und sozial als Juden leben zu können. Diese Bemühungen, trotz allem das jüdische Element im Leben dieses Landes zu bewahren, sind von der Vergangenheit gezeichnet, sie stehen aber in der jüdischen Tradition der Hoffnung und des Glaubens an die Zukunft.

RELIGION	Name:	Klasse:	Datum:	Nr.

Tora-Lehre und Gesetzestreue

Die jüdische Religion gründet sich auf das fortwährende Gespräch Gottes mit seinem Volk Israel, festgehalten in den Heiligen Schriften (Tenach) und in der mündlichen Lehre, wie sie in der Mischna zusammengefasst ist, die zusammen mit den Kommentaren der Gemara den Talmud bildet.

Die Bibel besteht nach jüdischer Überlieferung aus 24 Büchern, die in drei Gruppen zusammengefasst werden:

1.
die fünf Bücher Mose (Pentateuch, Tora)
mit Genesis (Bereschit), Exodus (Schemot), Leviticus (Wajikra), Numeri (Bamidbar) und Deuteronomium (Dewarim),
2.
die Bücher der Propheten (Newiim) und
3.
die Hagiographen (Ketuwim),
zu denen u. a. die Psalmen, das Buch Hiob, das Buch Rut und das Buch Ester gehören.

Die jüdische Tradition geht davon aus, dass die Tora vor Anbeginn der Welt geschaffen wurde. Sie ist der Schöpfungsplan, nach dem Gott die Welt erschaffen hat, die Schöpfungs- und Weltordnung, die den Bestand der Welt garantiert.
Moses hat die Lehre von Gott empfangen, sie hat deshalb nicht nur Offenbarungscharakter, sondern ist ihrem Wesen nach unveränderlich und ewig. Mit der Offenbarung Gottes an die Israeliten durch Moses wurden diese zum Tora-Gehorsam aufgerufen und so zum erwählten Volk. Jeder Jude ist zum Studium der Tora, zum Tora-Lernen, verpflichtet, ihre Auslegung erfolgt nach den gebräuchlichen Kommentaren.

Angesichts dieser fundamentalen Bedeutung der Tora für den jüdischen Glauben verwundert es nicht, dass sie höchste Wertschätzung und Verehrung genießt. Sie wird auf Pergament geschrieben, das ebenso wie die verwendete Tinte besonderen rituellen Vorschriften und materiellen Bedingungen genügen muss. Ihre Sprache ist Hebräisch. Der Text wird von eigenen Tora-Schreibern mit einem Federkiel handschriftlich, in Spalten angeordnet, so auf das Pergament gebracht, dass die fünf Bücher Mose eine einzige, fortlaufende Gesetzesrolle ergeben. Dasselbe gilt auch für andere Rollen, z.B. die Ester-Rollen.

Jede der Gesetzesrollen (Sefer-Tora) stellt für die Synagoge einen besonders wertvollen, geheiligten Besitz dar. Deshalb werden sie auch mit schönen Tüchern und wertvollem Schmuck, mit Tora-Wimpel, Tora-Mantel, Tora-Schild, Rimonim und Tora-Krone versehen, die nicht selten aus besonderen Anlässen von Gläubigen gestiftet werden.

Habt ihr den Text genau gelesen?

❶ Aus welchen Teilen besteht der Talmud?
❷ Aus wie vielen Büchern besteht die jüdische Bibel?
❸ Wie heißen die drei großen Gruppen der Bibeltexte?
❹ Nennt die fünf Bücher Mose!
❺ Was beinhaltet die Tora?
❻ Warum ist die Tora für jüdische Gläubige so bedeutend?
❼ Wie wird die Tora verfasst?
❽ Welche Bedeutung hat die Tora für die einzelne Synagoge?
❾ Wie wird die Tora geschmückt?

RELIGION	Name:	Klasse:	Datum:	Nr.

Frömmigkeit im jüdischen Haus

Welche Zeichen der Verbundenheit mit Gott kennt der jüdische Gläubige?

Ein weiteres gewichtiges Zentrum der jüdischen Kultur und des jüdischen Glaubens ist neben der Synagoge die Familie. Kaum eine zweite Religion ist so stark in ihr verwurzelt wie die jüdische.

Beispiel: Da gibt es jene kleinen Gehäuse, Mesusa genannt, die am Türpfosten jüdischer Häuser befestigt werden und in ihrem Inneren zwei Zitate aus dem 5. Buch Mose enthalten (Deuteronomium 6,4-9; 11,13-21). In ihnen wird bekräftigt, dass Gott der einzige Herr der Kinder Israels ist und dass diese ihn von ganzem Herzen lieben sollen. Dies sind zugleich die ersten beiden Abschnitte des jüdischen Hauptgebets, des Schma Israel, das auch im Synagogen-Gottesdienst gebetet wird und gewissermaßen das jüdische Glaubensbekenntnis darstellt. In Deuteronomium 6,6-9 heißt es dazu: „Diese Worte, auf die ich dich heute verpflichte, sollen auf deinem Herzen geschrieben stehen. Du sollst sie deinen Söhnen wiederholen. Du sollst von ihnen reden, wenn du zu Hause sitzt und wenn du auf der Straße gehst, wenn du dich schlafen legst und wenn du aufstehst. Du sollst sie als Zeichen um das Handgelenk binden. Sie sollen zum Schmuck auf deiner Stirn werden. Du sollst sie auf die Türpfosten deines Hauses und in deine Stadttore schreiben."

Bei den auf die Hand gebundenen und auf der Stirn getragenen Zeichen handelt es sich um Gebetsriemen (Teffilin), die an der linken (der reinen, zum Herzen führenden) Hand und auf der Stirne an Werktagen zum Morgengebet angelegt werden. Dabei tragen gläubige jüdische Männer auch den Gebetsmantel (Tallit). Die besondere Hervorhebung von Stirne / Kopf und linke Hand / Herz durch das Anlegen der Teffilin soll auch die Verbindung von Herz/ Gefühl und Verstand/Wissen im jüdischen Glauben zum Ausdruck bringen.

Was bedeutet der Schabbat?

Die Woche des gläubigen Juden ist ausgerichtet auf den Schabbat, den nach jüdischer Zeitrechnung siebten Tag, an dem keinerlei Arbeit verrichtet werden darf. Wie bei allen jüdischen Festen beginnt auch die Feier des Schabbat am Vorabend, d. h. in diesem Fall am Freitagabend. Nach dem Gebet in der Synagoge versammelt sich die Familie zu Hause zum ersten Schabbatmahl, zwei weitere Schabbatmahlzeiten finden am Samstag statt. Alle werden umrahmt von traditionellen Gesängen und sind gekennzeichnet durch rituelle Handlungen, zu denen wiederum bestimmte Gerätschaften gehören.

Bevor das Mahl am Freitagabend beginnt, zündet die Hausfrau die Schabbatlichter an, zwei Kerzen in einzelnen Leuchtern. In früheren Zeiten wurden Öllampen als Schabbellichter und Schabbellampen verwendet, verschiedentlich geschieht dies auch heute noch. Der Familienvater spricht den Segen über den Wein, der sich in einem besonders schönen Becher, dem Kiddusch-Becher, befindet, und über die Challot, zwei geflochtene Weißbrote, die an die doppelte Portion Manna erinnern sollen, die die Israeliten in der Wüste am Freitag für den Schabbat einsammelten. Die Weißbrote liegen auf der Challaplatte und sind bedeckt mit dem Schabbat- oder Challadeckchen.

Wenn am Samstagabend die Sonne untergeht und die Nacht heraufzieht, verabschiedet man den Schabbat, indem man eine besonders dünn geflochtene weiße oder farbige Kerze auf dem Hawdalaleuchter entzündet und dabei Gott als den Schöpfer allen Lichtes preist. Außerdem wird aus einem Behälter mit aromatischen Gewürzen, der Besamimbüchse oder -dose, symbolisch das Aroma des scheidenden Schabbat eingeatmet.

Der Schabbat hat eine doppelte Bedeutung: Er ist ein Gedenktag an die Erschaffung der Welt durch Gott und an das Ruhen Gottes am siebten Tag. Demgemäß ist er ein Tag der Ruhe, der Erholung und Entspannung sowie der religiösen Weihe: „An ihm darfst du keine Arbeit tun: du, dein Sohn und deine Tochter, dein Sklave und deine Sklavin, dein Vieh und der Fremde, der in deinen Stadtbereichen Wohnrecht hat". (Exodus 20,10-11)

Zum erstenmal wurde so vor etwa dreieinhalb Jahrtausenden ein wöchentlicher Ruhetag proklamiert und zwar nicht nur für den jüdischen Menschen, sondern auch für das Vieh des Landwirts. In Verbindung mit der Pflicht, an diesem Tag selbst zu ruhen und alle arbeitenden Wesen ruhen zu lassen, erinnert das Gesetz an die Knechtschaft Israels in Ägypten, aus der es durch Gottes Wirken befreit wurde.

Habt ihr den Text genau gelesen? ✍ ☺ ☛ ♆

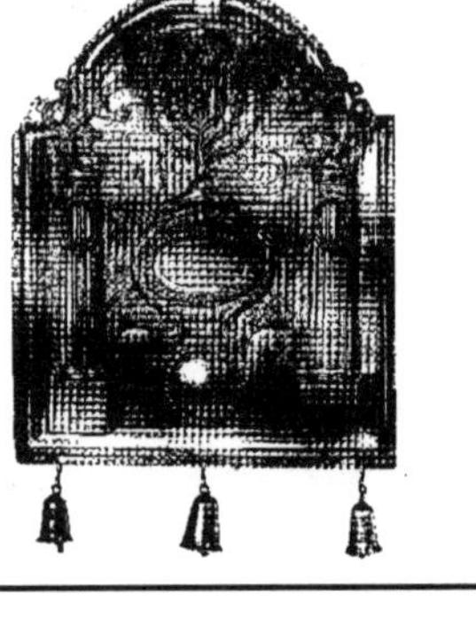

❶ Was ist in der Mesusa, dem kleinen Gehäuse am Türpfosten, verborgen?
❷ Wie heißt das jüdische Hauptgebet, das zugleich Glaubensbekenntnis ist?
❸ Was ist ein Teffilin?
❹ Ist ein Tallit ein Gebetsmantel oder eine Tora-Rolle?
❺ Beschreibt kurz den Ablauf des Schabbats!
❻ Woran erinnern Kiddusch-Becher und Challot?
❼ Welche tiefere Bedeutung hat der Schabbat?

RELIGION	Name:	Klasse:	Datum:	Nr.

Wie ist das religiöse Leben der Juden gestaltet?

Einige Beispiele zeigen euch, wie die Religion in das Leben der Gläubigen eingreift.

➊ Im Zeichen des Bundes

Wie jede Religion greift auch die jüdische durch rituelle Handlungen in das persönliche Leben der Gläubigen ein. In Erinnerung an den Bund, den Gott mit Abraham und seinen Nachkommen schloss, beginnt dies bei den Knaben bereits am achten Tag nach der Geburt mit der Brit Mila, der Beschneidung.
Dazu heißt es in der Genesis (17,10-11): „Das ist mein Bund zwischen mir und euch samt deinen Nachkommen, den ihr halten sollt: Alles, was männlich ist unter euch, muss beschnitten werden. Am Fleisch eurer Vorhaut müsst ihr euch beschneiden lassen. Das soll geschehen zum Zeichen des Bundes zwischen mir und euch. Alle männlichen Kinder bei euch müssen, sobald sie acht Tage alt sind, beschnitten werden in jeder eurer Generationen ...“.
Was für den Christen die Taufe, ist für den männlichen Juden die Beschneidung, nämlich jene religiöse Handlung, durch die er in ein besonderes Verhältnis zu Gott eintritt.
Ausgeführt wird die Beschneidung durch den Mohel, einen gesetzestreuen und geübten Mann.

➋ Bar Mizwa

Mit Vollendung des 13. Lebensjahres erlangt der jüdische Junge seine religlöse Mündigkeit und wird gebotspflichtig. Er darf erstmals das Morgengebet mit den Gebetsriemen sprechen, wird am Schabbat zum erstenmal zur Tora aufgerufen, d. h. er darf aus ihr vorlesen und die besonderen Segenssprüche zur Tora sprechen. Von nun an zählt er zu jenen zehn Männern, derer es mindestens bedarf, um einen Gemeindegottesdienst abhalten zu können.
Diesen Status erhält der Junge im Rahmen seiner Bar-Mizwa-Feier. Dabei hält der Junge in der Synagoge auch einen kleinen Vortrag, in dem er seine Tora-Kenntnisse unter Beweis stellt. In bestimmten Gegenden stiftet er aus diesem Anlass einen Tora-Wimpel.
Die Mädchen werden mit 12 Jahren religionsmündig. Dies ist mit keiner besonderen Feier verbunden, das Reformjudentum kennt allerdings auch die Ausweitung des Brauches der Bar-Mizwa-Feier als Bat Mizwa auf die Mädchen.

➌ Eheschließung

Bei der jüdischen Eheschließung (Kidduschin) steht das Brautpaar unter einem Baldachin, dem Trauhimmel, vor dem Rabbiner. Der Bräutigam überreicht der Braut symbolisch den Trauring. Die Trauringe sind nicht Eigentum des Brautpaares, sondern verbleiben im Besitz der Synagoge. Nach Verlesen des Ehevertrages werden die Hochzeitssegenssprüche gesprochen. An die Zeremonie, für die es in den Synagogen oft keinen eigenen Trauraum gibt, schließt sich das festliche Hochzeitsmahl an, bei dem Braut und Bräutigam beschenkt werden.

➍ Tod

Der Lebenskreis schließt sich mit dem Tod. Auch dafür kennt das jüdische Ritual von der Aufbahrung des Toten bis zu seiner Beerdigung - bei der ihm manchmal etwas Erde aus Israel mit ins Grab gegeben wird - eine Vielzahl religiöser Bräuche.

Habt ihr die Texte genau gelesen?

➊ Woran erinnert das Fest der Beschneidung?
➋ Welches christliche Sakrament "besiegelt" die Aufnahme eines Menschen in die Kirche?
➌ Was wird beim Fest Bar Mizwa gefeiert?
➍ Gibt es auch für Mädchen ein Bar-Mizwa-Fest?
➎ Sind die Eheringe Eigentum der Brautleute?
➏ Lassen sich die Hochzeitszeremonien in den verschiedenen Religionen vergleichen? (Unterschiede/Gemeinsamkeiten)
➐ Was wird einem Toten bei der Beerdigung manchmal in den Sarg mitgegeben?

RELIGION	Name:	Klasse:	Datum:	Nr.

Spuren des Judentums bei uns in Bayern

Jüdische Friedhöfe - stumme Zeugen überall im Land

Allein in Bayern finden wir insgesamt 171 jüdische Friedhöfe, davon 45 sog. "KZ-Friedhöfe". Darüber hinaus haben wir Kenntnis von 29 weiteren ehemaligen, inzwischen nicht mehr auffindbaren jüdischen Friedhöfen. Heute finden auf diesen Friedhöfen keine Beerdigungen mehr statt. Eine Ausnahme bilden die Friedhöfe der heute noch existierenden jüdischen Gemeinden, z. B. in München, Straubing, Nürnberg, Regensburg, Augsburg, Würzburg und Bamberg. Außerdem gibt es in Bayern noch 10 KZ-Gedenkstätten, das sind Friedhöfe oder Grabstätten, auf denen jüdische KZ-Opfer bestattet waren, die jedoch inzwischen exhumiert und auf reguläre jüdische Friedhöfe oder auf den KZ-Ehrenfriedhof Flossenbürg überführt worden sind.

Sehr oft liegen oder lagen vor langer Zeit jüdische Friedhöfe außerhalb der Ortschaften. Der Grund hierfür war einmal, dass nichtjüdische Bewohner meist keinen jüdischen Friedhof in ihrer Nähe duldeten. In früheren Zeiten gingen christliche Geistliche sogar so weit, sich mit Gewalt der Anlage und der Benutzung des jüdischen Friedhofs in ihrem Amtsbereich zu widersetzen. Andererseits hoffte man auf Seiten der Juden, bei der Anlage eines Friedhofs außerhalb der Stadt- und Ortsmauern, von gefürchteten Grabschändungen verschont zu bleiben. Man ging sogar so weit, dass jüdische Friedhöfe in geschützter Naturlage angelegt wurden oder nur ein beschwerlicher Gang dorthin verbunden war. Aus meist finanziellen Gründen wurden die Friedhöfe oft in Wäldern oder auf Bergkuppen plaziert, wo der Boden wenig fruchtbar und daher auch recht billig war. Alle jüdischen Friedhöfe haben eine Mauer oder einen Zaun mit ein oder zwei Toren. Die Grabsteine, Mazewot genannt, stehen dicht aneinander, um möglichst viel Platz zu sparen. Alle Grabsteine zeigen in Richtung Osten, wo Jerusalem liegt.

Was übrigens heute noch ziemlich unbekannt ist: Ein jüdisches Grab wird unter keinen Umständen wiederverwendet: Wo jemand einmal beerdigt worden ist, bleibt er. Ausnahmen gibt es, wenn jemand nach Israel oder von einem nichtjüdischen auf einen jüdischen Friedhof überführt wird. Die Totenruhe, die bis zur Auferstehung der Toten dauert, ist für jeden Juden eine unantastbare Angelegenheit, über die es keine Diskussion gibt. Jeder, ob arm oder reich, erhält auf sein Grab einen Grabstein.

Zum Beispiel informieren besondere Zeichen auf dem Mazewa über den Stand und/oder besondere Tätigkeiten der Verstorbenen. Segnende Hände bedeuten, dass es sich bei dem hier Bestatteten um einen Cohen (Kohn, Kohen) einen Angehörigen des Priesterstandes handelt.

Nicht-jüdische Besucher eines jüdischen Friedhofs sind oft verwundert, dass man kaum Blumen auf den Gräbern sieht. Statt dessen kann man auf Grabsteine Steinchen legen. Sie zeigen die Ursprünge des jüdischen Volkes zur Zeit des Auszugs aus Ägypten auf: Konnte man damals einem Toten in der Wüste eine größere Liebe und Ehre erweisen, als auf sein Grab möglichst viele Steine zu häufen, die verhinderten, dass der Leichnam bei Nacht von wilden Tieren ausgegraben wurde? Gleichzeitig trug jeder, der einen Stein auf die Begräbnisstätte legte, seinen Teil dazu bei, dem Toten ein "Denkmal" aus Steinen zu errichten, was heute bei den Beduinen in der Negev und im Sinai noch der Fall ist.

Synagogen und Bethäuser

Bereits zur Zeit des Tempels in Jerusalem gab es im ganzen damaligen Israel Kultstätten zu Andachtsübungen, in denen keine Opfer dargebracht wurden: die Synagogen. Ihr Zweck war es, das gemeinsame Gebet zu ermöglichen. In der Synagoge tragen männliche Juden den Kopf bedeckt. Übrigens gibt es in zahlreichen Gemeinden Bayerns Synagogen.

Neben jüdischen Schulen gab oder gibt es noch sog. Ritualbäder, die vor der Zerstörungswut vor allem im 3. Reich verschont blieben. Diese kostbaren Kulturgüter dienten der rituellen Reinigung vor bestimmten Festen. Auch viele Straßen-, Gelände- und Flurnamen erinnern an die Gegenwart jüdischer Mitbürger in unserem Land. Was viele nicht wissen: Jüdische Mitbürger prägten das Kultur- und Gesellschaftsleben in unserem Land innerhalb der Jahrhunderte ganz entscheidend, obwohl ihrer Gegenwart stets mit Skepsis, Ablehnung und sogar Vernichtung begegnet wurde. Besondere Schuld nahm das deutsche Volk auf sich, als Adolph Hitler während des Nationalsozialismus zwischen 1939 und 1945 zwischen 5 und 6 Millionen Juden in Europa grausam ausrotten ließ.

Arbeitsaufgaben:

❶ **Tragt Informationen zusammen, wie sich jüdische Bürger in unsere Gesellschaft verdient machten!**
❷ **Berichtet über die Juden-Ghettos und Juden-Pogrome zur Zeit des Nationalsozialismus!**
❸ **Was versteht man unter "Holocaust"?**
❹ **Sucht in eurer Umgebung nach Spuren jüdischer Geschichte in unserer Heimat!**
❺ **Warum sollten wir die Religion anderer immer achten und tolerieren?**
❻ **Warum ist es einfach, für angebliche Missstände schnell einen "Sündenbock" zu finden?**
❼ **Warum wurden die Juden in Europa jahrhundertelang als "Sündenböcke" abgestempelt?**

Die Schöpfung ist uns anvertraut - unsere Welt erhalten und gestalten

❶ Schönheit und Zerstörung - zwei Gesichter der Welt

Erkennen der Großartigkeit der Natur einerseits und andererseits der bedrückenden Tatsache der Umweltzerstörung
Interesse für Fragen nach dem Sinn, dem Woher und Wohin unserer Welt
Auseinandersetzung mit diesbezüglichen Fragestellungen

● Die Schöpfung ist uns anvertraut	AB, Text, Folie
● Ehrfurcht vor dem Leben	AB, Text, Folie
● "Diese Vorstellung ist uns fremd!"	AB, Text, Bild
● Der Baum	AB, Text, Fragen

Klassen-Ausstellung:
Die Welt ist großartig (Makro- und Mikrokosmos, Wunder des Lebens) -
Die Welt ist bedroht (Umweltverschmutzung und Umweltzerstörung)

❷ Deutungen der Welt - Schöpfungstexte

Fragen nach dem Ursprung und Sinn von Welt und Leben
Kennen lernen der Grundaussagen in biblischen Schöpfungsberichten
Die Welt als Schöpfung Gottes sehen
Erkennen, dass der Mensch als Abbild Gottes für die Erhaltung und Gestaltung der Schöpfung mitverantwortlich ist
Bereitschaft, sich umweltgerecht im Alltag zu verhalten

● Was sagt die Bibel zur Erschaffung der Welt?	AB, Text,
● Was sagt die Bibel zur Erschaffung von Mann und Frau?	AB, Text, Fragen
● Welche Absicht steckt hinter der Schöpfungserzählung?	AB, Fragen, Bild
● Warum zeichnete Lukas Cranach die Schöpfungserzählung so?	AB, Bilder
● Wie sich die Menschen die Welt und die Entwicklung des Menschen vorstellten!	AB, Bilder
● Wie deutet die Wissenschaft heute die Entstehung der Welt?	AB, Fragen, Bild

❸ Den Schöpfer loben - Verantwortung für Umwelt und Mitwelt

Entwicklung einer liebevollen und ehrfürchtigen Haltung gegenüber allen Mitgeschöpfen und dem Schöpfer
Bereitschaft zu Maßhalten und Verzicht

● Lob des Schöpfers (Psalm 104)	AB, Text
● Der Mensch krank an Gemüt und Seele	AB, Text, Fragen
● Der Beagle	AB, Text

Gespräch über den biblischen Auftrag "Bebauen und Hüten"
Diskussion über Grenzen von Wachstum, Fortschritt und Freizügigkeit
Hinweis:
Ergänzende Unterrichtsmaterialien aus dem pb-Verlag Puchheim zu diesen Lernzielen finden Sie in:
Katholische Religion 5, In Gemeinschaft miteinander leben und glauben
Thema 1: Menschen, Tiere, Pflanzen ...: die Welt, in der ich lebe
Ethik (Band 2) Nach ethischen Maßstäben entscheiden und handeln
Seite 18 ff: Tier- und Pflanzenschutz konkret

RELIGION	Name:	Klasse:	Datum:	Nr.

Die Frage nach dem Schöpfer und der Schöpfung

Lest folgenden Artikel vom August 1998 und stellt Überlegungen an zur Überschrift!

Chemikerin baut Beginn irdischen Lebens nach

Von Irmi Schwartz

Chemikerin Claudia Huber (35): „Schon einen Tag später hatten wir ein kleines Paket". Foto: Marcus Schlaf

München/Garching – An ihrem Arbeitsplatz im Garchinger Chemiebau der Technischen Universität München gab sich die 35jährige Wissenschaftlerin Claudia Huber am Freitag trotz des Presserummels gelassen. Dabei ist ihr ein sensationelles Experiment im Labor gelungen: Sie hat den Beginn des irdischen Lebens nachgebaut, genauer, die Vorstufen lebender Organismen in einer Art Ursuppe entstehen lassen.

Das Experiment bestätigt die Theorie des Münchner Patentanwalts und Chemiker Günter Wächtershäuser, wonach daß der Grundstoff des Lebens auf diesem Planeten, das Eiweiß (Protein), in einer kochenden, Eisen-Schwefel-Wasserwelt entstand, wie man sie an aktiven Vulkanen in der Tiefsee findet. Leben entstehe, „überall da, wo vulkanische Gase in Gegenwart von Metallsufiden auf flüssiges Wasser treffen". Vom „warmen, kleinen Teich", den einst Charles Darwin als Wiege aller Lebewesen sah, ist diese kochende Vulkansuppe weit entfernt, in der zuerst Eiweißkörper entstanden. Die genetische Maschinerie und Zellen kamen später.

Für Wächtershäuser, Professor ehrenhalber an der Universität Regensburg, ist die Beschäftigung mit der Frage, wie vor mwehr als vier Milliarden jahren auf der Erde Leben entstand, ein Freizeitvergnügen. Aber er nahm es doch so ernst, daß er den Chef des Lehrstuhls für Organische Chemie und Biochemie an der TU München, Professor Adelbert Bacher, davon überzeugen konnte, daß es sinnvoll wäre, wenn eine Chemikerin, eben Claudia Huber, seine Theorie des Ur-Stoffwechsels in einer Vulkansuppe im Labor experimentell überprüfen könnte. Diese Idee überzeugte übrigens auch die Deutsche Forschungsgemeinschaft, die den Versuch seit drei Jahren finanziert.

Für das Experiment wurden nur jene Stoffe verwendet, die direkt an den Vulkanen vorkommen: „der Glutbrei (Magma) und die Gase, die aus den Rissen der Erdkruste austreten und auf das kühlere Meereswasser treffen". Huber: „Unter Laborbedingungen hieß das, Wasser mit den Mineralien Eisen- und Nickelsulfid zusammenzugeben, dazu die vulkanischen Gase Schwefelsäure und Kohlenmonoxid. Und wir gaben drei Aminosäuren hinzu. Sie reagierten miteinander, und schon einen Tag später hatten wir ein kleines Paket". Das „Paket" bestand aus Peptiden (Eiweißvorstufen) – kleinen Molekülketten, zu denen sich die Aminosäuren verknüpft hatten. Und das ist der erste Schritt zu Eiweißkörpern, den Bausteinen lebender Organismen.

Am Freitag wurden das Versuchsergebnis von Huber und Wächtershäuser im US-Wissenschaftsmagazin „Science" (Bd. 281) veröffentlicht und von amerikanischen Kollegen als „sehr aufregend" beurteilt. Wächtershäuser hat Theorie und Experimente übrigens bereits zum Patent angemeldet.

RELIGION	Name:	Klasse:	Datum:	Nr.

Die Schöpfung ist uns anvertraut

1915 prägte Albert Scheitzer (1875 - 1965) in Lambarene den Grundsatz: "Ehrfurcht vor dem Leben!" Dieser Satz wurde in den 50 Jahren seines weiteren Lebens zum Leitbegriff seines Denkens und Handelns. Er schreibt:

"Du sollst Leben miterleben und Leben erhalten - das ist das größte Gebot in seiner elementarsten Form.

Als Kinder hatten wir, soweit unser Verständnis für die Dinge ging, eine elementare Fähigkeit des Mitleidens. Aber diese Fähigkeit ist mit den Jahren und mit dem zunehmenden Verständnis nicht gewachsen. Sie war uns etwas Unbequemes, Verwirrendes. Wir sahen so viele Menschen, die sie nicht mehr besaßen. Dann drängten auch wir die Empfindsamkeit zurück, um zu werden wie die anderen, um nicht anders zu sein als sie und weil wir uns nicht Rat wussten. So werden die vielen Menschen wie Häuser, bei denen sich ein Laden nach dem andern schließt und die dann kalt und fremd in die Straße hineinschauen.

Was uns die Fähigkeit und den Willen zum Miterleben bedroht, ist die sich immer wieder aufdrängende Überlegung: Es nützt ja nichts! Was du tust und kannst, um Leiden zu verhüten, um Leiden zu mildern, um Leben zu erhalten, ist ja doch nichts im Vergleich mit dem, was geschieht auf der Welt, um dich herum, ohne dass du etwas dazu tun kannst. Gewiss, es ist furchtbar, sich vorstellen zu müssen, in wie vielem wir ohnmächtig sind, ja, wie viel Leid wir selbst andern Wesen schaffen, ohne es verhindern zu können.

Alles, was du tun kannst, wird in Anschauung dessen, was getan werden sollte, immer nur ein Tropfen statt eines Stromes sein; aber es gibt deinem Leben den einzigen Sinn, den es haben kann, und macht es wertvoll. Wo du bist, soll, so viel an dir ist, Erlösung sein.

Ethik ist ins Grenzenlose erweiterte Verantwortung gegen alles, was lebt. Die Weltanschauung der Ehrfurcht vor dem Leben hat religiösen Charakter. Der Mensch, der sich zu ihr bekennt und sie betätigt, ist in elementarer Weise fromm. Ethisch ist der Mensch nur, wenn ihm das Leben als solches, das der Pflanze und des Tieres wie das des Menschen, heilig ist.

Die Ethik der Ehrfurcht vor dem Leben verlangt, dass wir alle irgendwie und in irgendetwas für Menschen Mensch sind. Denen, die sich im Beruf nicht als Menschen an Menschen ausgeben können, und sonst nichts haben, um es dahinzugeben, mutet sie zu, etwas von ihrer Zeit und Muße, auch wenn sie ihnen kärglich zugemessen sind, zu opfern. Schafft Euch ein Nebenamt, sagt sie zu ihnen, ein unscheinbares, vielleicht ein geheimes Nebenamt. Vielleicht ist es ein Greis oder ein Kind. Oder ein gutes Werk braucht Freiwillige, die einen freien Abend opfern oder Gänge tun können. Wer kann die Verwendungen alle aufzählen, die das kostbare Betriebskapital, Mensch genannt, haben kann? An ihm fehlt es an allen Ecken und Enden!"

aus: Albert Schweitzer Lesebuch, hg. von H. Steffahn, München 1984, und: Kein Sonnenstrahl geht verloren. Worte Albert Schweitzers, Hyperion Verlag Freiburg i. Br. o. J.

Arbeitsaufgaben: ✍ ☺ ✋ ♁

❶ Was bedeutet: Ehrfurcht vor dem Leben haben?

❍ über die Großartigkeit der Welt staunen ❍ die kleinen verborgenen Wunder des Lebens entdecken
❍ Mensch, Tier und Pflanze schützen ❍ nicht gegenüber der Umweltzerstörung abstumpfen
❍ Umweltverschmutzung als gegeben hinnehmen
❍ Umweltverschmutzung anprangern und gegen sie persönlich vorgehen

❷ Welche Aussagen Albert Scheitzers finden sich im obigen Text?

❍ Die Fähigkeit des Mitleidens darf nicht verschüttet werden.
❍ Die Fähigkeit der Mitleidens stumpft die Menschen immer mehr gegenüber noch größeren Brutalitäten ab.
❍ Dem Menschen muss Leben etwas Heiliges sein.
❍ Dem Menschen kann das Schicksal der Tiere und Pflanzen gleichgültig sein.
❍ Wir müssen nur uns gegenüber Verantwortung tragen.
❍ Wir müssen Verantwortung tragen gegenüber anderen.

❸ Wann ist ein Mensch nach Meinung Albert Schweitzers in elementarer Weise fromm?

❍ ... wenn er sich zur Weltanschauung der Ehrfurcht vor dem Leben bekennt
❍ ... wenn er die Fähigkeit des Mitleidens als etwas Unbequemes und Verwirrendes empfindet
❍ ... wenn er ohnmächtig der Umweltzerstörung zuschaut

❹ Warum hat die Weltanschauung der Ehrfurcht vor dem Leben religiösen Charakter?
❺ Wer hat uns Menschen die Schöpfung anvertraut?
❻ Warum haben wir den Auftrag Gottes, unsere Welt zu erhalten und zu gestalten?

RELIGION	Name:	Klasse:	Datum:	Nr.

Lösung: Die Schöpfung ist uns anvertraut

Folienbild:

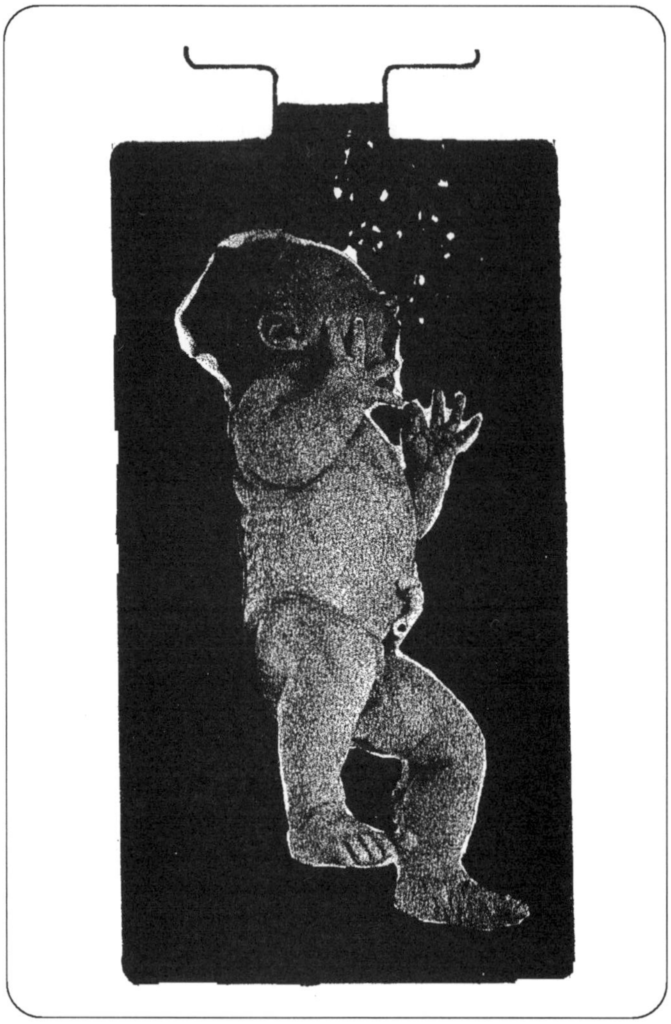

Arbeitsaufgaben: ✍ ☺ ✋ 💡

➊ **Was bedeutet: Ehrfurcht vor dem Leben haben?**
● über die Großartigkeit der Welt staunen ● die kleinen und großen verborgenen Wunder des Lebens entdecken
● Mensch, Tier und Pflanze schützen ● nicht gegenüber der Umweltzerstörung abstumpfen
❍ Umweltverschmutzung als gegeben hinnehmen
● Umweltverschmutzung anprangern und gegen sie persönlich vorgehen

➋ **Welche Aussagen Albert Schweitzers finden sich im obigen Text?**
● Die Fähigkeit des Mitleidens darf nicht verschüttet werden.
❍ Die Fähigkeit der Mitleidens stumpft die Menschen immer mehr gegenüber noch größeren Brutalitäten ab.
● Dem Menschen muss Leben etwas Heiliges sein.
❍ Dem Menschen kann das Schicksal der Tiere und Pflanzen gleichgültig sein.
❍ Wir müssen nur uns gegenüber Verantwortung tragen.
● Wir müssen Verantwortung tragen gegenüber anderen.

➌ **Wann ist ein Mensch nach Meinung Albert Schweitzers in elementarer Weise fromm?**
● ... wenn er sich zur Weltanschauung der Ehrfurcht vor dem Leben bekennt
❍ ... wenn er die Fähigkeit des Mitleidens als etwas Unbequemes und Verwirrendes empfindet
❍ ... wenn er ohnmächtig der Umweltzerstörung zuschaut

➍ **Warum hat die Weltanschauung der Ehrfurcht vor dem Leben religiösen Charakter?**
➎ **Wer hat uns Menschen die Schöpfung anvertraut?**
➏ **Warum haben wir den Auftrag Gottes, unsere Welt zu erhalten und zu gestalten?**

RELIGION	Name:	Klasse:	Datum:	Nr.

"Ehrfurcht vor dem Leben"

Der Fernseh-Journalist, Moderator politischer Sendungen und engagierter Gegner der Atomwaffen in Europa, Franz Alt, hat in den 80-ger Jahren zwei berühmte Bücher geschrieben: "Frieden ist möglich." und "Liebe ist möglich." In der Münchner Abendzeitung erschien am 14. Mai 1986 folgender Kommentar von ihm:

"69 Prozent der Bundesbürger sind heute gegen den Bau neuer Atomkraftwerke. Was sind die eigentlichen Ursachen dieses radikalen Umdenkens? Viele ahnten es, jetzt wissen wir es: Der blinde Fortschrittsglaube hatte uns hochmütig gemacht. Wir haben ja gesagt zu Großtechnologien, die nicht oder noch nicht sicher genug waren. Wir haben ja gesagt zur Atomkraft, ohne zu wissen, wohin mit dem Atommüll.

Auch ich habe die Gefahren der sogenannten friedlichen Nutzung der Kernenergie unterschätzt. Auch ich bin erst in den letzten Wochen aufgewacht. Wer aber wirklich aufgewacht ist, muss bereit sein, über Konsequenzen und Alternativen nachzudenken. Reparatur und Flickwerk genügen jetzt nicht mehr. Wir müssen die Energieprobleme von der Wurzel her neu durchdenken.

1.

Wir brauchen schon heute längst nicht so viel Energie, wie noch vor wenigen Jahren von führenden Politikern vorausgesagt wurde. Die Wähler waren viel vernünftiger und einsichtiger als viele Gewählte mit ihren überzogenen Planungen. Bei uns in Baden-Württemberg hat Lothar Späth die richtige Konsequenz gezogen und Whyl nicht gebaut. Was bei der damaligen Entscheidung von vielen als Schwäche und Nachgeben gegenüber den Protestbewegungen ausgelegt wurde, erweist sich heute als Stärke, Mut und Weitsicht.

2.

Die wichtigste Energiequelle der Zukunft heißt Energie sparen. Bisher galt immer mehr wirtschaftliches Wachstum als Fortschritt. Heute ist vielen Menschen bewusst, dass die Wirtschaft nicht unendlich wachsen kann. Spätestens unsere sterbenden Wälder und toten Seen hätten uns die Augen öffnen können. Aber jetzt, nach Tschernobyl, ist den meisten bewusst geworden, dass ständiges Wachstum nicht nur unsinnig, sondern auch noch gefährlich ist.

Wir leben nicht vom Atomstrom - wir leben von Wasser und Luft, von Pflanzen und Sonne. Ein zehnjähriges Mädchen in unserer Nachbarschaft hat in diesen Tagen seine Mutter gefragt, was sie denn früher ihrer Mutter zum Muttertag geschenkt habe: „Einen selbstgepflückten Blumenstrauß von der Wiese“, hat die Mutter geantwortet. Das Kind dachte nach und meinte schließlich: „Hast du's aber noch gut gehabt früher.“ Von diesem Kind habe ich in einem einzigen Augenblick mehr gelernt als aus vielen dicken Büchern und schlauen Politikerreden zusammen. Auch unsere Kinder und Enkel haben ein Recht auf blühende Wiesen und farbige Schmetterlinge.

3.

Vernünftige Politiker werden jetzt erkennen, dass wir die atomaren Grenzen erreicht haben. Verantwortungsbewusste Wissenschaftler, Politiker und Unternehmer wie der Atomphysiker Karl Friedrich von Weizsäcker, der Hamburger Wissenschaftssenator Klaus Meyer-Abich oder der Münchner Unternehmer Dr. Bölkow weisen darauf hin, dass Sonnenenergie die Alternative zur Kernenergie ist: technisch machbar, finanzierbar und mehr als ausreichend vorhanden. Was fehlt, ist der politische Wille. Da müssen wir Wähler jetzt nachhelfen.

4.

Wir dürfen als verantwortungsbewusste Bürger nur noch Politiker wählen, die nicht immer mehr Wachstum versprechen, sondern eine Politik der Bescheidenheit planen. Wir können das den Politikern klar machen: in Briefen und Demonstrationen, per Wahlzettel und Leserbrief. Ich möchte Sie ermutigen, sich Ihrer Macht als Bürger eines freien Landes bewusst zu sein. Wir sind kein Stimmvieh - wir sind der Souverän.

5.

Dürre und Hungersnöte, atomare Unfälle und Umweltzerstörung sind nicht Gottes Wille, sondern von uns kurzsichtigen Menschen produziert. Wir können nur ernten, was wir säen. Es gibt zwar keine Rache des Schöpfers, aber eine Rache der Schöpfung. Wir haben sie durch unsinniges Verhalten selbst produziert. Die Frage hinter den Energiefragen ist nicht ökonomisch oder politisch. Sie ist geistig. Vor-Pfingsten ist eine gute Zeit, darüber nachzudenken: Der Geist bewegt immer die Materie, nicht umgekehrt. Aber wir sind heute zu verfettet, um den feinen Geist Gottes in uns aufzunehmen. Der Heilige Geist braucht Landeplätze. Er will immer - aber wir sperren uns. Sonst sähe die Welt heute anders aus.

Wir haben in den Industriestaaten heute sehr viel Wissen, aber zu wenig Weisheit, zu wenig Geist, um mit diesem Wissen verantwortlich umzugehen. Technisch sind wir Weltmeister, geistig aber verkrüppelt. Nur die Besinnung auf uralte religiöse Werte kann uns noch retten: Wir sind Gast auf dieser Erde, aber wir benehmen uns wie die Herren der Schöpfung. Die Rettung heißt nicht Ehrfurcht vor der Atomenergie, sondern mehr Ehrfurcht vor allem Leben: vor dem geborenen und dem ungeborenen, vor Tier und Pflanze und Ehrfurcht vor dem Schöpfer. Gott schläft in den Steinen, atmet in den Pflanzen, träumt in den Tieren, will aber in uns Menschen erwachen. Es ist hohe Zeit, dieses heilende Gottesbild zu verinnerlichen."

RELIGION	Name:	Klasse:	Datum:	Nr.

"Ehrfurcht vor dem Leben"

Folienbild:

Arbeitsaufgaben: ✍ ☺ ✋ 💡

❶ **Besprecht die beiden Karikaturen oben!**
❷ **Was will der Zeichner ausdrücken?**
❸ **Warum passen diese beiden Karikaturen zu den Texten von Albert Schweitzer und Franz Alt?**
❹ **Was bedeutet der Satz von Franz Alt:**
"Der Fortschrittsglaube hat uns Menschen hochmütig gemacht."
❺ **Nennt Beispiele, die zeigen, wie hochmütig der Mensch gegenüber der Schöpfung ist und war!**
❻ **Warum können wir Menschen mit dem technischen Wissen oft nicht verantwortlich umgehen?**
❼ **Welches Gefühl ist uns dabei verloren gegangen?**
❽ **Was könnte Franz Alt meinen, wenn er schreibt, dass die Schöpfung unser unsinniges Verhalten eines Tages rächen wird.**
❾ **Warum bedeutet Ehrfurcht vor dem Leben auch Friedenssicherung für uns Menschen?**

RELIGION	Name:	Klasse:	Datum:	Nr.

"Diese Vorstellung ist uns fremd!"

Im Jahre 1835 hielt der Indianer-Häuptling Seattle an den damaligen Präsidenten der USA folgende weltberühmte Rede:

Der große Häuptling in Washington sendet Nachricht, dass er unser Land zu kaufen wünscht.

Der große Häuptling sendet uns auch Worte der Freundschaft und des guten Willens. Das ist freundlich von ihm, denn wir wissen, er bedarf unserer Freundschaft nicht.

Aber wir werden sein Angebot bedenken, denn wir wissen - wenn wir nicht verkaufen - kommt vielleicht der weiße Mann mit Gewehren und nimmt sich unser Land.

Wie kann man den Himmel kaufen oder verkaufen - oder die Wärme der Erde? Diese Vorstellung ist uns fremd. Wenn wir die Frische der Luft und das Glitzern des Wassers nicht besitzen - wie könnt Ihr sie von uns kaufen?

Jeder Teil dieser Erde ist meinem Volk heilig, jede glitzernde Tannennadel, jeder sandige Strand, jeder Nebel in den dunklen Wäldern, jede Lichtung, jedes summende Insekt ist heilig in den Gedanken und Erfahrungen meines Volkes. Der Saft, der in den Bäumen steigt, trägt die Erinnerung des roten Mannes.

Die Toten der Weißen vergessen das Land ihrer Geburt, wenn sie fortgehen, um unter den Sternen zu wandeln. Unsere Toten vergessen diese wunderbare Erde nie, denn sie ist des roten Mannes Mutter. Wir sind ein Teil der Erde, und sie ist ein Teil von uns. Die duftenden Blumen sind unsere Schwestern, die Rehe, das Pferd, der große Adler - sind unsere Brüder. Die felsigen Höhen, die saftigen Wiesen, die Körperwärme des Ponys - und des Menschen - sie alle gehören zur gleichen Familie.

Wenn also der Große Häuptling in Washington uns Nachricht sendet, dass er unser Land zu kaufen gedenkt - so verlangt er viel von uns. Der große Häuptling teilt uns mit, dass er uns einen Platz gibt, wo wir angenehm und für uns leben können. Er wird unser Vater und wir werden seine Kinder sein. Aber kann das jemals sein?

Gott liebt Euer Volk und hat seine roten Kinder verlassen. Er schickt Maschinen, um dem weißen Mann bei seiner Arbeit zu helfen, und baut große Dörfer für ihn. Er macht Euer Volk stärker, Tag für Tag. Bald werdet Ihr das Land überfluten wie Flüsse, die die Schluchten hinabstürzen nach einem unerwarteten Regen.

Mein Volk ist wie eine ablaufende Flut - aber ohne Wiederkehr. Nein, wir sind verschiedene Rassen. Unsere Kinder spielen nicht zusammen, und unsere Alten erzählen nicht die gleichen Geschichten. Gott ist Euch gut gesinnt, und wir sind Waisen.

Wir werden Euer Angebot, unser Land zu kaufen, bedenken. Das wird nicht leicht sein, denn dieses Land ist uns heilig. Wir erfreuen uns an diesen Wäldern. Ich weiß nicht - unsere Art ist anders als die Eure.

Glänzendes Wasser, das sich in Bächen und Flüssen bewegt, ist nicht Wasser - sondern das Blut unserer Vorfahren. Wenn wir Euch das Land verkaufen, müsst Ihr wissen, dass es heilig ist, und Eure Kinder lehren, dass es heilig ist und dass jede flüchtige Spiegelung im klaren Wasser der Seen von Ereignissen und Überlieferungen aus dem Leben meines Volkes erzählt. Das Murmeln des Wassers ist die Stimme meiner Vorväter. Die Flüsse sind unsere Brüder - sie stillen unseren Durst. Die Flüsse tragen unsere Kanus und nähren unsere Kinder.

Wenn wir unser Land verkaufen, so müsst Ihr Euch daran erinnern und Eure Kinder lehren: Die Flüsse sind eure Brüder - und Ihr müsst von nun an den Flüssen Eure Güte geben, so wie jedem anderen Bruder auch.

Der rote Mann zog sich immer zurück vor dem eindringenden weißen Mann - so wie der Frühnebel in den Bergen vor der Morgensonne weicht. Aber die Asche unserer Väter ist heilig, ihre Gräber sind geweihter Boden, und so sind diese Hügel, diese Bäume, dieser Teil der Erde uns geweiht.

Wir wissen, dass der weiße Mann unsere Art nicht versteht. Ein Teil des Landes ist ihm gleich jedem anderen, denn er ist ein Fremder, der kommt in der Nacht und nimmt von der Erde, was immer er braucht.

Die Erde ist sein Bruder nicht, sondern Feind, und wenn er sie erobert hat, schreitet er weiter. Er lässt die Gräber seiner Väter zurück - und kümmert sich nicht. Er stiehlt die Erde von seinen Kindern - und kümmert sich nicht. Seiner Väter Gräber und seiner Kinder Geburtsrecht sind vergessen. Er behandelt seine Mutter, die Erde, und seinen Bruder, den Himmel, wie Dinge zum Kaufen und Plündern, zum Verkaufen wie Schafe oder glänzende Perlen. Sein Hunger wird die Erde verschlingen und nichts zurücklassen als eine Wüste.

Ich weiß nicht - unsere Art ist anders als die Eure. Der Anblick Eurer Städte schmerzt die Augen des roten Mannes. Vielleicht weil der rote Mann ein Wilder ist und nicht versteht. Es gibt keine Stille in den Städten der Weißen. Keinen Ort, um das Entfalten der Blätter im Frühling zu hören oder das Summen der Insekten.

Aber vielleicht nur deshalb, weil ich ein Wilder bin und nicht verstehe. Das Geklappere scheint unsere Ohren nur zu beleidigen. Was gibt es schon im Leben, wenn man nicht den einsamen Schrei des Ziegenmelkervogels hören kann oder das Gestreit der Frösche am Teich bei Nacht?

Ich bin ein roter Mann und verstehe das nicht.

RELIGION	Name:	Klasse:	Datum:	Nr.

Der Indianer mag das sanfte Geräusch des Windes, der über eine Teichfläche streicht - und den Geruch des Windes, gereinigt vom Mittagsregen oder schwer vom Duft der Kiefern. Die Luft ist kostbar für den roten Mann - denn alle Dinge teilen denselben Atem - das Tier, der Baum, der Mensch - sie alle teilen denselben Atem. Der weiße Mann scheint die Luft, die er atmet, nicht zu bemerken; wie ein Mann, der seit vielen Tagen stirbt, ist er abgestumpft gegen den Gestank. Aber wenn wir Euch unser Land verkaufen, dürft Ihr nicht vergessen, dass die Luft uns kostbar ist - dass die Luft ihren Geist teilt mit all dem Leben, das sie enthält.
Der Wind gab unseren Vätern den ersten Atem und empfängt ihren letzten. Und der Wind muss auch unseren Kindern den Lebensgeist geben. Und wenn wir Euch unser Land verkaufen, so müsst Ihr es als ein besonderes und geweihtes schätzen, als einen Ort, wo auch der weiße Mann spürt, dass der Wind süß duftet von Wiesenblumen.
Das Ansinnen, unser Land zu kaufen, werden wir bedenken, und wenn wir uns entschließen anzunehmen, so nur unter einer Bedingung. Der weiße Mann muss die Tiere des Landes behandeln wie seine Brüder.
Ich bin ein Wilder und verstehe es nicht anders. Ich habe tausend verrottende Büffel gesehen, vom weißen Mann zurückgelassen - erschossen aus einem vorüberfahrenden Zug. Ich bin ein Wilder und kann nicht verstehen, wie das qualmende Eisenpferd wichtiger sein soll als der Büffel, den wir nur töten, um am Leben zu bleiben. Was ist der Mensch ohne das Tier? Wären alle Tiere fort, so stürbe der Mensch an großer Einsamkeit des Geistes. Was immer den Tieren geschieht - geschieht bald auch den Menschen. Alle Dinge sind miteinander verbunden.Was die Erde befällt, befällt auch die Söhne der Erde.
Ihr müsst Eure Kinder lehren, dass der Boden unter ihren Füßen die Asche unserer Großväter ist. Damit sie das Land achten, erzählt ihnen, dass die Erde erfüllt ist von den Seelen unserer Vorfahren. Lehrt Eure Kinder, was wir unsere Kinder lehren: Die Erde ist unsere Mutter. Was die Erde befällt, befällt auch die Söhne der Erde. Wenn Menschen auf die Erde spucken, bespeien sie sich selbst. Denn das wissen wir, die Erde gehört nicht den Menschen, der Mensch gehört zur Erde - das wissen wir. Alles ist miteinander verbunden, wie das Blut, das eine Familie vereint. Alles ist verbunden. Was die Erde befällt, befällt auch die Söhne der Erde. Der Mensch schuf nicht das Gewebe des Lebens, er ist darin nur eine Faser. Was immer Ihr dem Gewebe antut, das tut Ihr Euch selber an. Nein, Tag und Nacht können nicht zusammenleben. Unsere Toten leben fort in den süßen Flüssen der Erde, kehren wieder mit des Frühlings leisen Schritt, und es ist ihre Seele im Wind, der die Oberfläche der Teiche kräuselt. Das Ansinnen des weißen Mannes, unser Land zu kaufen, werden wir bedenken. Aber mein Volk fragt, was will denn der weiße Mann?

Wie kann man den Himmel oder die Wärme der Erde kaufen - oder die Schnelligkeit der Antilope? Wie können wir Euch diese Dinge verkaufen - und wie könnt Ihr sie kaufen? Könnt Ihr denn mit der Erde tun, was Ihr wollt - nur weil der rote Mann ein Stück Papier unterzeichnet - und es dem weißen Manne gibt?
Wenn wir nicht die Frische der Luft und das Glitzern des Wassers besitzen - wie könnt Ihr sie von uns kaufen? Könnt Ihr die Büffel zurückkaufen, wenn der letzte getötet ist?
Wir werden Euer Angebot bedenken. Wir wissen, wenn wir nicht verkaufen, kommt wahrscheinlich der weiße Mann mit Waffen und nimmt sich unser Land. Aber wir sind Wilde. Der weiße Mann, vorübergehend im Besitz der Macht, glaubt, er sei schon Gott, dem die Erde gehört. Wie kann ein Mensch seine Mutter besitzen?
Wir werden Euer Angebot, unser Land zu kaufen, bedenken. Tag und Nacht können nicht zusammenleben. Wir werden Euer Angebot bedenken, in das Reservat zu gehen. Wir werden abseits und in Frieden leben. Es ist unwichtig, wo wir den Rest unserer Tage verbringen. Unsere Kinder sahen ihre Väter gedemütigt und besiegt.
Unsere Krieger wurden beschämt. Nach Niederlagen verbringen sie ihre Tage müßig - vergiften ihren Körper mit süßer Speise und starkem Trunk. Es ist unwichtig, wo wir den Rest unserer Tage verbringen. Es sind nicht mehr viele. Noch wenige Stunden, ein paar Winter - und kein Kind der großen Stämme, die einst in diesem Land lebten oder jetzt in kleinen Gruppen durch die Wälder streifen, wird mehr übrig sein, um an den Gräbern eines Volkes zu trauern - das einst so stark und voller Hoffnung war wie das Eure.
Aber warum soll ich trauern über den Untergang meines Volkes, Völker bestehen aus Menschen - nichts anderem. Menschen kommen und gehen wie die Welle im Meer. Selbst der weiße Mann, dessen Gott mit ihm wandelt und redet, wie Freund zu Freund, kann der gemeinsamen Bestimmung nicht entgehen. Vielleicht sind wir doch - Brüder, wir werden sehen.
Eines wissen wir, was der weiße Mann vielleicht eines Tages erst entdeckt - unser Gott ist derselbe Gott. Ihr denkt vielleicht, dass Ihr ihn besitzt - so wie Ihr unser Land zu besitzen trachtet - aber das könnt Ihr nicht. Er ist der Gott der Menschen - gleichermaßen der Roten und der Weißen. Dieses Land ist ihm wertvoll - und die Erde verletzen heißt ihren Schöpfer verachten.

RELIGION	Name:	Klasse:	Datum:	Nr.

Auch die Weißen werden vergehen, eher vielleicht als alle anderen Stämme. Fahret fort Euer Bett zu verseuchen, und eines Nachts werdet Ihr im eigenen Abfall ersticken.
Aber in Eurem Untergang werdet Ihr hell strahlen - angefeuert von der Stärke des Gottes, der Euch in dieses Land brachte - und Euch bestimmte, über dieses Land und den roten Mann zu herrschen. Diese Bestimmung ist uns ein Rätsel. Wenn die Büffel alle geschlachtet sind - die wilden Pferde gezähmt - die heimlichen Winkel des Waldes, schwer vom Geruch vieler Menschen - und der Anblick reifer Hügel geschändet von redenden Drähten -
wo ist das Dickicht - fort,
wo der Adler - fort,
und was bedeutet es, Lebewohl zu sagen dem schnellen Pony und der Jagd:
Das Ende des Lebens - und den Beginn des Überlebens.
Gott gab Euch Herrschaft über die Tiere, die Wälder und den roten Mann, aus einem besonderen Grund - doch dieser Grund ist uns ein Rätsel. Vielleicht können wir es verstehen, wenn wir wüssten, wovon der weiße Mann träumt - welche Hoffnungen er seinen Kindern an langen Winterabenden schildert - und welche Visionen er in ihre Vorstellungen brennt, so dass sie sich nach einem Morgen sehnen. Aber wir sind Wilde - die Träume des weißen Mannes sind uns verborgen. Und weil sie uns verborgen sind, werden wir unsere eigenen Wege gehen. Denn vor allem schätzen wir das Recht eines jeden Menschen, so zu leben, wie er selber es wünscht - gleich wie verschieden von seinen Brüdern er ist. Das ist nicht viel, was uns verbindet.
Wir werden Euer Angebot bedenken. Wenn wir zustimmen, so nur, um das Reservat zu sichern, das ihr versprochen habt. Dort vielleicht können wir unsere kurzen Tage auf unsere Weise verbringen.
Wenn der letzte rote Mann von dieser Erde gewichen ist und sein Gedächtnis nur noch der Schatten einer Wolke über der Prärie, wird immer noch der Geist meiner Väter in diesen Ufern und diesen Wäldern lebendig sein. Denn sie liebten diese Erde, wie das Neugeborene den Herzschlag seiner Mutter.
Wenn wir Euch unser Land verkaufen, liebt es, so wie wir es liebten, kümmert Euch, so wie wir uns kümmerten, behaltet die Erinnerung an das Land, so wie es ist, wenn Ihr es nehmt. Und mit all Eurer Stärke, Eurem Geist, Eurem Herzen, erhaltet es für Eure Kinder und liebt es - so wie Gott uns alle liebt.
Denn eines wissen wir - unser Gott ist derselbe Gott. Diese Erde ist ihm heilig. Selbst der weiße Mann kann der gemeinsamen Bestimmung nicht entgehen. Vielleicht sind wir doch - Brüder. Wir werden sehen.

Arbeitsaufgaben:

❶ An welchen Stellen der Rede des Häuptlings Seattle wird die ehrfürchtige Haltung gegenüber allen Mitgeschöpfen deutlich?

❷ Welche Gedanken der Weißen kann der Indianer-Häuptling nicht verstehen?

❸ Was sagt Häuptling Seattle über ...
a) das Verhältnis Mensch zu Mensch
b) das Verhältnis Mensch zu Natur
c) das Verhältnis Mensch zu Gott
d) das Verhältnis zwischen "Weißen" und "Roten"?

❹ An welchen Stellen der Rede Seattles merkt man, dass Indianer ganz im Einklang mit der Natur lebten?

❺ Wie ist der Kampf der indianischen Urbevölkerung Nordamerikas gegen die Weißen ausgegangen?

❻ Warum können wir heute, mehr als 150 Jahre später, immer noch "Wahrheiten" aus der Rede Seattles finden?

❼ Ist die Rede Seattles nicht auch ein Appell an uns und an die Umweltpolitik unserer Staaten?

RELIGION	Name:	Klasse:	Datum:	Nr.

Der Baum

Bäume waren heilig. Heute stehen sie im Wege. Einst wohnten Götter und Nymphen in ihren Kronen. Heute muss man blühende Kirschbäume durch Baumverordnungen schützen. Dass man Menschen, die je einen goldenen Ahorn im Herbst gesehen haben oder eine Birke im Rauhreif, vorrechnen muss, was Bäume als Staubfänger, Sauerstofflieferanten und Schallschlucker leisten, ist ein Thema für Psychiater und Anthropologen.
Bäume pflanzte man zur Hochzeit und bei der Geburt jedes Kindes. Häuser ohne Bäume waren so wenig denkbar wie Männer ohne Bart. Heute stehen die Häuser kahl und nackt, von einem kümmerlichen Flaum von Cotoneaster und Krüppelkoniferen umstanden. Oder starren, spießigen Blaufichten, synthetisch wie Fabrikware, die Lieblingspflanze des Plastik-Zeitalters. So wie die Dinge stehen, brauchen wir keine Bodendecker. Sondern Hausverstecker. Hochwüchsige Laubbäume verlängern ein Haus und binden es in die Landschaft. Bäume verschleiern leere und hässliche Flächen. Unterbrechen langweilige Fassaden. Verbinden Bauten, die ohne Beziehung beisammen stehen. Drücken zu hoch geschossene Häuser und Silos. Baumreihen können Planungsfehler erträglicher machen, Fabriken, Einkauf-Center und Monster-Parkplätze.
Hausbäume sind Laubbäume. Laubbäume zeigen zu jeder Jahreszeit ein neues Bild. Und Laub ist der beste Kompost. Nadelbäume werfen auch im Winter Schatten. Wenn man sich nach der Sonne sehnt. Und versäuern den Gartenboden. Nadelbäume machen starre Häuser noch starrer. Und niemand wird sich in der Badehose zu einer Fichte legen. Nadelbäume holt man nur einmal zum Haus, an Weihnachten. Sonst stehen sie besser im Wald.
Heimische Pflanzen, die auch in der Umgebung wachsen, tun sich leichter als anspruchsvolle Exoten. Es ist rührend, mit anzusehen, was Hobby-Gärtner an Pulvern und Säften über teure Kümmerlinge schütten. Solche Raritäten sollte man den Botanischen Gärten überlassen. Die haben das Personal dafür. Was passt, wächst von alleine. Deshalb steht den Straßen auch die Linde besser als der Rhododendron in der Waschbetonkiste. Der das ganze Jahr betreut werden muss.
Städte haben wir verpfuscht. Was gut war an ihnen, das kompakte Nebeneinander von Wohnen, Geschäft und Gewerbe - die Stadt der kurzen Wege, die haben wir zerschlagen. Was Gassen und Plätze einst an städte-baulicher Qualität, an unverwechselbaren Bildern boten, an Milieu und Atmosphäre, haben wir autogerecht zerhackt und mit Monotonie und Gesichtslosigkeit, mit überall gleichen Kaufhäusern, Bankhäusern, Parkhäusern aufgefüllt. Innenstädte, in denen nachts nur eine Handvoll Menschen zurückbleibt, Hausmeister, Pfarrer und Polizisten.
Und von dieser kranken, aufgedunsenen Mitte aus wuchern Geschwüre von Vorstädten, Schlafstädten, Satellitenstädten hinaus über Dörfer, Wiesen und Felder. Siedlungsbrei ohne Form und Format, ohne Ziel und Ende. Behausungen, Fabriken, Supermärkte, alle gleich lieblos, hässlich und kalt, ausgekippt und abgestellt wie auf unermesslichen Parkplätzen. Statt Gassen und Plätzen Kreuzungen und Unterführungen, sechsspurige Rennpisten vom Bett zur Schreibmaschine oder Fließband und zu den Regalen der Verbrauchermärkte. Städte, die ohne Auto nicht mehr funktionieren, rücksichtslos im Verbrauch von Fläche und Energie, Asphalt und Kanalisation, von Verkehrsregelung und aufwendiger Infrastruktur. Ein gigantischer Raubbau.
Immer mehr Bewohner entscheiden sich gegen ihre Stadt und kehren ihr den Rücken. Immer mehr Menschen nehmen abenteuerlich weite Wege zur täglichen Arbeit in Kauf oder zumindest die Massenflucht am Wochenende zu einem Zweitwohnsitz, einem alten Bauernhaus wenn irgend möglich, nur um für Stunden Gras und Bäume zu sehen und einen freien Horizont und Erde zu spüren unter den Füßen und die Geborgenheit eines guten Gehäuses.

aus: Dieter Wieland, Bauen und Bewahren auf dem Lande, Deutsches Nationalkomitee für Denkmalschutz

Habt ihr den Text genau gelesen?

❶ Warum haben viele Menschen heute ein gestörtes Verhältnis zum Baum?
❷ Was ist ein "Hausbaum"?
❸ Warum sollen Hausbäume Laubbäume sein?
❹ Warum sollten einheimische Pflanzen in unsere Gärten und keine "Exoten"?
❺ An welchen Stellen und zu welchen Anlässen wurden Bäume früher gepflanzt?
❻ Welche modernen Bausünden können Bäume ausgleichen?
❼ Welche Kritik übt der Artikelschreiber an den Vorstädten?
❽ Warum können Bäume das Leben in der Stadt deutlich verbessern?
❾ Warum entscheiden sich immer mehr Städter für ein Wohnen auf dem Lande?
❿ Warum sollten Christen gegen Umwelt-Sünden in ihrer unmittelbaren Umgebung vorgehen?

RELIGION	Name:	Klasse:	Datum:	Nr.

Was sagt die Bibel zur Erschaffung der Welt?

Im Anfang schuf Gott Himmel und Erde; die Erde aber war wüst und wirr, Finsternis lag über der Urflut, und Gottes Geist schwebte über dem Wasser.
Gott sprach: Es werde Licht. Und es wurde Licht. Gott sah, dass das Licht gut war. Gott schied das Licht von der Finsternis, und Gott nannte das Licht Tag, und die Finsternis nannte er Nacht. Es wurde Abend, und es wurde Morgen: erster Tag.
Dann sprach Gott: Ein Gewölbe entstehe mitten im Wasser und scheide Wasser von Wasser. Gott machte also das Gewölbe und schied das Wasser unterhalb des Gewölbes vom Wasser oberhalb des Gewölbes. So geschah es, und Gott nannte das Gewölbe Himmel. Es wurde Abend, und es wurde Morgen: zweiter Tag.
Dann sprach Gott: Das Wasser unterhalb des Himmels sammle sich an einem Ort, damit das Trockene sichtbar werde. So geschah es. Das Trockene nannte Gott Land, und das angesammelte Wasser nannte er Meer. Gott sah, dass es gut war.
Dann sprach Gott: Das Land lasse junges Grün wachsen, alle Arten von Pflanzen, die Samen tragen, und von Bäumen, die auf der Erde Früchte bringen mit ihrem Samen darin. So geschah es. Das Land brachte junges Grün hervor, alle Arten von Pflanzen, die Samen tragen, alle Arten von Bäumen, die Früchte bringen mit ihrem Samen darin. Gott sah, dass es gut war. Es wurde Abend, und es wurde Morgen: dritter Tag.
Dann sprach Gott: Lichter sollen am Himmelsgewölbe sein, um Tag und Nacht zu scheiden. Sie sollen Zeichen sein und zur Bestimmung von Festzeiten, von Tagen und Jahren dienen; sie sollen Lichter am Himmelsgewölbe sein, die über die Erde hin leuchten. So geschah es. Gott machte die beiden großen Lichter, das größere, das über den Tag herrscht, das kleinere, das über die Nacht herrscht, auch die Sterne. Gott setzte die Lichter an das Himmelsgewölbe, damit sie über die Erde hin leuchten, über Tag und Nacht herrschen und das Licht von der Finsternis scheiden. Gott sah, dass es gut war. Es wurde Abend, und es wurde Morgen: vierter Tag.
Dann sprach Gott: Das Wasser wimmle von lebendigen Wesen, und Vögel sollen über dem Land am Himmelsgewölbe dahinfliegen. Gott schuf alle Arten von großen Seetieren und anderen Lebewesen, von denen das Wasser wimmelt, und alle Arten von gefiederten Vögeln. Gott sah, dass es gut war. Gott segnete sie und sprach: Seid fruchtbar, und vermehrt euch, und bevölkert das Wasser im Meer, und die Vögel sollen sich auf dem Land vermehren.
Es wurde Abend, und es wurde Morgen: fünfter Tag.
Dann sprach Gott: Das Land bringe alle Arten von lebendigen Wesen hervor, von Vieh, von Kriechtieren und von Tieren des Feldes. So geschah es. Gott machte alle Arten von Tieren des Feldes, alle Arten von Vieh und alle Arten von Kriechtieren auf dem Erdboden. Gott sah, dass es gut war.
Dann sprach Gott: Lasst uns Menschen machen als unser Abbild, uns ähnlich. Sie sollen herrschen über die Fische des Meeres, über die Vögel des Himmels, über das Vieh, über die ganze Erde und über alle Kriechtiere auf dem Land. Gott schuf also den Menschen als sein Abbild; als Abbild Gottes schuf er ihn. Als Mann und Frau schuf er sie. Gott segnete sie, und Gott sprach zu ihnen: Seid fruchtbar, und vermehrt euch, bevölkert die Erde, unterwerft sie euch, und herrscht über die Fische des Meeres, über die Vögel des Himmels und über alle Tiere, die sich auf dem Land regen. Dann sprach Gott: Hiermit übergebe ich euch alle Pflanzen auf der ganzen Erde, die Samen tragen, und alle Bäume mit samenhaltigen Früchten.
Euch sollen sie zur Nahrung dienen. Allen Tieren des Feldes, allen Vögeln des Himmels und allem, was sich auf der Erde regt, was Lebensatem in sich hat, gebe ich alle grünen Pflanzen zur Nahrung. So geschah es. Gott sah alles an, was er gemacht hatte: Es war sehr gut. Es wurde Abend, und es wurde Morgen: der sechste Tag.
So wurden Himmel und Erde vollendet und ihr ganzes Gefüge. Am siebten Tag vollendete Gott das Werk, das er geschaffen hatte, und er ruhte am siebten Tag, nachdem er sein ganzes Werk vollbracht hatte. Und Gott segnete den siebten Tag und erklärte ihn für heilig; denn an ihm ruhte Gott, nachdem er das ganze Werk der Schöpfung vollendet hatte.
Das ist die Entstehungsgeschichte von Himmel und Erde, als sie erschaffen wurden.

Arbeitsaufgabe: ✍ ☺ ✋ 💡

❶ Passt das Bild rechts zum obigen Schöpfungsbericht?
❷ Welche wissenschaftlichen Erkenntnisse von heute passen nicht zu Bild und Text?

RELIGION	Name:	Klasse:	Datum:	Nr.

Was sagt die Bibel zur Erschaffung von Mann und Frau?

Zur Zeit, als Gott, der Herr, Erde und Himmel machte, gab es auf der Erde noch keine Feldsträucher und wuchsen noch keine Feldpflanzen; denn Gott, der Herr, hatte es auf die Erde noch nicht regnen lassen, und es gab noch keinen Menschen, der den Ackerboden bestellte; aber Feuchtigkeit stieg aus der Erde auf und tränkte die ganze Fläche des Ackerbodens. Da formte Gott, der Herr, den Menschen aus Erde vom Ackerboden und blies in seine Nase den Lebensatem. So wurde der Mensch zu einem lebendigen Wesen.

Dann legte Gott, der Herr, in Eden, im Osten, einen Garten an und setzte dorthin den Menschen, den er geformt hatte. Gott, der Herr, ließ aus dem Ackerboden allerlei Bäume wachsen, verlockend anzusehen und mit köstlichen Früchten, in der Mitte des Gartens aber den Baum des Lebens und den Baum der Erkenntnis von Gut und Böse.

Gott, der Herr, nahm also den Menschen und setzte ihn in den Garten von Eden, damit er ihn bebaue und hüte. Dann gebot Gott, der Herr, dem Menschen: Von allen Bäumen des Gartens darfst du essen, doch vom Baum der Erkenntnis von Gut und Böse darfst du nicht essen; denn sobald du davon isst, wirst du sterben.

Dann sprach Gott, der Herr: Es ist nicht gut, dass der Mensch allein bleibt. Ich will ihm eine Hilfe machen, die ihm entspricht. Gott, der Herr, formte aus dem Ackerboden alle Tiere des Feldes und alle Vögel des Himmels und führte sie dem Menschen zu, um zu sehen, wie er sie benennen würde. Und wie der Mensch jedes lebendige Wesen benannte, so sollte es heißen. Der Mensch gab Namen allem Vieh, den Vögeln des Himmels und allen Tieren des Feldes. Aber eine Hilfe, die dem Menschen entsprach, fand er nicht.

Da ließ Gott, der Herr, einen tiefen Schlaf auf den Menschen fallen, so dass er einschlief, nahm eine seiner Rippen und verschloss ihre Stelle mit Fleisch. Gott, der Herr, baute aus der Rippe, die er vom Menschen genommen hatte, eine Frau und führte sie dem Menschen zu. Und der Mensch sprach: Das endlich ist Bein von meinem Bein und Fleisch von meinem Fleisch. Frau soll sie heißen; denn vom Mann ist sie genommen.

Darum verlässt der Mann Vater und Mutter und bindet sich an seine Frau, und sie werden ein Fleisch. Beide, Adam und seine Frau, waren nackt, aber sie schämten sich nicht voreinander.

Habt ihr den Text genau gelesen?

❶ Welche Überschrift leitet den Schöpfungstext ein?

❍ Es werde Licht. ❍ Am Anfang war das Wort. ❍ Am Anfang schuf Gott Himmel und Erde.

❷ Wie wird die Erde am Anfang beschrieben?

❍ wüst und wirr ❍ Finsternis lag über der Urflut ❍ allerlei Getier regte sich

❍ Gottes Geist schwebte über dem Wasser

❸ Unterstreicht mit gleicher Farbe, welche Textteile zusammenpassen!

1. Tag: Himmel und Erde entstehen
2. Tag: Das Trockene nennt Gott Land, das Wasser Meer. Es wachsen Pflanzen.
3. Tag: Gott nannte das Licht Tag, die Finsternis Nacht.
4. Tag: Gott macht Lebewesen.
5. Tag: Gott macht Sonne, Mond und Sterne.
6. Tag: Gott ruht, segnet das Werk und heiligt den Tag.
7. Tag: Gott macht den Menschen.

❹ Welcher Satz schließt den Schöpfungsbericht ab?

❍ Gott vollendete voller Zuversicht sein Werk.

❍ Das ist die Entstehungsgeschichte von Himmel und Erde, als sie geschaffen wurden.

❍ Gott wollte die Erde vollenden, aber die Menschen aßen vom verbotenen Baum.

❺ Wie schuf Gott den Menschen?

❍ Gott formte den Menschen aus Fleisch und Blut.

❍ Gott formte den Menschen aus Erde vom Ackerboden und blies in seine Nase den Lebensatem.

❍ Gott formte den Menschen aus den Früchten des Baumes der Erkenntnis.

❻ Wie wird in der Bibel die Erschaffung der Frau "erklärt"?

❍ Gott baute aus der Rippe, die er vom Menschen genommen hatte, eine Frau.

❍ Gott baute aus den erschaffenen Geschöpfen eine Frau.

❼ Warum können und wollen die Schöpfungstexte kein naturwissenschaftlicher Beweis für die Entstehung von Erde und Mensch sein?

❽ Welche Absicht steckt hinter den biblischen Schöpfungsberichten?

❍ Sie deuten Leben und Welt auf Gott hin. ❍ Es gibt etwas Ewiges und Göttliches, das über dem Menschen steht.

❍ Man will den Menschen ein naturwissenschaftliches Erklärungsmodell liefern.

RELIGION	Name:	Klasse:	Datum:	Nr.

Welche Absicht steckt hinter der Schöpfungserzählung?

❶ Welches Weltbild um 1.200 vor Chr. diente als Hintergrund der biblischen Schöpfungserzählung?
❍ ägyptisches Weltbild ❍ babylonisches Weltbild ❍ griechisches Weltbild ❍ römisches Weltbild

❷ Welche Grundaussage hatte dieser Schöpfungsmythos?
❍ Es gibt Gott, der die Menschen und die Welt erschaffen hat.
❍ Es gibt etwas Ewiges und Göttliches, das über dem Menschen steht.
❍ Es gibt etwas Göttliches, das der Mensch erschaffen hat.

❸ Fast 1.000 Jahre vor Christus verfasst der Jahwist (er nennt Gott Jahwe) die zweite Erzählung im Schöpfungsbericht der Bibel. Seine Sprache ist schwer zu verstehen.
Ordnet mit gleicher Farbe die passenden Begriffe!

ADAM =	Vergänglichkeit der Materie
ERDE =	Leben, Lebenskraft
ATEM =	Menschheit, Mitte der Schöpfung
GARTEN =	Idealzustand, Vollendung
PARADIES =	Schöpfung und Welt als Gabe und Aufgabe für die Menschen
TIERE =	Ergänzung und Entsprechung des Menschen
EVA =	Partner des Menschen

❹ Stimmt folgende Aussage? ❍ ja ❍ nein
Der Jahwist verkündet: Der Mensch ist ein Geschöpf Gottes. Mann und Frau sind gleichwertig und Partner in Glück und Leid. Gott sorgt für den Menschen; er ist liebevoll und gut. Gott will das Beste für den Menschen. Der Mensch ist aber von Gott abhängig.

❺ Im Jahr 500 vor Chr. entstand die sog. Priesterschrift. Sie sagt aber etwas völlig Neues und Einmaliges über Gott. *Welche Aussagen stimmen?*
❍ Gott ist der Schöpfer Himmels und der Erde.
❍ Gott ist oberster Richter und verurteilt Gut und Böse.
❍ Gott ist der höchste und mächtigste Gott.
❍ Gott muss andere Götter neben sich dulden.
❍ Neben IHM gibt es keine anderen Götter.

❻ Die Priesterschrift sagt auch Neues zur Entstehung der Welt!
❍ Gestirne und Tiere sind keine Götter, sondern geschaffene Wesen.
❍ Gestirne und Tiere sind keine geschaffenen Wesen, sondern Götter.
❍ Gestirne und Tiere sind Götter und geschaffene Wesen.

❼ Die Priesterschrift schafft ein neues Bild vom Menschen.
Welche Aussagen sind richtig?
❍ Der Mensch ist Herr der Schöpfung.
❍ Der Mensch ist nicht Herr der Schöpfung.
❍ Der Mensch kann für die Schöpfung nicht verantwortlich gemacht werden.
❍ Der Mensch ist für die Schöpfung verantwortlich.
❍ Der Mensch hat sich um die Welt und deren Erhaltung zu kümmern.

❽ Vom verbotenen Baum essen - was heißt das?
❍ Gott will, dass der Mensch sich an IHN erinnert, IHM dankt, IHM vertraut und sich an Weisungen hält.
❍ Der Mensch will nicht gehorchen, will nicht verantwortlich sein und will nicht die Liebe Gottes annehmen.
❍ Der Mensch will Gott vertrauen und IHM danken.

❾ Im folgenden Text hat sich ein folgenschwerer Fehler versteckt. Könnt ihr ihn finden?
Der Mensch ist Gott, seinem Schöpfer, verantwortlich. Durch das Wirken des Guten bleibt der Mensch stets in Versuchung. Der Mensch, der Böses tut, wendet sich gegen Gott und begeht eine Sünde. Das bedeutet: Das Paradies geht dem Menschen verloren.

RELIGION	Name:	Klasse:	Datum:	Nr.

Lösung: Welche Absicht steckt hinter der Schöpfungserzählung?

❶ Welches Weltbild um 1.200 vor Chr. diente als Hintergrund der biblischen Schöpfungserzählung?
❍ ägyptisches Weltbild ● babylonisches Weltbild ❍ griechisches Weltbild ❍ römisches Weltbild

❷ Welche Grundaussage hatte dieser Schöpfungsmythos?
❍ Es gibt Gott, der die Menschen und die Welt erschaffen hat.
● Es gibt etwas Ewiges und Göttliches, das über dem Menschen steht.
❍ Es gibt etwas Göttliches, das der Mensch erschaffen hat.

❸ Fast 1.000 Jahre vor Christus verfasst der Jahwist (er nennt Gott Jahwe) die zweite Erzählung im Schöpfungsbericht der Bibel. Seine Sprache ist schwer zu verstehen.
Ordnet mit gleicher Farbe die passenden Begriffe!

ADAM = **Vergänglichkeit der Materie**
ERDE = Leben, Lebenskraft
ATEM = Menschheit, Mitte der Schöpfung
GARTEN = Idealzustand, Vollendung
PARADIES = Schöpfung und Welt als Gabe und Aufgabe für die Menschen
TIERE = *Ergänzung und Entsprechung des Menschen*
EVA = Partner des Menschen

❹ Stimmt folgende Aussage? ● ja ❍ nein
Der Jahwist verkündet: Der Mensch ist ein Geschöpf Gottes. Mann und Frau sind gleichwertig und Partner in Glück und Leid. Gott sorgt für den Menschen; er ist liebevoll und gut. Gott will das Beste für den Menschen. Der Mensch ist aber von Gott abhängig.

❺ Im Jahr 500 vor Chr. entstand die sog. Priesterschrift. Sie sagt aber etwas völlig Neues und Einmaliges über Gott. ***Welche Aussagen stimmen?***
● Gott ist der Schöpfer Himmels und der Erde.
❍ Gott ist oberster Richter und verurteilt Gut und Böse.
● Gott ist der höchste und mächtigste Gott.
❍ Gott muss andere Götter neben sich dulden.
● Neben IHM gibt es keine anderen Götter.

❻ Die Priesterschrift sagt auch Neues zur Entstehung der Welt!
● Gestirne und Tiere sind keine Götter, sondern geschaffene Wesen.
❍ Gestirne und Tiere sind keine geschaffenen Wesen, sondern Götter.
❍ Gestirne und Tiere sind Götter und geschaffene Wesen.

❼ Die Priesterschrift schafft ein neues Bild vom Menschen.
Welche Aussagen sind richtig?
● Der Mensch ist Herr der Schöpfung.
❍ Der Mensch ist nicht Herr der Schöpfung.
❍ Der Mensch kann für die Schöpfung nicht verantwortlich gemacht werden.
● Der Mensch ist für die Schöpfung verantwortlich.
● Der Mensch hat sich um die Welt und deren Erhaltung zu kümmern.

❽ Vom verbotenen Baum essen - was heißt das?
● Gott will, dass der Mensch sich an IHN erinnert, IHM dankt, IHM vertraut und sich an Weisungen hält.
● Der Mensch will nicht gehorchen, will nicht verantwortlich sein und will nicht die Liebe Gottes annehmen.
❍ Der Mensch will Gott vertrauen und IHM danken.

❾ Im folgenden Text hat sich ein folgenschwerer Fehler versteckt. Könnt ihr ihn finden?
Der Mensch ist Gott, seinem Schöpfer, verantwortlich. Durch das Wirken des ***Bösen*** *bleibt der Mensch stets in Versuchung. Der Mensch, der Böses tut, wendet sich gegen Gott und begeht eine Sünde. Das bedeutet: Das Paradies geht dem Menschen verloren.*

RELIGION	Name:	Klasse:	Datum:	Nr.

Warum zeichnete Lukas Cranach die Schöpfungserzählung so?

Arbeitsaufgabe: ✍ ☺ ✋ 💡

Lucas Cranach (1472-1553), mit Martin Luther und Melanchthon eng befreundet, wurde zum Schöpfer einer "mittelalterlichen" Kunst, die in Holzschnitten viele Szenen aus der Bibel darstellte.

❶ Welches "alte" Weltbild wird in den beiden Kunstwerken deutlich?
❷ Wie stellte sich Lucas Cranach die Erschaffung der Welt vor?
❸ Wie wird Gott als Schöpfer dargestellt?
❹ Was könnte der kreisförmige Bildaufbau bedeuten, um den sich alles Geschaffene reiht?
❺ Warum stellt Lucas Cranach den Schöpfergott in die Mitte der Schöpfung?

❻ Wie stellte Lucas Cranach die Erschaffung der Frau dar?
❼ Welche heutigen Erkenntnisse widersprechen dieser "Auffassung"?

❽ Warum hielt sich Cranach in seinen Bildern inhaltlich streng an die Schöpfungserzählung in der Bibel?
❾ Wie wird heute die Erschaffung der Welt "erklärt"?
❿ Welche wissenschaftlichen Ergebnisse liegen aus der Menschheitsentwicklung vor?

RELIGION	Name:	Klasse:	Datum:	Nr.

Wie sich Menschen die Welt und die Entwicklung des Menschen vorstellten!

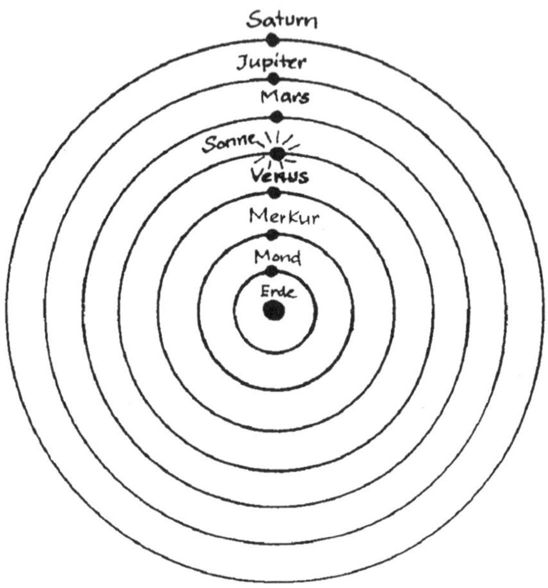

Ptolemäisches Weltbild

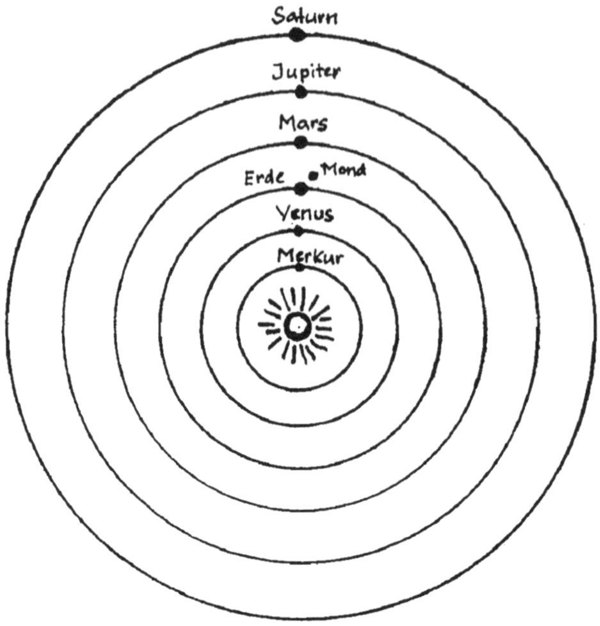

Kopernikanisches Weltbild

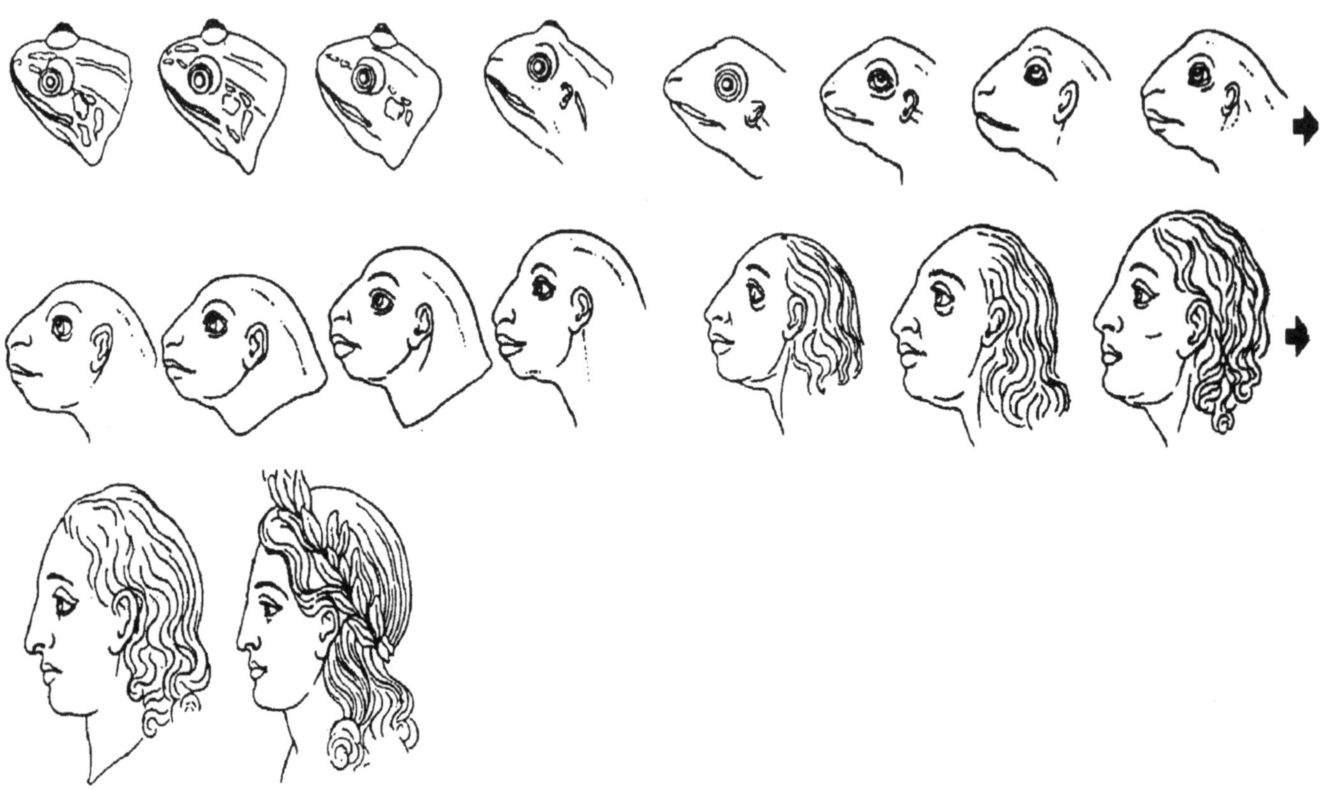

Stufenfolge vom Frosch bis zu Gott Apollo
(nach den Vorstellungen der Menschen aus dem 18. Jahrhundert)

RELIGION	Name:	Klasse:	Datum:	Nr.

Wie deutet die Wissenschaft heute die Entstehung der Welt?

Arbeitsaufgaben:

❶ Wie ist das Weltall entstanden?
❍ Die Expansionstheorie sagt, dass sich die Gestirne auseinander bewegen.
❍ Die Expansionstheorie sagt, dass sich Sternennebel auseinander bewegen.
❍ Die Expansionstheorie sagt, dass die Kontinente auseinander driften.

❷ Wie ist die Erde entstanden?
❍ Die Urknall-Theorie sagt, dass sich die Ur-Materie vor ca. 13 Milliarden Jahren vereinigte und dann explodierte.
❍ Die Urknall-Theorie sagt, dass sich die Ur-Materie vor ca. 13 Milliarden Jahren als Ur-Energie bildete.

❸ Wie ist Leben auf der Erde entstanden?
❍ Die Evolutionstheorie sagt, dass erst der Stickstoff pflanzliche und tierische Einzeller entstehen ließ.
❍ Die Evolutionstheorie sagt, dass erst der Sauerstoff pflanzliche und tierische Einzeller entstehen ließ.
❍ Die Evolutionstheorie sagt, dass erst der Wasserstoff pflanzliche und tierische Einzeller entstehen ließ.

❹ Wie ist der Mensch entstanden?
❍ Die Eigenweg-Theorie sagt, dass der Mensch eindeutig vom Affen abstammt.
❍ Die Eigenweg-Theorie sagt, dass der aufrechte Gang und geistige Fähigkeiten die Menschheitsgeschichte einleiteten.
❍ Die Eigenweg-Theorie sagt, dass der größere Schädelumfang des Menschen die Menschheitsgeschichte einleitete.

❺ *Unterstreicht die Fragen, die die moderne Naturwissenschaft interessieren, blau und die Fragen, die uns Christen interessieren, rot!*
❍ Woraus besteht die Welt?
❍ Wer hat die Welt erschaffen?
❍ Wie "funktioniert" die Welt?
❍ Wer hält die Welt am Leben?
❍ Warum existiert die Welt?

❻ Welche Fragen kann die Naturwissenschaft heute noch nicht beantworten?
❍ Woher kam die Ur-Materie?
❍ Woher kam die Ur-Energie?
❍ Wie entstand Sauerstoff?
❍ Wie verlief der Übergang von anorganischen zu organischen Verbindungen.
❍ Wie entstanden Aminosäuren?
❍ Wie erhielten Zellen einen Zellkern?
❍ Woher nahmen Lebewesen die Fähigkeit, sich zu vermehren und sich der Umwelt anzupassen.

❼ Stimmt folgende Aussage? ❍ ja ❍ nein
Vor zwei Milliarden Jahren veränderte sich die Atmosphäre so, dass die Ozonschicht das ultraviolette Licht der Sonne abhielt. So entstanden erste Zellen, Algen als pflanzliche Einzeller. Langsam konnte sich Leben auf der Erde aufbauen.

❽ Wie unterscheiden sich das ptolemäische Weltbild vom kopernikanischen Weltbild?
❍ Das ptolemäische Weltbild rückte die Erde in den Mittelpunkt der Gestirne.
❍ Das ptolämäische Weltbild rückte die Sonne in den Mittelpunkt der Gestirne.
❍ Das kopernikanische Weltbild rückte den Mond in die Mitte der Gestirne.
❍ Das kopernikanische Weltbild rückte die Sonne in den Mittelpunkt der Gestirne.

RELIGION	Name:	Klasse:	Datum:	Nr.

Lö: Wie deutet die Wissenschaft heute die Entstehung der Welt?

Arbeitsaufgaben:

❶ Wie ist das Weltall entstanden?
❍ Die Expansionstheorie sagt, dass sich die Gestirne auseinander bewegen.
● Die Expansionstheorie sagt, dass sich Sternennebel auseinander bewegen.
❍ Die Expansionstheorie sagt, dass die Kontinente auseinander driften.

❷ Wie ist die Erde entstanden?
● Die Urknall-Theorie sagt, dass sich die Ur-Materie vor ca. 13 Milliarden Jahren vereinigte und dann explodierte.
❍ Die Urknall-Theorie sagt, dass sich die Ur-Materie vor ca. 13 Milliarden Jahren als Ur-Energie bildete.

❸ Wie ist Leben auf der Erde entstanden?
❍ Die Evolutionstheorie sagt, dass erst der Stickstoff pflanzliche und tierische Einzeller entstehen ließ.
● Die Evolutionstheorie sagt, dass erst der Sauerstoff pflanzliche und tierische Einzeller entstehen ließ.
❍ Die Evolutionstheorie sagt, dass erst der Wasserstoff pflanzliche und tierische Einzeller entstehen ließ.

❹ Wie ist der Mensch entstanden?
❍ Die Eigenweg-Theorie sagt, dass der Mensch eindeutig vom Affen abstammt.
● Die Eigenweg-Theorie sagt, dass der aufrechte Gang und geistige Fähigkeiten die Menschheitsgeschichte einleiteten.
❍ Die Eigenweg-Theorie sagt, dass der größere Schädelumfang des Menschen die Menschheitsgeschichte einleitete.

❺ *Unterstreicht die Fragen, die die moderne Naturwissenschaft interessieren, blau und die Fragen, die uns Christen interessieren, rot!*
❍ *Woraus besteht die Welt?*
❍ Wer hat die Welt erschaffen?
❍ *Wie "funktioniert" die Welt?*
❍ Wer hält die Welt am Leben?
❍ Warum existiert die Welt?

❻ Welche Fragen kann die Naturwissenschaft heute noch nicht beantworten?
● Woher kam die Ur-Materie?
● Woher kam die Ur-Energie?
❍ Wie entstand Sauerstoff?
● Wie verlief der Übergang von anorganischen zu organischen Verbindungen.
● Wie entstanden Aminosäuren?
● Wie erhielten Zellen einen Zellkern?
● Woher nahmen Lebewesen die Fähigkeit, sich zu vermehren und sich der Umwelt anzupassen.

❼ Stimmt folgende Aussage? ● ja ❍ nein
Vor zwei Milliarden Jahren veränderte sich die Atmosphäre so, dass die Ozonschicht das ultraviolette Licht der Sonne abhielt. So entstanden erste Zellen, Algen als pflanzliche Einzeller. Langsam konnte sich Leben auf der Erde aufbauen.

❽ Wie unterscheiden sich das ptolemäische Weltbild vom kopernikanischen Weltbild?
● Das ptolemäische Weltbild rückte die Erde in den Mittelpunkt der Gestirne.
❍ Das ptolämäische Weltbild rückte die Sonne in den Mittelpunkt der Gestirne.
❍ Das kopernikanische Weltbild rückte den Mond in die Mitte der Gestirne.
● Das kopernikanische Weltbild rückte die Sonne in den Mittelpunkt der Gestirne.

RELIGION	Name:	Klasse:	Datum:	Nr.

Lob des Schöpfers

Du sendet deinen Geist aus und erneuerst das Antlitz der Erde (Psalm 104)

Lobe den Herrn, meine Seele!
Herr, mein Gott, wie groß bist du!
Du bist mit Hoheit und Pracht bekleidet.
Du hüllst dich in Licht wie in ein Kleid,
du spannst den Himmel aus wie ein Zelt.
Du verankerst die Balken deiner Wohnung im Wasser.
Du nimmst dir die Wolken zum Wagen,
du fährst einher auf den Flügeln des Sturmes.
Du machst dir die Winde zu Boten und lodernde Feuer zu deinen Dienern.
Du hast die Erde auf Pfeiler gegründet;
in alle Ewigkeit wird sie nicht wanken.
Einst hat die Urflut sie bedeckt wie ein Kleid,
die Wasser standen über den Bergen:
Sie wichen vor deinem Drohen zurück,
sie flohen vor der Stimme deines Donners.
Da erhoben sich Berge und senkten sich Täler
an den Ort, den du für sie bestimmt hast.
Du hast den Wassern eine Grenze gesetzt,
die dürfen sie nicht überschreiten;
nie wieder sollen sie die Erde bedecken.
Du lässt die Quellen hervorsprudeln in den Tälern,
sie eilen zwischen den Bergen dahin.
Allen Tieren des Feldes spenden sie Trank,
die Wildesel stillen ihren Durst daraus.
An den Ufern wohnen die Vögel des Himmels,
aus den Zweigen erklingt ihr Gesang.
Du tränkst die Berge aus deinen Kammern,
aus deinen Wolken wird die Erde satt.
Du lässt Gras wachsen für das Vieh,
auch Pflanzen für den Menschen, die er anbaut,
damit er Brot gewinnt von der Erde
und Wein, der das Herz des Menschen erfreut;
damit sein Gesicht von Öl erglänzt
und Brot das Menschenherz stärkt.
Die Bäume des Herrn trinken sich satt,
die Zedern des Libanon, die er gepflanzt hat.
In ihnen bauen die Vögel ihr Nest,
auf den Zypressen nistet der Storch.
Die hohen Berge gehören dem Steinbock,
dem Klippdachs bieten die Felsen Zuflucht.
Du hast den Mond gemacht als Maß für die Zeiten,
die Sonne weiß, wann sie untergeht.
Du sendest Finsternis, und es wird Nacht,
dann regen sich alle Tiere des Waldes.
Die jungen Löwen brüllen nach Beute,
sie verlangen von Gott ihre Nahrung.
Strahlt die Sonne dann auf, so schleichen sie heim
und lagern sich in ihren Verstecken.
Nun geht der Mensch hinaus an sein Tagwerk,
an seine Arbeit bis zum Abend.

RELIGION	Name:	Klasse:	Datum:	Nr.

Herr, wie zahlreich sind deine Werke!
Mit Weisheit hast du sie alle gemacht,
die Erde ist voll von deinen Geschöpfen.
Da ist das Meer, so groß und weit,
darin ein Gewimmel ohne Zahl: kleine und große Tiere.
Dort ziehen die Schiffe dahin,
auch der Leviatan, den du geformt hast, um mit ihm zu spielen.
Sie alle warten auf dich,
dass du ihnen Speise gibst zur rechten Zeit.
Gibst du ihnen, dann sammeln sie ein;
öffnest du deine Hand, werden sie satt an Gutem.
Verbirgst du dein Gesicht, sind sie verstört;
nimmst du ihnen den Atem, so schwinden sie hin
und kehren zurück zum Staub der Erde.
Sendest du deinen Geist aus, so werden sie
alle erschaffen,
und du erneuerst das Antlitz der Erde.
Ewig währe die Herrlichkeit des Herrn;
der Herr freue sich seiner Werke.
Er blickt auf die Erde, und sie erbebt;
er rührt die Berge an, und sie rauchen.
Ich will dem Herrn singen, solange ich lebe,
will meinem Gott spielen, solange ich da bin.
Möge ihm mein Dichten gefallen.
Ich will mich freuen am Herrn.
Doch die Sünder sollen von der Erde verschwinden,
und es sollen keine Frevler mehr da sein.
Lobe den Herrn, meine Seele!
Halleluja!

Lob des Schöpfers

Alle seine Werke sind vortrefflich (Jesus Sirach 42, 15-25)

Nun will ich der Werke Gottes gedenken; was ich gesehen habe, will ich erzählen:
Durch Gottes Wort entstanden seine Werke; seine Lehre ist ein Ausfluss seiner Liebe.
Über allem strahlt die leuchtende Sonne,
die Herrlichkeit des Herrn erfüllt alle seine Werke.
Die Heiligen Gottes vermögen nicht, alle seine Wunder zu erzählen.
Gott gibt seinen Heerscharen Kraft, vor seiner Herrlichkeit zu bestehen.
Meerestiefe und Menschenherz forscht er, er kennt alle ihre Geheimnisse.
Der Höchste hat Kenntnis von allem, bis in die fernste Zeit sieht er das Kommende.
Vergangenheit und Zukunft macht er kund und enthüllt die Rätsel des Verborgenen.
Es fehlt ihm keine Einsicht, kein Ding entgeht ihm.
Seine machtvolle Weisheit hat er fest gegründet, er ist der Einzige von Ewigkeit her.
Nichts ist hinzuzufügen, nichts wegzunehmen, er braucht keinen Lehrmeister.
Alle seine Werke sind vortrefflich,
doch sehen wir nur einen Funken und ein Spiegelbild.
Alles lebt und besteht für immer, für jeden Gebrauch ist alles bereit.
Jedes Ding ist vom andern verschieden, keines von ihnen hat er vergeblich gemacht.
Eines ergänzt durch seinen Wert das andere.
Wer kann sich satt sehen an ihrer Pracht?

❶ Welche Sinn-Bilder für das Leben findet ihr in den beiden Texten?
❷ Wofür wird Gott angebetet und gepriesen?
❸ Worüber staunen wir Menschen, wenn wir Gottes Werke betrachten?
❹ Warum können wir Menschen den Geist Gottes nur erahnen?

RELIGION	Name:	Klasse:	Datum:	Nr.

Der Mensch krank an Gemüt und Seele

Dr. Herbert Stiller, ein Facharzt für Neurologie, Psychiatrie und Psychotherapie hat unter obigem Titel einen Artikel über Tierversuche veröffentlicht.

Lest zuerst und beantwortet dann unten stehende Fragen!

Im Laufe der Jahrhunderte sind der Wissenschaft unzählige Irrtümer unterlaufen, doch der blinde Glaube an die Errungenschaften moderner Forschungsmethoden bleibt hartnäckig erhalten. Es hat den Anschein, als habe der Gott der Religion dem Gott der Wissenschaft weichen müssen. Die Wissenschaft verteidigt leidenschaftlich ihre Freiheit in Forschung und Lehre. Diese Freiheit wird sich nie vertragen mit den Grenzen, die die Ethik dem Menschen auferlegt. Erinnern wir uns, dass zum Beispiel Albert Schweitzer in eindringlicher Weise die »Ehrfurchtvor dem Leben« gefordert hat. Wo diese belächelt und als überholt betrachtet wird, ist der Legalisierung des Tötens der Weg bereitet. Von Natur aus hat der Mensch eine Tötungshemmung. Die Gewöhnung an das Töten tötet nicht nur die Liebe zu allem Lebendigen, sondern auch das Bewusstsein der Verantwortlichkeit.

Der letzte Krieg veranschaulicht in unleugbarer Weise, zu welchen grausamsten Taten der Mensch fähig ist, wenn er seine Tötungshemmung überwunden hat. Das Mitgefühl, das sich spontanerweise regt beim Menschen angesichts von Schmerzen und Ängsten eines Mitgeschöpfes, kann umschlagen in Zerstörungslust und Sadismus in allen Variationen. Der Fantasie des Menschen sind bekanntlich keine Grenzen gesetzt.

Ein zeitgenössischer Philosoph vertritt eine These, die in beklemmender Weise der Realität entspricht: "Wo die Liebe fehlt, ist nicht einfach nichts - wo wir das Loch vermuten, keimt der Sadismus."

Der Sadismus des heutigen Menschen tritt nicht nur offen zu Tage in der Tier- und Menschenquälerei. Er verhüllt sich zum Teil hinter verfeinerten und von Wissenschaft und Regierung sanktionierten und legalisierten Techniken. Denken wir zum Beispiel nur an die Erfindung neuer Waffen und deren zunehmend schrecklicheren Wirkungssteigerungen. Sie entspringt menschlichen Gehirnen, die sich andauernd mit Zerstörungsmöglichkeiten beschäftigen müssen. Wo beseeltes Leben dem angeblichen Fortschritt geopfert wird, ist das Ende von Zerstörung und Krieg nicht abzusehen. Wo die Gedanken andauernd mit einem realen oder irrealen möglichen Gegner beschäftigt sind, bleibt kein Raum für den Frieden und die mit ihm allein verbundenen Möglichkeiten der Entfaltung und Verwirklichung tragender mitmenschlicher und mitgeschöpflicher Beziehungen.

Der äußere Friede kann nur dort entstehen, wo der innere Friede in jedem einzelnen Menschen bereits Wirklichkeit geworden ist. Der Verlust des inneren Friedens und die Gefährdung unseres Lebens in seiner Ganzheit sind der Preis für die gewissenlose Ausbeutung der Tiere.

Selbst wenn Tierversuche sich dem Menschen als nützlich und hilfreich erwiesen, müssten sie aus ethischen Gründen dennoch abgelehnt werden.

Ich beklage die menschliche Passivität und das Abschieben von Verantwortung auf Politiker und Wissenschaftler. Einer der größten Trugschlüsse besteht darin, dass der heutige Mensch glaubt, niemandem mehr Rechenschaft schuldig zu sein und nicht mehr zur Verantwortung gezogen werden zu können. Der Mensch strebt nach Macht und schirmt sich mit ihrer Hilfe ab vor Kritik und Angriffen jener, die nicht bereit sind, sich unterzuordnen. Wir brauchen nur die aktuellen Wahlkämpfe zu verfolgen, um unverblümt die Wahrheit darüber zu erfahren, wie die großen politischen Parteien mit ihrer Verantwortung im Namen ihrer Wähler umgehen.

Um zu den Tierversuchen zurückzukommen: Die Politiker werden erst dann etwas Wirksames gegen die Tierversuche unternehmen, wenn sie unter dem Druck des Bürgers befürchten müssen, nicht mehr gewählt zu werden.

Es ist mir ein Anliegen, nochmals auf die Passivität aufmerksam zu machen, die tödliche Folgen für Mensch und Tier und für alles von Leben Erfüllte auf dieser Erde haben kann.

Möge jeder einzelne Mensch in seiner unnachahmbaren Individualität aus der Passivität erwachen und sich der persönlichen Verantwortung für die vom Menschen ausgebeutete Tierwelt von neuem bewusst zu werden. Wo Millionen von einzelnen Menschen sich vereint einsetzen für ein Verbot der Tierversuche, wird sich der Gesetzgeber dem Wissen des verantwortungsbewussten Einzelnen beugen müssen. *Quelle: Bund gegen den Missbrauch der Tiere*

Habt ihr den Text genau gelesen?

❶ Sollte die Freiheit in Forschung und Lehre von Ethik und Religion eingeschränkt werden?
❷ Welche Probleme hat der Mensch im Umgang mit seinen Mitgeschöpfen?
❸ Auf welchen Satz Albert Schweitzers bezieht sich der Artikelschreiber?
❹ Warum verhalten sich viele Menschen gegenüber den Tierversuchen "passiv"?
❺ Welche politischen Konsequenzen fordert der Artikelschreiber?
❻ Wie seht ihr das Problem der Tierversuche?
❼ Sind Tierversuche generell abzulehnen?
❽ Warum müssen wir Menschen uns einsetzen für die Verbundenheit allen Lebens?

RELIGION	Name:	Klasse:	Datum:	Nr.

Der Beagle

Die Autorin des folgenden Artikels, Lislott Pfaff, arbeitet als Übersetzerin in der pharmazeutischen Industrie und schreibt u. a. Verlaufsprotokolle zu Tierversuchen. Sie ist inzwischen zu einer glühenden Kämpferin gegen die Vivisektion geworden und hat Einblick in die schreckliche Realität der Tierversuche:

Er lag in einem dunklen Gebäude auf dem Steinboden, braunweiß gefleckt, schicksalsergeben, mit samtbraunen Augen. Sie hatten ihm keinen Namen gegeben. Er war einfach ein Beagle. Einer der Tausende von Beagles, die Jahr für Jahr in diesem halbzerfallenen Schettbau in transportabler Nähe der berühmten Chemiestadt aufgezogen wurden. Als lebendes Versuchsmaterial für die pharmazeutische Forschung und Industrie. So lag er also in seinem kleinen Holzkäfig, reglos und ungerührt. Er wusste, was er seiner Abstammung schuldig war. Obwohl die Zeit lange zurücklag, da seine Vorfahren während der Jagdsaison vor den galoppierenden Pferden her durch die sanfte englische Hügellandschaft geprescht waren, dämmerte in seinem Hundehirn immer noch eine Ahnung von solchen freiheitlichen Freuden. Deshalb blieb er stolz liegen, wenn sich der Tierwärter näherte, und jaulte nicht wie seine dicht neben ihm liegenden Gefährten, wenn der Wärter aus Wut oder aus Unachtsamkeit beim Reinigen des Bodens den Wasserstrahl aus dem Schlauch auf die Tierkäfige richtete. Er wusste, was er seiner aristokratischen Abstammung schuldig war.

Er verhielt sich anfänglich auch noch ruhig, als er, aus der Narkose erwachend, allein in einer Boxe lag. Nur seine schmale Schnauze steckte er schnüffelnd durch das Gitter, das ihn erneut von der Außenwelt trennte. Denn diese Welt roch so ungewohnt, so fremd, so erschreckend, dass die Angst kalt durch seinen Körper kroch und er langsam die Rute mit dem weißen Spitz zwischen die Hinterbeine einzog. Er witterte einen ganz neuen, einen furchterregenden Geruch: den Geruch nach Krankheit und Tod. Sein Hundeinstinkt sagte ihm, dass es ein feindlicher Geruch war, und seine Angst vor dem Unbekannten wurde immer größer, obwohl er nicht wusste, dass dieser Geruch aus Desinfektionsmitteln und Medikamenten, aus Spritzen und Operationen stammte, dass es der Geruch eines Tierversuchslabors war. Als die Wirkung der Narkose allmählich nachließ, begann ihn noch etwas anderes zu beunruhigen - ein Schmerz: Ein Schmerz, der immer stärker in seiner Brust bohrte, mochte er dort mit der Zunge übers Fell fahren, so viel er wollte. Der Schmerz blieb, tief innen. Der namenlose Beagle stand auf, ging unruhig die zwei Schritte, die ihm der Käfig erlaubte, hin und her, dann legte er sich wieder hin, schleckte, winselte ...

Auch das konnte er nicht wissen, dass ihm während einer Narkose eine aufblasbare Gummimanschette um ein Herzkranzgefäß sowie Elektroden in den Herzmuskel eingepflanzt worden waren. Er wusste es nicht, der namenlose Beagle, nur den Schmerz spürte er.

Und eines Tages kam der Mann im weißen Mantel. Auch sein Geruch war nicht gut. Er blickte gleichgültig in den Käfig, und vor diesem Blick zog sich der Beagle, soweit er konnte, in eine Ecke zurück. Dann wechselte der Mann ein paar Worte mit dem Tierpfleger, worauf dieser die Käfigtür öffnete und den Hund am Nackenfell herauszog. Das Tier wehrte sich nicht, knurrte nicht einmal. Es hatte bereits gelernt, dass es machtlos war. Bald darauf lag der namenlose Beagle im sauber getäfelten Versuchslabor auf einen Operationstisch geschnallt. Er konnte sich nicht mehr rühren, verfolgte mit hilfesuchenden Blicken jede Bewegung des weiß bekittelten Mannes und der ebenso weiß angezogenen Frau, die neben ihm stand.

"Geben Sie ihm die Valiuminjektion", ordnete der Kreislaufforscher an. Die Laborantin stach routiniert, dann holte sie einen Katheter im Materialkasten. Geschickt führte sie ihn in die Oberschenkelarterie des Hundes ein. Es war alles bewährte Routine. Der Beagle zuckte zusammen, jaulte kurz auf, dann war er wieder still. Die Laborantin blickte unbeteiligt auf ihn hinab, während der Forscher das Pumpgerät an den Schlauch in der Brust und die EKG-Apparatur an die Elektrodendrähte anschloss.

Fünf Minuten später lag der Beagle mit zuckenden Hinterbeinen keuchend und zitternd auf dem Tisch, die Zunge schlaff zwischen den Zähnen heraushängend, die Todesangst in den Augen. Er versuchte, den Kopf zur Laborantin hinzuwenden, war aber zu schwach dazu. Die aufgeblasene Manschette hatte seine Arterie zusammengepresst und das hervorgerufen, was man beim Menschen als „Herzinfarkt“ bezeichnet. Immer krampfhafter rang er nach Luft, röchelte - denn winseln konnte er nicht mehr. "Manschette entlüften", befahl der Forscher nach fünf Minuten. Die Laborantin ließ die Luft aus dem Schlauch entweichen, während der Forscher den Katheter herauszog und die EKG-Anschlüsse entfernte. "Eine Stunde liegenlassen. Sagen Sie Müller, er solle den nächsten Hund bringen." Die Laborantin hob das immer noch schwer atmende Tier mit beiden Armen hoch, legte es auf einen Tisch im Hintergrund des Labors und schnallte es wieder fest. Schlaff wie ein geflecktes Tuch lag der Beagle da, versuchte nicht einmal mehr den Kopf zu heben. Wozu auch? Niemand würde ihm helfen... Die Beklemmung in der Brust ließ etwas nach - aber schon zuckte der Hund wieder zusammen. Er hatte das Winseln gehört, bald darauf ein Keuchen, Röcheln . . . Der nächste Versuch war im Gang ...

Arbeitsaufgabe: ✍ ☺ ✋ ♁

❶ Stellt das Für und Wider von Tierversuchen zusammen! Diskutiert die einzelnen Standpunkte!

❷ Stehen die Tierversuche mit Albert Schweitzers Forderung nach "Ehrfurcht vor dem Leben" in Einklang?

Den eigenen Weg suchen - was dem Leben Halt und Richtung gibt

❶ Unser Lebensumfeld - Gesellschaft im Wandel

Auseinandersetzung mit Fragen einer sich immer schneller verändernden Welt
Zurechtkommen mit veränderten Lebensauffassungen und Lebensverhältnissen
Erkennen, dass Technik und Naturwissenschaft bei immer mehr Menschen religiöse Ersatzformen werden

● Orientierung finden in einer rastlosen Welt?	AB, Texte
● "Auto unser, das du bist!"	AB, Texte
● Wissenschaft und Glaube - sind sie unter einen Hut zu bringen?	AB, Text, Fragen
● Ist die Naturwissenschaft "letzte Instanz"?	AB, Text
● Arbeitslosigkeit - ein Problem, das unseren Weg in die Zukunft behindert	AB, Texte

Klassen-Ausstellung: Probleme unserer Zeit
Plakat 1: Wissenschaftsgläubigkeit Plakat 2: Sehnsucht nach Neuheit Plakat 3: Jugendlichkeit
Plakat 4: Spezialistum ist gefragt! Plakat 5: die Welt ist unübersichtlich geworden
Plakat 6: "Aus-steigen" - "Verdrossenheit" - "Gleich-gültigkeit" Plakat 7: "anything goes"

❷ Orientierung finden - was Menschen dauerhaft Halt gibt

Kennen lernen von Personen, die in ihrer Aufopferung für den Mitmenschen oder für ihre Religion sogar ihr Leben geben
Aufmerksam werden, wie sich Menschen von Gott angesprochen fühlen und dies auch ganz unterschiedlich in ihrem Leben zum Ausdruck bringen
Kennen lernen von Motiven, wovon sich Menschen leiten lassen (Werte und Haltungen wie Freiheit, Verantwortung, Menschenrechte, Tugenden, Religiosität, Einsatz für andere)
das Gewissen als Instanz erkennen

● Sich von Gott leiten lassen - Pater Maximilian Kolbe	AB, Text, Bild
● Edith Stein - ein Leben im Zeichen des Kreuzes	AB, Text, Fragen
● Sein Flammentod erschütterte die Gläubigen - Oskar Brüsewitz	AB, Text, Fragen
● Ist das auch unser Problem?	AB, Texte

Diskussion über folgende Themen:
Warum setzen sich Menschen für andere ein? Ist dazu der Glaube an Gott ein entscheidender Impuls?

❸ Frauen und Männer der Bibel - Mut zu unangepasstem Leben

Sich mit biblischen Gestalten beschäftigen
Am Beispiel Marias und der Propheten ermutigt werden, sich immer wieder für Gott und die Menschen zu öffnen und zu engagieren

● Wie reagiert Maria, als Gott etwas von ihr will?	AB, Fragen, Bild
● Maria hört den An-spruch Gottes und vertraut ihm	AB, Text
● Wie würdest du dich entscheiden?	AB, Fragen
● Propheten erfahren und bezeugen den An-spruch Gottes	AB, Fragen

Hinweis:
Ergänzende Unterrichtsmaterialien aus dem pb-Verlag Puchheim zu diesen Lernzielen finden Sie in:
Katholische Religion 7, Auf der Suche zu sich selbst
Seite 107: Damian de Veuster - ein Vorbild?
Seite 111: Warum starb Pater Ezechiele Ramin?
Ethik (Band 1) In sozialer Verantwortung leben und lernen
Seite 96 ff: Wie kann Gott so viel Leid zulassen?
Warum arbeitet Schwester Andrea in den Slums von Kalkutta?
Ethik (Band 2) Nach ethischen Maßstäben entscheiden und handeln
Seite 51 ff: Sich an Normen und Maßstäben orientieren
Seite 55: Die Zehn Gebote des Volkes Israel
Seite 59 ff: Ein schlechtes Gewissen haben
Wie können wir uns das Gewissen vorstellen?
Seite 69 ff: Werte - Normen - Achtung der Menschenwürde

RELIGION	Name:	Klasse:	Datum:	Nr.

Was dem Leben Halt und Richtung gibt!

Erklärt das Bild unten und erzählt dazu eigene Erfahrungen!

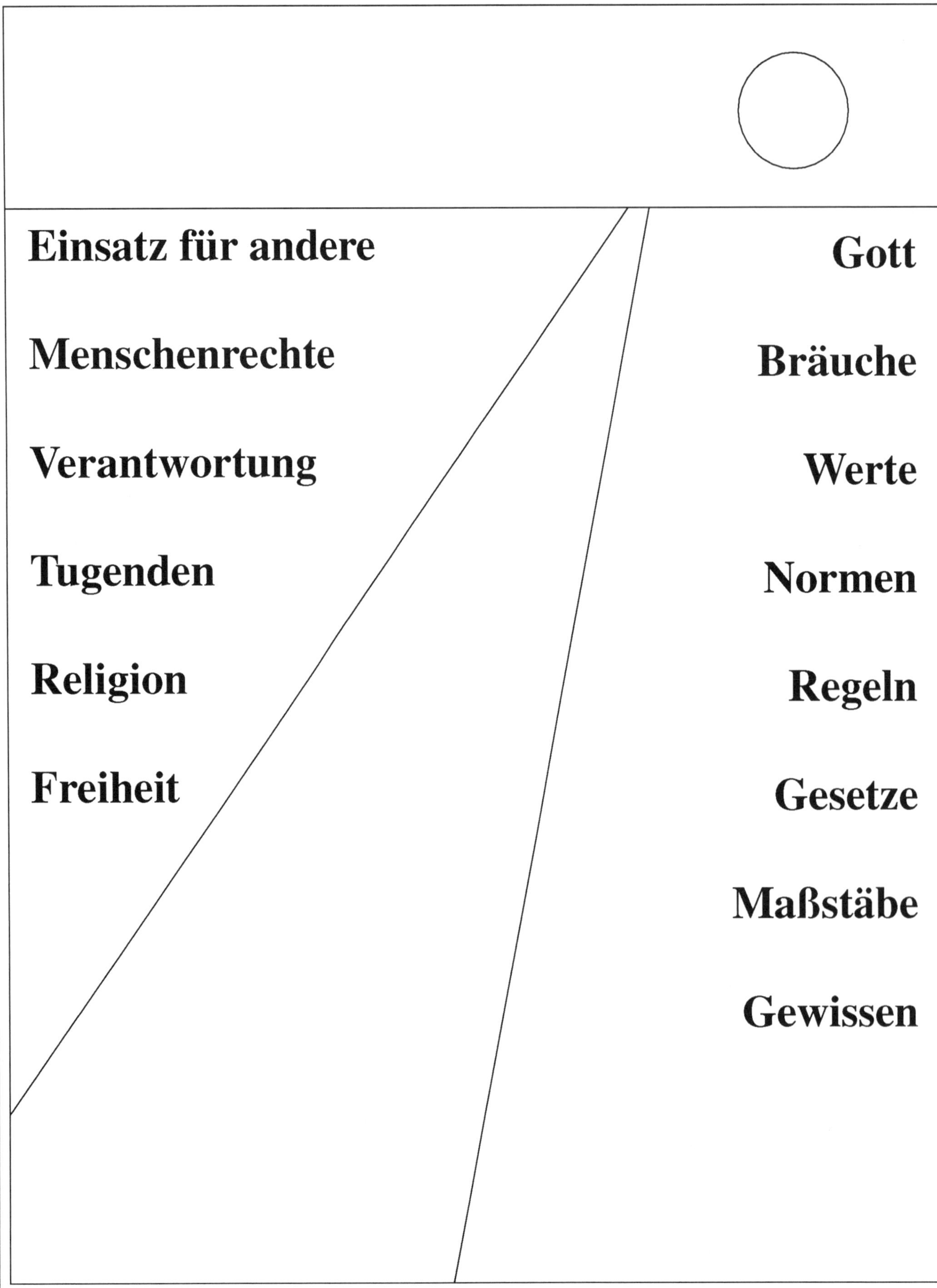

RELIGION	Name:	Klasse:	Datum:	Nr.

Orientierung finden in einer rastlosen Welt?

Kreuzt an, was die Menschen sagen:

❶ *"Die moderne Wissenschaft kann alles erforschen.*
Ich glaube das, was man wissenschaftlich beweisen kann."
❍ So denken viele Leute
❍ So denken wenige Leute
❍ So denkt niemand

❷ *"Ich glaube, dass man mit der modernen Technik alles machen kann.*
Im Fernsehen kann man das oft sehen."
❍ So denken viele Leute
❍ So denken wenige Leute
❍ So denkt niemand

❸ *"Ich brauche keinen Glauben an Gott mit Geboten und Verboten.*
Ich glaube, dass ein moderner Menseh selbst entscheiden kann, was gut für ihn ist."
❍ So denken viele Leute
❍ So denken wenige Leute
❍ So denkt niemand

❹ *"Ich brauche einen Glauben an Gott, ohne Gott ist für mich alles sinnlos."*
❍ So denken viele Leute
❍ So denken wenige Leute
❍ So denkt niemand

Lothar Zenetti hat folgendes Gedicht geschrieben:

ICH GLAUBE NUR
was ich sehe
was wissenschaftlich ...
was der Fernseher sagt
was man halt so glaubt und so

ICH MACHE NUR
was ich will
was halt alle machen
was man als moderner Mensch ...
was eben schick ist
wo ich was von habe und so
Das sagen alle
Das höre ich täglich

DIE FRAGE IST NUR:
Was MACHE ich?
Was GLAUBE ich?
Was SAGE ich?
Was hören die anderen von mir???

Wie denkt ihr über die beiden Gedichte?

GLAUBEN heißt: nichts wissen

Ich glaube, morgen wird es regnen.
Ich glaube gar nichts.
Ich glaube, da habe ich etwas falsch gemacht.
Ich glaube dir.
Ich glaube meinem Vater.
Ich glaube, am Montag kommt meine Tante.

Heißt GLAUBEN
sich verlassen können???

Könnt ihr folgender Aussage zustimmen? ❍ ja ❍ nein

Viele Leute sagen: Die Wissenschaft kann heute alles. Die moderne Technik macht alles. Dem Menschen ist alles erlaubt. Man braucht keinen Gott und keinen Glauben. Für viele Menschen scheint heute alles begreifbar und machbar. Oft ist ihre Wissenschaftsgläubigkeit zu einer religiösen Ersatzform geworden.

Zum Nachdenken!

Ein weiser Mann trifft seine eigenen Entscheidungen; ein unwissender Mensch folgt der öffentlichen Meinung.

aus China

RELIGION	Name:	Klasse:	Datum:	Nr.

"Auto unser, das du bist!"

Der Wiener Maler und Liedermacher Aric Brauer hat einem Gott unserer modernen Zeit dieses Lied gewidmet:

Unser neuer Gott hat Räder, der neue Gott hat Blech, der neue Gott hat Blech.
Sein Geruch ist unverkennbar, die Stimme so frech,
sein Geruch ist unverkennbar, die Stimme ist so frech.
Fliegt nicht lebendig im Himmel herum,
ist nicht einmal aus Gold,
er wurde viel zu teuer gekauft
und viel zu hoch verzollt.
Auto unser, das du bist
Auto unser, das du bist.

Platz da, alte Häuserzeile, Lindenallee rück weg, du Lindenallee rück weg.
Unser Gott ist immer in Eile, und er fährt nicht gern um's Eck.
Unser Gott ist immer in Eile, und er fährt nicht gern um's Eck.
Wer Luft verstinkt und Sauerstoff trinkt,
solange der Vorrat hält
und schleppt uns dann noch kreuz und quer
durch die von ihm verstunkene Welt.
Auto unser, das du bist
Auto unser, das du bist.

Kommt ein schönes Wochenende, dann wird er richtig froh, dann wird er richtig froh.
Er donnert gegen die Wände und brennt so lichterloh,
er donnert gegen die Wände und brennt so lichterloh.
Den Hang hinab, die Kurve war knapp,
wer will ihm das verwehr'n,
den Fluss hinein, die Brücke war klein.
Ja, den Sonntag hat er gern.

Auto unser, das du bist
Auto unser, das du bist

auf der LP: Aric Brauer, "Alles was Flügel hat fliegt!"

Exodus 32, 1-6:
Als das Volk sah, dass Mose noch immer nicht vom Berg herabkam, versammelte es sich um Aaron und sagte zu ihm: Komm, mach uns Götter, die vor uns herziehen. Denn dieser Mose, der Mann, der uns aus Ägypten heraufgebracht hat - wir wissen nicht, was mit ihm geschehen ist. Aaron antwortete: Nehmt euren Frauen, Söhnen und Töchtern die goldenen Ringe ab, die sie an den Ohren tragen, und bringt sie her! Da nahm das ganze Volk die goldenen Ohrringe ab und brachte sie zu Aaron. Er nahm sie von ihnen entgegen, zeichnete mit einem Griffel eine Skizze und goss danach ein Kalb. Da sagten sie: Das sind deine Götter, Israel, die dich aus Ägypten heraufgeführt haben. Als Aaron das sah, baute er vor dem Kalb einen Altar und rief aus: Morgen ist ein Fest zur Ehre des Herrn. Am folgenden Morgen standen sie zeitig auf, brachten Brandopfer dar und führten Tiere für das Heilsopfer herbei. Das Volk setzte sich zum Essen und Trinken und stand auf, um sich zu vergnügen.

Arbeitsaufgaben: ✍ ☺ ✋ 💡

❶ Was will Aric Brauer mit seinem Lied sagen? Auf welches bekannte Gebet deutet der Titel hin?
❷ Warum passt der Text Exodus 32, 1-6 zum Lied "Auto unser"?
❸ Welche anderen modernen Götter und Götzen "verehren" heute die Menschen?
❹ Warum ist es heute so schwierig, in der Vielzahl der Meinungen einen eigenen Weg zu finden?
❺ Kann Gott und der Glaube unserem Leben Halt und Richtung geben?
❻ Warum ist es in einer schnelllebigen Zeit besonders schwierig, wirkliche Werte zu erkennen?
❼ Woran sollten sich heute junge Menschen halten?
❽ Wer ist ein echtes Vorbild, an das man sich als junger Mensch halten kann? Und warum?

RELIGION	Name:	Klasse:	Datum:	Nr.

Wissenschaft und Glaube - sind sie unter einen Hut zu bringen?

Der Frage: "Lassen sich Naturwissenschaft und Religion vereinbaren?" geht Dominik Groß in der Steyler Jugendzeitschrift "17" (3/1986) nach:

Wenn das Verhältnis von Glauben und Naturwissenschaft angesprochen wird, denkt manch einer zunächst an Konflikt und Kontroverse. Sieht man einmal vorerst von historischen Auseinandersetzungen in den vergangenen Jahrhunderten ab (Galileo Galilei), so bleibt dennoch zu sagen, dass auf der Theologie die Diskrepanz von universalem Geltungsanspruch einerseits und begrenzter gesellschaftlicher Anerkennung andererseits lastet. Damit erscheint ihr gegenüber das naturwissenschaftliche Denken als eine besonders attraktive und irritierende Konkurrenz.

Müssen wir deshalb der Naturwissenschaft den Vorzug geben?

Der Vorzug der Wissenschaft gegenüber dem Glauben besteht nach Ansicht vieler auch in ihrer Beschränkung auf hypothetisches Denken. Diesem Tatbestand entspricht in vielem der faktische Verlauf der Wissenschaftsgeschichte: Ihr Fortgang ist geprägt durch die Ablösung überholter Erklärungen durch neue Erkenntnisstrukturen. Der hypothetische Charakter wird dabei prinzipiell nie aufgegeben. Die Wissenschaft als Ganzes hat in ihrem Verfahren den Verdacht institutionalisiert, der immer wieder auf Prüfung drängt und die Ergebnisse nie als endgültig nimmt.

Die Religion kann es sich hingegen aus verständlichen Gründen nicht erlauben, an wesentlichen Glaubenssätzen zu zweifeln oder ihnen hypothetischen Charakter einzuräumen. Andererseits jedoch lässt sich der religiöse Glaube auch nicht rein empirisch begründen.

Religion sieht sich somit leicht dem Verdacht ausgesetzt, sie entspringe dem Bedürtnis des Menschen über seine Grenzen hinaus die Welt zu begreifen, und dem Unvermögen, die belastenden Ungewissheiten zu ertragen. Sigmund Freud stellte beispielsweise dem „Realitätsprinzip", das er am stärksten in der Wissenschaft berücksichtigt sah, das „Lustprinzip" gegenüber, dem seiner Ansicht nach der Gläubige infantil verhaftet bleibt, da er in erster Linie seinen Wünschen folgt und sich ihnen entsprechend eine umfassende Ordnung konstruiert.

Arbeitsaufgaben: ✍ ☺ ✋ ♡

❶ Welche grundlegenden Unterschiede haben Naturwissenschaft und Religion?
❷ Warum "glauben" heute mehr Menschen der Naturwissenschaft als der Religion?
❸ Lassen sich eurer Meinung nach Wissenschaft und Religion vereinbaren?
❹ Stehen Beweise der Naturwissenschaft dem Glauben im Wege?
❺ Können Glauben und Wissenschaft nicht nebeneinander stehen?

Eine derartige Klassifizierung stößt jedoch nicht allein bei Theologen auf heftigen Widerstand. Es darf unterstellt werden, dass unsere Welt nicht in ihrer Gesamtheit nach rein wissenschaftlichem Muster begriffen und bewältigt werden kann. Deshalb hat man es leicht, nachzuweisen, dass menschliche Erfahrung weit über Empirie (Erfahrungswissen) hinausgeht. Ein plausibles Beispiel hierfür liefert uns der deutsche Naturwissenschaftler und Philosoph Carl Friedrich von Weizsäcker. An einem Kalkspatkristall zeigt er auf, dass die wissenschaftliche Methode nur einen Teil der Wirklichkeit ausmacht. Er beschreibt sämtliche physikalischen Eigenschaften des Kalkspats, um schließlich doch freimütig einzugestehen: „Als ich den Kristall aus seinem Schubfach holte, dachte ich zuerst an keine der aufgezählten Eigenschaften, sondern an . . . seine persönliche Beziehung zu mir. Ein Lehrer, den ich gern hatte, hat ihn mir von einer Islandreise mitgebracht. Diese Gefühlswerte enthält das physikalische Weltbild nicht. Indem die Naturwissenschaft also nur nach allen zugänglichen Phänomenen fragt, lässt sie vieles unbeantwortet. Eben diese Situation erlaubt - nicht nur nach Ansicht Weizsäckers - ein Nebeneinander von Religion und Wissenschaft.

Arbeitsaufgaben: ✍ ☺ ✋ ♡

❻ Welche Phänomene kann die Wissenschaft allein nicht "erklären"?
❼ Welches Beispiel nennt der Philosoph Carl Friedrich Weizsäcker, das zeigt, dass menschliche Erfahrung weit über das naturwissenschaftliche Erfahrungswissen hinausgeht.
❽ Nennt selbst eigene Erlebnisse und Erfahrungen, die mit naturwissenschaftlichen Mathoden nur unzureichend "erklärbar" sind!
❾ Lassen sich Liebe, Menschlichkeit, Trauer, Freude, Hilfsbereitschaft, Freundschaft, Wahrhaftigkeit und/ oder Vertrauen "naturwissenschaftlich" messen und erklären?

RELIGION	Name:	Klasse:	Datum:	Nr.

Eine ähnliche Meinung vertrat Papst Johannes Paul II. 1980 bei seiner Ansprache im Kölner Dom, als er sagte: „Es besteht kein Anlass, unsere technisch-wissenschaftliche Kultur als gegensätzlich zur Schöpfungswelt Gottes zu sehen.“ In der gleichen Rede sieht er an anderer Stelle einen direkten Zusammenhang von Glaube und Vernunft: „Zwischen einer Vernunft, welche durch ihre gottgegebene Natur auf Wahrheit angelegt und zur Erkenntnis der Wahrheit befähigt ist, und dem Glauben, der sich der gleichen göttlichen Quelle verdankt, kann es keinen grundsätzlichen Konflikt geben. Der Glaube bestätigt gerade das Eigenrecht der Vernunft. Er setzt es voraus; denn seine Annahme setzt jene Freiheit voraus, die nur dem Vernunftwesen zu eigen ist. Damit zeigt sich zugleich, dass Glaube und Wissenschaft verschiedenen Erkenntnisordnungen zugehören, die nicht ineinander überführbar sind.“

Gleichzeitig bedauert die Kirche jedoch nach den Worten des Papstes die Belastungen im beiderseitigen Verhältnis durch „jene berühmten Konflikte, die aus dem Eingriff kirchlicher Instanzen in den Prozess wissenschaftlichen Erkenntnisfortschritts entstanden sind“. Er bezieht sich dabei auf das 2. Vatikanische Konzil (Gaudium et spes).

In der Tat ist das heutige Verhältnis von Religion und Wissenschaft insbesondere durch historische Kontroversen geprägt worden. Die Geschichte ihrer beiderseitigen Beziehung ist seit dem Beginn der Neuzeit fast ständig eine historia calamitatum gewesen (eine Kette von Niederlagen), was nach Ansicht von Kurienkardinal Joseph Ratzinger darauf zurückzuführen ist, dass „die Theologie die Grenze ihrer Aussagemöglichkeiten nicht einzusehen vermochte und nicht von dem Versuch lassen konnte, vom Glauben her Tatsachen zu fordern oder zu verbieten“.

Die Kirche hat Karl Rahner zufolge lange versucht, an einem Fixismus der Arten der Lebewesen unter Berufung auf den Schöpfungsbericht festzuhalten. Sie hat lange Zeit die Herkunft des Menschen aus dem Tierreich hinsichtlich seiner biologischen Existenz bekämpft, das heliozentrische System des Kopernikus verworfen. Es gilt als unbestritten, dass gerade die übereilte und zuweilen dogmatische Ablehnung wissenschaftlicher Theorien seitens der Kirche zu Krisensituationen im Verhältnis von Glaube und Wissenschaft führte und darüber hinaus die Kirche selbst in eine „Krise der Glaubwürdigkeit“ versetzte, wie es Joseph Ratzinger bezeichnet. Vorfälle wie beispielsweise die Inquisition Galileo Galileis sieht die heutige Kirche als Irrtümer an. In der„Pastoralkonstitution über die Kirche in der Welt von heute“ werden Geisteshaltungen bedauert, die „einst auch unter Christen wegen eines unzulänglichen Verständnisses für die legitime Autonomie der Wissenschaft vorkamen“. In den letzten Jahrzehnten zeigt sich die Kirche überdies bemüht, die Evolutionslehre in die ererbte Schöpfungslehre zu integrieren .

Eine Annahme der Evolutionstheorie soll nach heutiger Sicht der Theologie niemanden daran hindern, sich als Kind Gottes zu fühlen. Dabei wird darauf verwiesen, dass die entscheidenden Glaubenstexte nie einfach Sachverhalte wiedergeben, sondern uns Modelle zur Verfügung stellen, wonach wir unsere Realität begreifen können (so dass etwa der Schöpfungsbericht auch dann seine Geltung behält, wenn wir wissen, dass er uns nicht von einer faktischen Ursprungsgeschichte erzählt).

Daneben wird im 2. Vatikanum ausdrücklich die Autonomie und Freiheit der Wissenschaften anerkannt, nicht ohne jedoch die Unterschiedlichkeit der Erkenntnisordnungen von Glaube und Vernunft auszusprechen.

Papst Johannes Paul II. hat in seiner Ansprache an Wissenschaftler und Studenten im Kölner Dom 1980 wiederholt betont, dass die Kirche darauf abzielt, die geschichtliche Belastung im Verhältnis von Glaube und Naturwissenschaft überwinden zu helfen.

Arbeitsaufgaben:

❶ Warum besteht nach Ansicht Papst Johannes Paul II. keinen grundsätzlichen Konflikt zwischen Glaube und Vernunft?
❷ Nennt ein geschichtliches Beispiel der Verwerfung eines naturwissenschaftlichen Beweises!
❸ Wie sollte aus heutiger Sicht der biblische Schöpfungsbericht gesehen und bewertet werden?
❹ Kann man als gläubiger Christ der Evolutionstheorie zustimmen?
❺ Worum bemühte sich das II. Vatikanische Konzil?

RELIGION	Name:	Klasse:	Datum:	Nr.

Ist die Naturwissenschaft "letzte Instanz"?

Es wäre jedoch sicher falsch zu behaupten, das Verhältnis von Glaube und Wissenschaft habe nur Grenzüberschreitungen von seiten der Religion kennen gelernt. Im Siegestaumel, in den die Flut naturwissenschaftlicher Erkenntnisse seit der Aufklärung manchen Forscher versetzte, machten nicht wenige die Naturwissenschaft selbst zur letzten Instanz für Weltanschauung und Glaube. Es entwickelte sich der sogenannte „Szientismus“, der von der Theologie von Anfang an als Bedrohung empfunden werden musste, weil er die Wissenschaft zur herrschenden Religion erhebt.
Nach marxistisch-leninistischer Wertanschauung, die sich selbst als Wissenschaft begreift, ist Religion folgendermaßen definierbar: "Die Religion ist erkenntnismäßig verursacht durch die gedankliche Überschreitung jener Erkenntnisschranken, die die jeweiligen Produktions- und Lebensbedingungen dem objektiven Erfassen der tatsächlichen Zusammenhänge der Natur und besonders der Gesellschaft entgegensetzen, und zwar durch die von Emotionen in Aktion gesetzte Phantasie“ (entnommen dem marx.-leninistischen Wörterbuch der Philosophie). Es bleibt jedoch festzustellen, dass diese Definition keineswegs allgemeine Gültigkeit im Rahmen der Naturwissenschaft besitzt.
Nicht selten war in den letzten Jahrzehnten von einem wissenschaftlichen Weltbild die Rede, dem Wissenschaftsgläubige zutrauten, als „Religionsersatz“ die transzendenten Bindesysteme abzulösen. Aber während die einen dem Wissenschaftsglauben das Wort redeten und die Erfordernis der Religion in Abrede stellten, sprachen und sprechen andere von einer „Legitimitätskrise“ der Wissenschaft. Zwar darf es als unbestritten gelten, dass Medizin und Hygiene Milliarden von Menschen gerettet haben. Doch der „Beitrag“ der Wissenschaften sind auch Raketen, Atombomben und ökologische Probleme. Die Verfremdung der Wissenschaft nimmt für den Einzelnen in dem Maße zu, in dem ihre Transparenz durch Spezialisierung und eine für die Außenstehenden unverständliche Terminologie, die als Sprachbarriere wirkt, abnimmt. Auch spricht man von der inhumanen Komponente einer Technokratie, in der die Maschine sich zu verselbständigen droht und dem Menschen die Gesetze von Produktion und Fortschritt aufzwingt.
Die voreilige Erwartung, im reinen Wissenschaftsglauben eine Lösung aller Probleme und eine Antwort auf alle Fragen zu erhalten, kann angesichts solcher neuer Schwierigkeiten nicht als erfüllt ausgewiesen werden. In dieser Situation fühlt sich die Religion gefordert, was den gegenwärtigen Papst zu der Aussage veranlasste: „Inzwischen hat sich gezeigt, dass der zivilisatorische Fortschritt nicht immer die Lebensumstände verbessert. Es gibt unbeabsichtigte und unvorhergesehene Folgen, die gefährlich und verderblich werden können.“
Im weiteren spricht er einem partnerschaftlichen Dialog das Wort. Die Aufgabe der Religion sieht er in der Beantwortung der Sinnfrage. Auch im 2. Vatikanum (Gaudium et spes) wird die Ansicht geäußert, dass sich Religion und Wissenschaft nicht ausschließen: „Vorausgesetzt, dass die methodische Forschung in allen Wissensbereichen ... gemäß den Normen der Sittlichkeit vorgeht, wird sie niemals in einen echten Konflikt mit dem Glauben kommen, weil die Wirklichkeiten des profanen Bereichs und die des Glaubens in demselben Gott ihren Ursprung haben.“
Etwas zurückhaltender spricht Professor Dr. Heinz Maier-Leibniz in seiner Begrüßungsrede an den jetzigen Papst zum 700. Todestag von Albert dem Großen von einer „friedlichen Koexistenz von Wissenschaft und Kirche mit Achtung der Grenzen“.
Noch versöhnlicher ist eine Aussage des deutschen Physikers Max Planck zu diesem Thema: „Die Naturwissenschaftler braucht der Mensch zum Erkennen, die Religion aber zum Handeln. Religion und Wissenschaft - sie ergänzen und bedingen einander.“ Außerdem verweist er auf einen geschichtlichen Aspekt, der das Verhältnis von Glaube und Wissenschaft von einem weiteren Blickpunkt aus beleuchtet: „Wohl den unmittelbaren Beweis für ihre Verträglichkeit bildet die historische Tatsache, dass gerade die größten Naturforscher aller Zeiten, Männer wie Kepler, Newton, Leibniz, von dieser Religiosität durchdrungen waren. Zu Anfang unserer Kulturepoche waren die Pfleger der Naturwissenschaft und die Hüter der Religion sogar durch Personalunion verbunden. Die älteste angewandte Naturwissenschaft, die Medizin, lag in den Händen der Priester, und die wissenschaftliche Forschungsarbeit wurde noch im Mittelalter hauptsächlich in den Mönchzellen betrieben.“
Selbstverständlich sollte nicht verschwiegen werden, dass es schon aus Gründen eines natürlichen Pluralismus eine grobe Vereinfachung wäre, allen heutigen Wissenschaftlern eine einheitliche Sicht in Bezug auf ihr Verhältnis zur Religion zu unterstellen. Dennoch haben die Argumente für ein Nebeneinander von Theologie und Wissenschaft breiten Raum gewonnen. Auch ist man sich weithin darüber einig, dass weder die Wissenschaft als Ersatzreligion dienen kann, respektive der Glaube die Wissenschaft entbehrlich macht. In diesem Zusammenhang und abschließend sei Carl Friedrich von Weizsäcker zitiert, der folgenden Ausblick gibt: „Ich glaube, wir müssen jetzt ohne Zweideutigkeit sagen: wenn der Szientismus seine Hoffnung darauf setzt, die Wissenschaft werde aus ihrem eigenen Wesen heraus die nötige Leitung in den Angelegenheiten der Menschen geben, so ist er eine falsche Religion. Geht ein Glaube so weit, so ist er Aberglaube; die Rolle des Priesters steht dem Wissenschaftler nicht an, und die guten Wissenschaftler wissen das; das Verhaltensschema der Wissenschaft braucht den Hintergrund einer Ethik, die uns die Wissenschaft selbst nicht zu geben vermocht hat.“

RELIGION	Name:	Klasse:	Datum:	Nr.

Arbeitslosigkeit - ein Problem, das unseren Weg in die Zukunft behindert

Hier findet ihr eine ganze Reihe verschiedener Ansichten über Arbeit und Beruf:

❶ Welche Meinung kommt eurer eigenen am nächsten?
❷ Wie denkt ihr selbst über Arbeit und Beruf?

Eva:
Wenn ich Mädchen in meinem Alter als Hilfsarbeiterin am Band stehen sehe, dann tun sie mir immer leid. Sie sind eine stumpfsinnige Arbeit eingegangen, um Geld zu verdienen, um überhaupt etwas zu tun. Das Nichtstun zu Hause würde sie kaputt machen. So haben sie wenigstens etwas Selbstbestätigung, noch gebraucht zu werden.

Marietta:
Dass es heute für viele Jugendliche wirklich nur noch darum geht, irgend eine Arbeit zu kriegen, damit sie überhaupt arbeiten können, überhaupt ihren Lebensunterhalt verdienen können, ist erschreckend, wenn ich bedenke, wie viel Zeit eben mit dieser Arbeit verbracht wird. Ich habe noch einige Jahre, bis ich vor dieser Entscheidung stehe, und doch habe ich mich schon entschieden. Diese Entscheidung ist für mich so wichtig, dass ich glaube, nie etwas absolut anderes machen zu können. Der Beruf muss eine Lebensaufgabe sein, denn er ist ein großer Bestandteil des Lebens, er sollte nicht nur zum Geld verdienen sein. Die Frage liegt also nicht nur darin: Kriege ich einen Arbeitsplatz, eine Lehrstelle? - sondern: Was tue ich, womit werde ich nun die Zeit verbringen? Da gibt es eine solche Vielzahl von Möglichkeiten, und wenn ich darüber nachdenke, wird mir klar, dass ich vieles gerne machen würde. Und dann kommt da auf einmal etwas, das mich daran hindert. Es ist niemand anders, keiner würde mir die Möglichkeit nehmen, gerade diesen Beruf zu ergreifen, einen dieser Berufe, die mir Spaß machen würden. Nur ich selbst werde mich daran hindern, irgend etwas in mir, das sagt: „Halt! Du hast eine andere Aufgabe, dies würde dir Freude bereiten, doch es ist nicht deine Lebensaufgabe.“ All die Menschen, die nicht die Möglichkeit haben, zu leben, weil sie am Verhungern sind oder seelisch keinen Halt haben, sie haben mich nötig, viel nötiger als eine Zeitung, wo ich als Journalistin arbeiten könnte, weil es mir vielleicht Freude bereiten würde. Diese Menschen brauchen mich, gerade mich. Das ist meine Lebensaufgabe, und ich habe Glück, dass es gerade das ist. Denn da wird mich nichts dran hindern können. Ich könnte, glaube ich, in keinem Beruf Erfüllung finden, solange ich das wüsste: dass mich Menschen brauchen. Darum kann ich mir nicht sagen: Hauptsache, irgend einen Beruf - weil der Beruf für mich eine Lebensaufgabe ist, eine Berufung zu etwas. Ich glaube, so geht es vielen, auch wenn jeder eine andere Aufgabe sieht, die er zu erfüllen hat. Arbeit bedeutet nicht in erster Linie Geld verdienen, sondern arbeiten, was Sinn bringt - ob in das eigene Leben oder in das der anderen, ist dabei verschieden. Dass heute so viele Menschen am Fließband stehen müssen oder sonst etwas tun, was ihnen nichts außer Geld bringt, weil sie es gezwungenermaßen tun, nur um leben zu können durch dieses Geld ist vielleicht mit schuld an vielen Problemen der „Gesellschaft“, mit anderen Worten der Menschen.

Andreas:
Ich habe vor meiner Berufswahl lange überlegt, ob ich jede Arbeit annehmen soll, um der Arbeit willen, um des Geldes willen - oder wirklich nur die Arbeit annehmen, die mich persönlich weiterbringt, die mir Spaß macht und bei der ich meiner Umwelt und mir gerecht werden kann oder zumindest versuchen möchte, gerecht zu werden. Letzteres trifft zu: Ich wehre mich dagegen, eine Arbeit anzunehmen, bei der ich letztendlich unzufrieden, unglücklich werde.

Thomas:
Wenn ich an die Zukunft denke, sehe ich schwarz. Ich suche nach einer Erfüllung, einem Sinn, einer sinnvollen Arbeit, der ich mich ganz hingeben kann - einem Beruf. Ich will mein Bestes geben, doch alles, was für mich in Frage kommt, ist nicht durchführbar - man braucht mich nicht. Ich muss jedoch arbeiten, um mich am Leben zu halten. Aber: Hauptsache, 'nen Job? Ich bin ratlos.

Carlo:
Wie viele junge Leute müssen heute wieder einen Beruf auswählen. Beruf: eine schöne Arbeit suchen. Beruf: der einem Freude macht. Beruf: um Geld zu verdienen. Beruf: die notwendigen Diplome zu haben. Warum wird nicht auf die Fähigkeiten und Interessen eines Menschen geschaut? Beruf: eine Arbeitsstelle finden. - Die Arbeitslosigkeit wächst von Jahr zu Jahr. Hoffentlich kann ich meinen Traumberuf ausüben. Hoffentlich bekomme ich eine Arbeitsstelle.

RELIGION	Name:	Klasse:	Datum:	Nr.

Sich von Gott leiten lassen

Über das Wirken und Sterben des Pater Maximilian Kolb berichtet dieses Drama:

1. Akt:

Pater Maximilian Kolbe, Franziskanerpater, ist am 17. Februar 1941 zum zweitenmal von der Gestapo verhaftet worden. Grund: Er hat als Verleger und Journalist in der von ihm gegründeten „Stadt der Immaculata" - Niepokalanow - die deutsche Besatzungsmacht kritisiert. Die Deutschen machten ihm das Angebot Deutscher zu werden. Pater Kolbe lehnte ab. Er wollte seine polnische Nationalität „nicht verraten". Pater Kolbe ist seit seinem 27. Lebensjahr krank: Lungentuberkulose. Am 28. Mai 1941 wird er in das KZ Auschwitz verlegt und erhält die Nr. 16670. In Block 14 liegt auch der Unteroffizier Franz Gajowniczek.

2. Akt:

Während der Erntearbeiten ist ein Häftling aus der Baracke 14 geflohen. 10 Gefangene werden als Geiseln ausgesucht. Sie sollen sterben. Unter ihnen: Franz Gajowniczek. Er fleht um sein Leben. Pater Maximilian tritt vor: „Ich bin katholischer Priester und möchte seine Stelle einnehmen, weil er Frau und Kinder hat". Mit 9 Mitgefangenen wird Pater Maximilian in die Todeszelle getrieben. Sie werden - ohne Wasser und Brot - langsam verhungern.

3. Akt:

14. August 1941. Pater Kolbe ist der letzte Überlebende. Ein SS-Mann spritzt ihm totbringendes Gift in den linken Arm. Sein Leichnam wird verbrannt, und die Asche in alle Winde verstreut. Ein Augenzeuge: "So starb der Held von Auschwitz. Er hatte sein Leben für einen Familienvater geopfert. Ich sah ihn - ruhig, gelassen und mit einem verklärten Gesicht - betend bis zum letzten Augenblick".

Hendrik van Bergh/St. Ottilien

Das Handeln Pater Maximilian Kolbes ist bestimmt durch sein Gewissen und seinen Glauben. Der Mitmensch, für den er sogar sein Leben opfert, wird zum Maß aller Dinge. Sein Leben und sein Sterben ermahnen uns in zwei Punkten:

❍ Wir tragen Verantwortung gegenüber der Schöpfung.
❍ Wir tragen Verantwortung für andere und vor Gott.
❍ Das Gewissen fordert unseren Einsatz für ein menschliches und soziales Wirken in der Welt.
❍ Das Gewissen fodert, eigene Vorteile im Leben auszuschöpfen.

RELIGION	Name:	Klasse:	Datum:	Nr.

Edith Stein - ein Leben im Zeichen des Kreuzes

Im Mai 1987 besuchte Papst Johannes Paul II. zum zweiten Mal die Bundesrepublik Deutschland. Als einer der Gründe wurde seine Absicht genannt, in Köln die von den Nationalsozialisten in Auschwitz ermordete Ordensfrau Edith Stein seligzusprechen.

Bis zum 2. August 1942 hatten Schwester Benedicta a Cruce, mit bürgerlichem Namen Edith Stein, und ihre leibliche Schwester Rosa gehofft, der Gestapo entgehen zu können. Es war schon alles klar für die Abreise in die Schweiz. Dort sollten die Verfolgten eine neue Heimat im Karmel Le Paquier, im Kanton Fribourg finden. Doch es kam anders. Der Weg der beiden führte nicht in die Schweizer Zuflucht, sondern in die Gaskammern von Auschwitz.

Wer war diese Frau, die sich in ihrer Jugend als Atheistin bezeichnete, aber später konsequent den Weg des Kreuzes ging: über Speyer, Münster, Köln und das niederländische Echt zum Martyrium in Auschwitz?

Edith Stein wurde am 12. Oktober 1891 als Tochter streng gläubiger Juden geboren. Die Steins hatten elf Kinder, Edith, das jüngste, war erst zwei Jahre alt, als der Vater starb. Mutter Auguste Stein war eine kluge und tüchtige Frau, die das Holzgeschäft nicht nur schuldenfrei machte, sondern sogar vergrößerte. Um die Jahrhundertwende konnte Auguste Stein mit ihrer Kinderschar ein geräumiges Haus beziehen, das sie betont nach jüdischer Kultur und Tradition ausstattete.

Wie damals viele intellektuelle junge Juden verlor auch Edith Stein ihren Glauben. Schon als Vierzehnjährige bekannte sie sich als Atheistin. Im Jahr 1911 machte sie in Breslau das Abitur - unter 15 Schülerinnen waren neun Jüdinnen. Kurz darauf besuchte sie - als einziges junges Mädchen - die Vorlesungen im philosophischen Seminar der Universität Breslau. Sie wurde eine begeisterte Schülerin des wie sie aus dem Judentum kommenden Phänomenologen Edmund Husserl, dem sie folgte, als er einen Ruf nach Freiburg annahm.

1913 ging Edith Stein an die Universität Göttingen. Dort hatte sie erste Berührungspunkte mit dem christlichen Glauben. Einen großen Einfluss auf sie übte auch der Münchner Phänomenologe Max Scheler aus, der in Göttingen Abendvorträge über religiöse Fragen hielt, so auch über das Wesen der Heiligen.

Der Erste Weltkrieg leerte die Hörsäle. Edith Stein fühlte sich verpflichtet, sich als Rote-Kreuz-Helferin zu melden. In Mährisch-Weißkirchen pflegte sie mit der ihr eigenen Hingabe die Verwundeten und Kranken in der Seuchenabteilung. Im Herbst 1916 zog es sie wieder nach Freiburg, um ihre Doktorarbeit zu vollenden.

Im Jahre 1917 hatte Edith Stein eine sie stark beeindruckende Begegnung: Anna Reinach, - die mit ihrem Mann zum christlichen Glauben gefunden hatte, ertrug den Schmerz über den Tod ihres Mannes als Teilnahme am Kreuz Christi. Kurz vor dem eigenen Tod schrieb Edith Stein: "Es war dies meine erste Begegnung mit dem Kreuz und der göttlichen Kraft, die es seinen Trägern mitteilt."

Während der Herbstferien 1921 fiel bei Edith Stein die endgültige Entscheidung, den christlichen Glauben anzunehmen und in die katholische Kirche einzutreten. Sie war schon oft bei ihrer Freundin Hedwig ("Hatti") Conrad-Martius im pfälzischen Bergrabern. Sie wühlte in der Bibliothek des Hauses, griff nach den Aufzeichnungen von Te-resa von Avila. Am Neujahrstag 1922 wurde Edith Stein in der katholischen Kirche von Bergzabern getauft. Am Lichtmesstag 1922 erteilte ihr Bischof Ludwig Sebastian in seiner Speyerer Hauskapelle das Sakrament der Firmung.

Auf der Suche nach einem katholischen Lebensgrund wurde Edith Stein Lehrerin für Deutsch und Geschichte am Lehrerinnenseminar und für die Abschlussklasse des Mädchenlyzeums in Speyer. Wichtig für Edith Stein war: Sie konnte am Leben einer klösterliche Gemeinschaft der Dominikanerinnen von St. Magdalena teilnehmen. Während der neun Jahre ihrer Speyerer Lehrtätigkeit lebte sie bescheiden und zurückgezogen im dritten Stock des Pfortenhauses.

Im Jahre 1932 folgte Edith Stein einem Ruf nach Münster an das Deutsche Institut für wissenschaftliche Pädagogik. Im Collegium Marianum schlug sie ihr Domizil auf, bald umworben für Vortragsveranstaltungen in vielen Städten. Doch schon ein Jahr später, nach der Machtergreifung Hitlers, musste sie ihre Lehrtätigkeit aufgeben. Edith Stein ahnte das Schlimme voraus und beschwor ihre Umgebung, in den letzten freien Wahlen nicht für Hitler zu stimmen: "Er ist ein Feind Gottes und wird Deutschland mit sich ins Verderben ziehen." Die endgültige Entscheidung, in den Karmel einzutreten, fiel in Münster.

Edith Stein war 42 Jahre alt, als sie am Festtag von Teresa von Avila (15. Oktober 1933) im Karmel von Köln-Lindenthal um Aufnahme bat. Das Ordenskleid empfing sie am 15. April 1934. Erzabt Raphael Walzer von Bauron hielt den Gottesdienst. Vier Jahre später, im Pogromjahr 1938, als die Juden in Deutschland vollends geächtet wurden, legte Edith Stein als Schwester Benedicta vom Kreuz ihre Ewigen Gelübde ab. Um die Schwestern im Karmel nicht zu gefährden oder einen Vorwand für die Auflösung des Klosters zu geben ("hier werden Juden verborgen"), gingen Edith Stein und ihre Schwester Rosa in der Neujahrsnacht 1938/39 über die holländische Grenze in den Karmel Echt, etwa hundert Kilometer von Köln entfernt. Dort schrieb sie "Kreuzeswissenschaft", "Wege der Gotteserkenntnis" und das unvollendet gebliebene Werk "Nachfolge des Kreuzes". Edith Stein selbst ist als Gefangene Nummer 44 0 74 in Auschwitz diesen Kreuzweg zu Ende gegangen.

Ferdinand Schlickel

RELIGION	**Name:**	**Klasse:**	**Datum:**	**Nr.**

Edith Stein - ein Leben im Zeichen des Kreuzes

Habt ihr den Text genau gelesen?

❶ *Tragt die Gedenkstellen im Leben der Edith Stein in die Tabelle unten ein!*

12. Oktober 1891: ____________________

1893: ____________________

1905: ____________________

1911: ____________________

1913: ____________________

1914: ____________________

____

1914/1918: ____________________

1916: ____________________

1917: ____________________

1921: ____________________

1922: ____________________

ab 1923: ____________________

1932: ____________________

1934: ____________________

1938: ____________________

1942: ____________________

❷ *Versucht, euch in folgende Lebenssituationen der Edith Stein hineinzudenken:*

- Anna Reinach findet im Kreuzestod Jesu Christi Linderung des Schmerzes über den Tod des eigenen Mannes.
- Edith Stein begründet ihren Entschluss,

a) Lehrerin zu werden

b) in den Karmel einzutreten.

- Edith Stein verlässt mit ihrer Schwester den Karmel und flieht nach Echt.

❸ *Edith Stein durchlief während ihres kurzen Lebens folgende Stationen:*

sie wird im jüdischen Glauben erzogen -
dann wird sie Atheistin -
die erste Berührung mit dem Christentum -
Taufe und Firmung -
ihr Eintritt ins Kloster -
Verfolgung durch die Nazis -
Hinrichtung im KZ Auschwitz

Um welche Gewissensentscheidungen musste Edith Stein jeweils ringen? Notiert auf Block!

❹ *Könnt ihr folgender Aussage zustimmen?* ❍ ja ❍ nein

Im Leben der Ordensfrau Edith Stein finden wir viele Situationen, in denen entscheidende Gewissensfragen beantwortet werden mussten. Das Gewissen und der Glaube forderten im Leben der Edith Stein radikale Veränderungen.

RELIGION	Name:	Klasse:	Datum:	Nr.

Lösung: Edith Stein - ein Leben im Zeichen des Kreuzes

Habt ihr den Text genau gelesen?

❶ ***Tragt die Gedenkstellen im Leben der Edith Stein in die Tabelle unten ein!***

12. Oktober 1891: *Geburt als Tochter streng gläubiger Juden*
1893: *Tod des Vaters*
1905: *Abitur in Breslau*
1911: *Gibt den jüdischen Glauben auf, wird Atheistin*
1913: *Studium an der Universität Göttingen, vorher in Freiburg bei Prof. Husserl*
1914: *Erste Berührung mit dem christlichen Glauben (Max Scheler)*
1914/1918: *Rot-Kreuz-Helferin in einer Seuchenabteilung*
1916: *Fertigstellung der Doktorarbeit*
1917: *Begegnung mit der Katholikin Anna Reinach*
1921: *Eintritt in die katholische Kirche*
1922: *Taufe und Firmung*
ab 1923: *Lehrerin für Deutsch und Geschichte*
1932: *Am Dt. Institut für wissenschaftl. Pädagogik tätig*
1934: *Eintritt ins Kloster*
1938: *Flucht nach Holland*
1942: *Tod im KZ Auschwitz*

❷ ***Versucht, euch in folgende Lebenssituationen der Edith Stein hineinzudenken:***

- Anna Reinach findet im Kreuzestod Jesu Christi Linderung des Schmerzes über den Tod des eigenen Mannes.
- Edith Stein begründet ihren Entschluss,
a) Lehrerin zu werden
b) in den Karmel einzutreten.
- Edith Stein verlässt mit ihrer Schwester den Karmel und flieht nach Echt.

❸ ***Edith Stein durchlief während ihres kurzen Lebens folgende Stationen:***

sie wird im jüdischen Glauben erzogen -
dann wird sie Atheistin -
die erste Berührung mit dem Christentum -
Taufe und Firmung -
ihr Eintritt ins Kloster -
Verfolgung durch die Nazis -
Hinrichtung im KZ Auschwitz

Um welche Gewissensentscheidungen musste Edith Stein jeweils ringen? Notiert auf Block!

❹ ***Könnt ihr folgender Aussage zustimmen?*** ● ja ❍ nein

Im Leben der Ordensfrau Edith Stein finden wir viele Situationen, in denen entscheidende Gewissensfragen beantwortet werden mussten. Das Gewissen und der Glaube forderten im Leben der Edith Stein radikale Veränderungen.

RELIGION	Name:	Klasse:	Datum:	Nr.

Sein Flammentod erschütterte die Gläubigen

1976 machte ein evangelischer Priester aus der ehemaligen DDR "Schlagzeilen":

Der Pfarrer fuhr mit seinem Wagen auf den Marktplatz der Kreisstadt Zeitz. Der im Talar gekleidete Geistliche stieg aus. Er stellte gut lesbare Plakate auf. Der Inhalt prägte sich den Zuschauern jedoch nicht ein, da sie alle über den kritisch formulierten Texten zu Tode erschrocken waren. Nach dem Aufstellen der Plakate übergoss sich der Pfarrer mit Benzin und zündete sich an. Wie eine Fackel brennend lief er auf das Haus der Kirchenleitung - der Superintenturzu.

Ein Kraftfahrer stürzte sich mit seiner weit ausgebreiteten Jacke auf den brennenden Geistlichen und riss ihn zu Boden, um die Flammen zu ersticken. Im gleichen Moment kamen Polizisten. Sie liefen sofort auf die Plakate zu und verstauten diese in ihrem Fahrzeug. Erst dann löschten sie das Feuer und sorgten für einen Abtransport des Selbstmörders in ein Krankenhaus.

Vier Tage später, am 22. August 1976, erlag der evangelische Pfarrer Oskar Brüsewitz, dessen Pfarrstelle Droßdorf-Rippicha im DDR-Bezirk Halle zwischen Zeitz und Gera an der Fernstraße 2 lag, seinen schweren Verbrennungen in dem Krankenhaus Halle-Dölau in der Ex-DDR.

Der tragische Flammentod des Oskar Brüsewitz war ein Fanal, das die Gläubigen und ihre Kirche in Ost und West erschütterte. Brüsewitz schrieb in seinem Abschiedsbrief an den Pfarrkonvent: „Obwohl der scheinbare tiefe Friede zukunftsversprechend ist, tobt zwischen Licht und Finsternis ein mächtiger Krieg. Wahrheit und Lüge stehen nebeneinander.“'

Die atheistische Erziehung der Jugend durch den kommunistischen Staat belastete ihn immer stärker. Die zunehmenden Konflikte mit den staatlichen Behörden, bei denen sich Brüsewitz nur unzulänglich von seiner Kirche unterstützt fühlte, waren wohl die entscheidenden Motive für das Flammenfanal von Zeitz am 18. August 1976. "Verderbt diese Jugend nicht!" stand auf einem der Plakate, die der Pfarrer vorher aufgestellt hatte. Die vielen Jugendlichen aus allen Teilen der DDR, die nach dem Tod von Brüseewitz nach Rippicha kamen, um Kränze an seinem Grab niederzulegen, gaben Zeugnis vom Wirken Oskar Brüsewitz für die Jugend.

In dem „Wort an die Gemeinden“ der Magdeburger Kirchenleitung vom August 1976 heißt es: „Wir wissen, dass Bruder Brüsewitz sich in seinem Dienst als Zeuge Gottes verstand. Selbst mit seiner Selbstverbrennung wollte er auf Gott als den Herrn über unserer Welt hinweisen. Er war getrieben von der Sorge, dass unsere Kirche in ihrem Zeugnis so unentschlossen sei."

Mit Erschütterung nahmen die Freunde von Pfarrer Brüsewitz auf, wie im Zentralorgan der Sozialistischen Einheitspartei Deutschlands (SED) "Neues Deutschland" voller Menschenverachtung und unter Verdrehung der Tatsachen über den Selbstmord und das Leben des unbequemen Christen berichtet wurde. Am 31. August 1976 schrieb das „Neue Deutschland“: „Was Brüsewitz tat, war ein Zeichen der Abwendung von einer gesunden und sich gesund entwickelnden Gesellschaft, von den Menschen und ihren Meinungen, von der Menschlichkeit, von den Werten des Lebens. Darum auch ist seine "Zeugenschaft", wie sie von den Massenmedien der BRD jetzt zynisch hochgespielt wird, untauglich. In unserer Gesellschaft kann jeder nach seiner Fasson selig werden. Als Wichtigstes gilt, dass jeder für sich, dass alle zusammen für die Gemeinschaft, die sozialistische Gesellschaft täglich neue Fortschritte schaffen. Diese Fortschritte sind, da sie dem Wohle aller dienen, zutiefst humanistisch. Sie fallen beschmutzend auf jene zurück, die sie aufpeitschen.“

Auf die wütenden Verleumdungen der DDR-Behörden, die den gefährlichen Pfarrer auch als geisteskrank abstempeln wollten, antwortete Probst Friedrich-Wilhelm Bäumer in seiner Predigt bei der Beerdigung Brüsewitz schlicht und deutlich: "Wir distanzieren uns von unserem Bruder Brüsewitz nicht."

Habt ihr den Text genau gelesen?

❶ Was schrieb Pfarrer Brüsewitz auf eines der Plakate?
❷ Welches politische System herrschte bis 1989 in der ehemaligen DDR?
❸ Worauf wollte Oskar Brüsewitz mit seinem Freitod hinweisen?
❹ Welche Kritik übte Büsewitz an den vorgesetzten Kirchenbehörden?
❺ Unterstreicht jene Abschiedsworte im Text, die zeigen, dass Pfarrer Brüsewitz Gewissensnöte hatte!
❻ Wie reagierte das damalige West-Deutschland auf den Freitod des Priesters?
❼ Wie kommentierte die damalige DDR den Freitod?
❽ Könnt ihr folgender Aussage zustimmen? ❍ ja ❍ nein

Oskar Brüsewitz wollte mit seinem Selbstmord auf die Verzweiflung vieler Christen in der ehemaligen DDR hinweisen. Sein Vorwurf war: Die Kirche ist in ihrem Zeugnis für Gott zu unentschlossen. Sein Flammentod sollte als letzte Konsequenz darauf hinweisen, dass das Gewissen die höchste Instanz bei einer persönlichen Entscheidung ist.

RELIGION	Name:	Klasse:	Datum:	Nr.

Ist das auch unser Problem?

Unten findet ihr einige Meldungen aus der Tagespresse. Diskutiert zu obigem Thema!

Meldung 1:

"In meinem Alltag habe ich als Christ oft das Gefühl, ein Einzelkämpfer zu sein. Hier merke ich, dass ich nicht allein bin, und das ist mir eine große Hilfe."So begründet Georg (22) aus Schwabing seine 6. Teilnahme an der Korbinianswallfahrt der Jugend. Die Korbinianswallfahrt erinnert jedes Jahr an den ersten Bischof auf dem Freisinger Domberg. Ein Tag der Jugend wurde der Gedenktag in den Nachkriegsjahren, als die Zahl der teilnehmenden Erwachsenen immer mehr zurückging.

Meldung 2:

Von den Vereinten Nationen wurde die internationale katholische Friedensbewegung "Pax Christi" kürzlich mit der Urkunde "Friedensbote" ausgezeichnet. Die Urkunde ist eine Anerkennung des Beitrags, den die katholische Friedensbewegung zum Programm des "Internationalen Jahres des Friedens" geleistet hat.

Meldung 3:

Mehr als 20 Millionen Menschen in den USA hungern. Zu diesem Ergebnis kam die Studie einer Bostoner Ärztevereinigung. Paradoxerweise nehme die Zahl der Hungernden trotz Wirtschaftswachstums zu, weil das Gesamtvermögen zusehends ungerechter verteilt werde. In den USA leben 32,4 Millionen Menschen unterhalb der Armutsgrenze.

Meldung 4:

Zu größter Rücksichtnahme auf die Natur haben die Umweltbeauftragten der sieben bayerischen Diözesen die Wintersportler zu Beginn der Skisaison aufgefordert. Unachtsamkeit oder Mutwillen könnten zu ernsthaften Schäden in der Tier- und Pflanzenwelt führen, heißt es in einer in München veröffentlichten Stellungnahme der Umweltbeauftragten. Darin werden die Wintersportler aufgerufen, markierte Pisten und gespurte Loipen nicht zu verlassen und nicht in unberührte, schützenswerte Gebiete einzudringen. Ein wesentlicher Beitrag zum Schutz der Natur sei auch, nur dann Ski zu fahren, wenn natürlicher Schnee vorhanden ist. Die mit Schneekanonen aufgebrachte Wassermenge könne zu Erosionen führen, den Wasserhaushalt beeinträchtigen und die Pflanzen schädigen, warnen die Umweltbeauftragten. Eine persönliche Einschränkung im Freizeitverhalten der Wintersportler könne ein weitsichtiger Beitrag zur Erhaltung der Umwelt sein.

Meldung 5:

"In der Reichskristallnacht haben die Deutschen nicht protestiert. Daher sind wir heute um so mehr verpflichtet, gegen Unrecht, wie zum Beispiel in der Asylfrage, anzugehen", sagte Pfarrer Waldemar Pisarsky in seiner Predigt während des Friedensgebetes, einer Veranstaltung der Evangelischen Jugend München (EJM) und des Bundes der Deutschen Katholischen Jugend (BDKJ) Region München/Dachau in der evangelischen Versöhnungskirche auf dem Gelände der KZ-Gedenkstätte Dachau.

Meldung 6:

Zehn lange Jahre wurde Frau M. von ihrem Mann misshandelt. Aus Angst vor ihm ist sie mit ihren drei Kindern, das jüngste ist gerade zwei Jahre alt, immer wieder weggelaufen. Häufig bekam Frau M. von ihrem Mann nicht einmal Haushaltsgeld. Er hatte sein Gehalt verspielt und vertrunken. Deshalb ging Frau M. in ihrer Not so weit, immer wieder Lebensmittel, auch Pullover und Unterwäsche für die Kinder zu stehlen. Seit der endgültigen Trennung von ihrem Ehemann lebt Frau M. allein mit ihren Kindern. Sie hatte sogar eine schöne Arbeit. Wegen der Diebstähle wurde sie aber zu einer sechsmonatigen Haftstrafe verurteilt. Deswegen verlor sie ihren Arbeitsplatz, und die Kinder kamen ins Heim. Zu Weihnachten wird Frau M. auf Grund der Weihnachtsamnestie aus der Haft entlassen. Am glücklichsten wäre Frau M., wenn ...

Meldung 7:

"Für eine Erde, auf der Kinder leben können!", so heißt das Motto der Sternsinger-Aktion im nächsten Jahr. Zur Vorbereitung auf die Aktion haben das Päpstliche Missionswerk der Kinder in Deutschland und der Bund der Deutschen Katholischen Jugend eine Broschüre mit dem Titel "Sternsinger-Gruß" herausgegeben.

Meldung 8:

In Äthiopien sind erneut 5 Millionen Menschen vom Hungertod bedroht. Der Deutsche Caritas-Verband, die Hilfsorganisation der katholischen Kirche, hat daher an alle Bundesbürger den dringenden Appell gerichtet, wie bereits im letzten Jahr wieder großzügig zu spenden. Benötigt werden etwa 25 Millionen DM zur Beschaffung von Nahrungsmittel und zur Lösung von Transportproblemen, um die Hilfsgüter schnell und zuverlässig in die am meisten heimgesuchten Regionen Äthiopiens bringen zu können.

Könnt ihr dieser Aussage zustimmen? ❍ ja ❍ nein

Es gibt für jeden Menschen eine persönliche Verantwortung, die er selbst und allein übernehmen muss. Diese Verantwortung können wir aber auch mit anderen Menschen tragen. Im Auftrag Gottes haben wir uns um die Zukunft, um eine gesunde Umwelt und um ein friedliches Miteinander zu kümmern.

RELIGION	Name:	Klasse:	Datum:	Nr.

Wie reagiert Maria, als Gott etwas von ihr will?

❶ Maria hat aus sich eine "Magd" gemacht. Das Wort "Magd" kann so gedeutet werden:

M wie ______________________________

A wie ______________________________

G wie ______________________________

D wie ______________________________

❷ Maria zeigt sich auch auf der Hochzeit zu Kana als Dienerin.
Kreuzt die richtigen Aussagen an!

❍ Maria trägt Jesus das Problem vor.
❍ Maria "kehrt das Problem unter den Teppich".
❍ Maria muss sich belehren lassen.
❍ Maria belehrt die Diener.
❍ Maria fordert die Diener zum Gehorsam auf.
❍ Maria wird von jesus zurecht gewiesen.

❸ Stimmt folgende Aussage? ❍ ja ❍ nein
Maria, eine junge Frau, vertraut auf Gott. Sie ist Schwester und Vorbild im Glauben. Durch Maria erfahren wir Christen, dass zum unangepasstem Leben Mut gehört.

❹ Gott hat aus Maria eine "Begnadete" gemacht.
Das Wort "Begnadete" kann so gedeutet werden:

B wie ______________________________

E wie ______________________________

G wie ______________________________

N wie ______________________________

A wie ______________________________

D wie ______________________________

E wie ______________________________

T wie ______________________________

E wie ______________________________

❺ Was zeigt uns die Verkündigung an Maria?
Kreuzt die einzig falsche Aussage an!
❍ Menschen werden von Gott überrascht.
❍ Menschen müssen dem An-ruf Gottes antworten.
❍ Menschen bekommen von Gott eine Zusage.
❍ Menschen entscheiden selbst über Gottes An-ruf.

GOTT

AN
SPRUCH

RELIGION	Name:	Klasse:	Datum:	Nr.

Lösung: Wie reagiert Maria, als Gott etwas von ihr will?

❶ Maria hat aus sich eine "Magd" gemacht. Das Wort "Magd" kann so gedeutet werden:

M wie ***MIT***
A wie ***ALLEM***
G wie ***GOTT***
D wie ***DIENEN***

❷ Maria zeigt sich auch auf der Hochzeit zu Kana als Dienerin.
Kreuzt die richtigen Aussagen an!

● Maria trägt Jesus das Problem vor.
❍ Maria "kehrt das Problem unter den Teppich".
● Maria muss sich belehren lassen.
❍ Maria belehrt die Diener.
● Maria fordert die Diener zum Gehorsam auf.
● Maria wird von Jesus zurecht gewiesen.

❸ Stimmt folgende Aussage? ● ja ❍ nein
Maria, eine junge Frau, vertraut auf Gott. Sie ist Schwester und Vorbild im Glauben. Durch Maria erfahren wir Christen, dass zum unangepasstem Leben Mut gehört.

❹ Gott hat aus Maria eine "Begnadete" gemacht.
Das Wort "Begnadete" kann so gedeutet werden:

B wie ***Botschaft hören***
E wie ***eine Überraschung erleben***
G wie ***Gnade finden***
N wie ***nicht Angst haben***
A wie ***An-sprüche hören und erfüllen***
D wie ***dem Willen Gottes gehorchen***
E wie ***eine Zusage haben***
T wie ***Treue zeigen***
E wie ***eine Entscheidung treffen***

❺ Was zeigt uns die Verkündigung an Maria?
Kreuzt die einzige falsche Aussage an!
❍ Menschen werden von Gott überrascht.
❍ Menschen müssen dem An-ruf Gottes antworten.
❍ Menschen bekommen von Gott eine Zusage.
● Menschen entscheiden selbst über Gottes An-ruf.

GOTT

AN-SPRUCH

RELIGION	Name:	Klasse:	Datum:	Nr.

Maria hört den "An-spruch" Gottes und vertraut ihm

Verkündigung an Maria

Zu der Zeit sandte Gott seinen Engel in die Stadt Nazaret in Galiläa zu einer Jungfrau, die verlobt war mit Joseph, einem Nachkommen Davids. Ihr Name war Maria. Und Gabriel, der Engel, trat zu ihr hinein und sprach: "Sei gegrüßt Maria. Du hast Gnade gefunden. Gott ist mit dir."

Maria erschrak über diese Worte, und es ging ihr durchs Herz, was wohl ein solcher Gruß bedeuten sollte. Da sagte der Engel: "Fürchte dich nicht! Gott hat dich erwählt. Du wirst ein Kind bekommen, einen Sohn, den sollst du Jesus nennen. Er wird groß sein und ein König auf dem Thron Davids. Gott, der Höchste, wird sein Vater sein und wird ihn zum ewigen König machen über das Volk Gottes, und er wird herrschen ohne Ende."

Als der Engel sah, dass Marias voller Angst und Zweifel war, wie das zugehen sollte, sagte er: "Erschrick nicht, Maria! Bei Gott ist kein Ding unmöglich. Er vollbringt es durch seinen Heiligen Geist. Deshalb wird auch das Kind, dessen Mutter du sein sollst, Gottes Sohn heißen."

Und Maria vertraute Gott trotz allem Schrecken, der sie ergriff. Sie sagte: „Wie Gott es bestimmt hat, so soll es kommen. Ich will seine gehorsame Magd sein. Mir geschehe nach seinem Willen!"

Die Hochzeit zu Kana

Am dritten Tage war eine Hochzeit zu Kana in Galiläa, und die Mutter Jesu war dort. Auch Jesus und seine Jünger waren zur Hochzeit geladen. Da es an Wein fehlte, sagte die Mutter Jesu zu ihm: "Sie haben keinen Wein mehr!" Jesus aber sprach zu ihr: "Frau, was willst du von mir? Noch ist meine Stunde nicht gekommen." Seine Mutter sagte zu den Dienern: „Was er euch sagt, das tut!" Es standen sechs steinerne Wasserkrüge dort, entsprechend der Reinigungssitte der Juden; davon fasst jeder zwei oder drei Maß. Und Jesus sprach zu ihnen: „Füllt die Krüge mit Wasser!" Und sie füllten sie bis oben. Und er sagte ihnen: „Schöpft nun und bringt dem Tafelmeister!" Und sie brachten ihm. Als aber der Tafelmeister das zu Wein gewordene Wasser kostete, ohne zu wissen, woher er kam - die Diener, die das Wasser geschöpft hatten, wussten es -, rief der Tafelmeister den Bräutigam und sagte zu ihm: "Jedermann setzt zuerst den guten Wein vor und, wenn sie trunken sind, den geringeren; du aber hast den guten Wein aufgehoben bis jetzt."

Diesen Anfang der Zeichen machte Jesus zu Kana in Galiläa und offenbarte seine Herrlichkeit, und es glaubten an ihn seine Jünger.

Die Ankündigung Johannes des Täufers

Während die Menge draußen betete, erschien ihm ein Engel Gottes. Er stand vor ihm auf der rechten Seite des Räucheraltars, und ein Schrecken durchfuhr Zacharias, als er ihn sah. Aber der Bote Gottes sagte: „Fürchte dich nicht, Zacharias! Dein Gebet ist erhört worden. Deine Frau Elisabeth wird einen Sohn bekommen. Du sollst ihm den Namen Johannes geben. Eure Freude an ihm wird übergroß sein. Viele werden sich freuen über seine Geburt, denn er wird gesegnet und auserwählt sein vor Gott. Er wird keinen Wein trinken und wie ein Prophet leben. Und von Geburt an wird der Heilige Geist in ihm sein. Er wird den Weg für Gott frei machen und vor ihm hergehen, gewaltig im Geist wie der Prophet Elia, dass die Ungläubigen fromm werden und Alt und Jung wieder eins werden sollen. Viele aus dem Volk Israel wird er zu Gott bekehren, ja, das ganze Volk wird er vorbereiten, dass es sich Gott wieder zuwendet."

Zacharias sagte zu dem Engel: „Woran soll ich erkennen, ob das wirklich wahr ist? Meine Frau und ich, wir sind beide alt." Da antwortete der Engel: „Ich bin Gabriel, der vor dem Angesicht Gottes steht. Er hat mich geschickt, mit dir zu reden und dir diese freudige Nachricht zu bringen. Und du hast meinen Worten nicht geglaubt! Deshalb sollst du stumm sein und nicht sprechen können, bis auf den Tag, wo alles eintrifft, wie meine Worte es gesagt haben".

Der Engel des Herrn brachte Maria die Botschaft
und sie empfing vom Heiligen Geist.
Gegrüßet seist du, Maria ...
Maria sprach: Siehe, ich bin eine Magd des Herrn
mir geschehe nach deinem Wort.
Gegrüßet seist du, Maria ...
Und das Wort ist Fleisch geworden
und hat unter uns gewohnt.
Gegrüßet seist du, Maria ...

Arbeitsaufgabe: ✍ ☺ ✋ 💡

❶ Was bedeutet das Wort "An-spruch"?
❷ Wodurch lasst ihr euch "an-sprechen"?

RELIGION	Name:	Klasse:	Datum:	Nr.

Wie würdest du dich entscheiden?

❶ Fast alle deiner Klassenkameraden sind dafür, dass du Klassensprecher machst. Zwei sind dagegen.

❍ Ja, ich nehme an.

❍ Nein, ich nehme nicht an.

Da habe ich ____________________

Da werde ich ____________________

Da kann ich ____________________

Da habe ich nicht ____________________

Da werde ich nicht ____________________

Da kann ich nicht ____________________

Nun entscheidest du endgültig: ____________

Dein Freund schreibt:

____
____
____
____
____
____
____
____
____
____

❷ Stelle dir vor, du wärst Maria.
Fülle den Fragebogen an ihrer Stelle aus!

❍ Ja, ich nehme an.

❍ Nein, ich nehme nicht an.

Da habe ich ____________________

Da werde ich ____________________

Da kann ich ____________________

Da habe ich nicht ____________________

Da werde ich nicht ____________________

Da kann ich nicht ____________________

Nun entscheidest du endgültig: ____________

Dein Freund schreibt:

____
____
____
____
____
____
____
____
____
____

RELIGION	Name:	Klasse:	Datum:	Nr.

Propheten erfahren und bezeugen den "An-spruch" Gottes!

Arbeitsaufgaben: ✍ ☺ ✋ 💡

❶ Welche der folgenden Namen sind Propheten?

❍ Elija ❍ Gabriel ❍ Amos ❍ Ezechiel ❍ Jesaija ❍ Johannes der Täufer ❍ Petrus

❷ Was bedeutet das Wort "Prophet"?

❍ Rufer ❍ Verkünder ❍ Prediger ❍ Messias ❍ Täufer ❍ Gerufener

❸ Was sind die Aufgaben der Propheten?

❍ Sie sprechen an Stelle von Gott.
❍ Sie prophezeien den Menschen Gutes und Schlechtes wie Wahrsager.
❍ Sie haben von Gott einen bestimmten Auftrag.
❍ Sie vertreten den Willen Gottes vor den Menschen.
❍ Sie sagen: "So spricht Jahwe".
❍ Sie fordern zur Umkehr auf.
❍ Sie leisten vor allem soziale Dienste am Nächsten.
❍ Sie interpretieren die Heilige Schrift auf neue Weise.

❹ Stimmt folgende Aussage? ❍ ja ❍ nein

Propheten verkünden nicht ihre eigene Meinung, sondern sind von Gott berufen. Man nannte sie auch "Mund Gottes", weil sie die Botschaft Gottes an die Menschen brachten. Die meisten Propheten richteten ihre Warnungen in der Königszeit zwischen 1.000 und 600 vor Christus an das Volk Israel. Es erkannte die Propheten am Botenspruch, der aus einer Botenformel, der Anklage und der Strafandrohung bestand.

❺ Wie wirkte der Prophet Elija im Auftrag Gottes?

❍ Er setzte sich ohne Rücksicht auf sich und andere gegen Baal für Jahwe, den Gott Israels, ein.
❍ Er setzte sich ohne Rücksicht auf sich und andere für Jesus Christus ein.
❍ Er setzte sich ohne Rücksicht auf sich für alle Sterbenden in Kalkutta ein.

❻ Auf welchen Propheten passen diese Aussagen? ❍ Jesaija ❍ Amos ❍ Elija

Er kritisiert die schlechten Verhältnisse, als Israel in wirtschaflicher Blüte steht. Das Volk Israel missachtet die Weisungen des Herrn, befolgt nicht seine Gesetze und lässt sich irreführen von seinen Lügengöttern. Die Reichen unterdrücken die Armen, die Herrschenden leben in Prunksucht und das Recht der Schwachen wird gebeugt.

❼ Woran erinnert dieser Prophet das Volk Israel?

❍ Er sagt, dass Gott eine gerechte Welt will.
❍ Er sagt, dass Gott die Armen bestraft.
❍ Er sagt, dass sich jeder an Gottes Gesetze halten muss.

❽ Im folgenden Text hat sich ein folgenschwerer Fehler versteckt. *Markiere ihn rot!*

Der Prophet Elija droht dem Volk Israel Gottes Strafe an: es wird untergehen. Er wendet sich im Auftrag Gottes gegen die Unterdrückung der Armen durch Reiche. Sein Wirken als Prophet wird durch zwei Anliegen deutlich:

1. Er ruft zur Veränderung ungerechter Zustände auf!
2. Er kritisiert Formen der Gewalt und Ausbeutung!

❾ Welcher Prophet spendete zur Zeit des Königs Ahas dem Volk Israel Trost und gab Hoffnung?

❿ Wie heißt jener Prophet im NT, dessen prophetische Botschaft uns alle angeht?

RELIGION	Name:	Klasse:	Datum:	Nr.

Lö: Propheten erfahren und bezeugen den "An-spruch" Gottes!

Arbeitsaufgaben:

❶ Welche der folgenden Namen sind Propheten?
● Elija ❍ Gabriel ● Amos ❍ Ezechiel ● Jesaija ● Johannes der Täufer ❍ Petrus

❷ Was bedeutet das Wort "Prophet"?
● Rufer ● Verkünder ❍ Prediger ❍ Messias ❍ Täufer ● Gerufener

❸ Was sind die Aufgaben der Propheten?
● Sie sprechen an Stelle von Gott.
❍ Sie prophezeien den Menschen Gutes und Schlechtes wie Wahrsager.
● Sie haben von Gott einen bestimmten Auftrag.
● Sie vertreten den Willen Gottes vor den Menschen.
● Sie sagen: "So spricht Jahwe".
● Sie fordern zur Umkehr auf.
❍ Sie leisten vor allem soziale Dienste am Nächsten.
❍ Sie interpretieren die Heilige Schrift auf neue Weise.

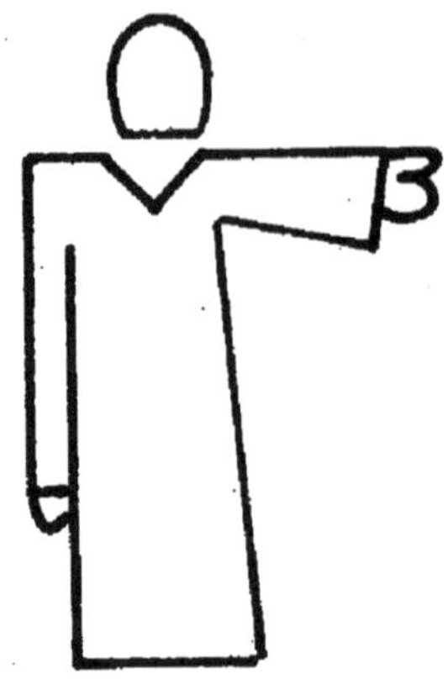

❹ Stimmt folgende Aussage? ● ja ❍ nein
Propheten verkünden nicht ihre eigene Meinung, sondern sind von Gott berufen. Man nannte sie auch "Mund Gottes", weil sie die Botschaft Gottes an die Menschen brachten. Die meisten Propheten richteten ihre Warnungen in der Königszeit zwischen 1.000 und 600 vor Christus an das Volk Israel. Es erkannte die Propheten am Botenspruch, der aus einer Botenformel, der Anklage und der Strafandrohung bestand.

❺ Wie wirkte der Prophet Elija im Auftrag Gottes?
● Er setzte sich ohne Rücksicht auf sich und andere gegen Baal für Jahwe, den Gott Israels, ein.
❍ Er setzte sich ohne Rücksicht auf sich und andere für Jesus Christus ein.
❍ Er setzte sich ohne Rücksicht auf sich für alle Sterbenden in Kalkutta ein.

❻ Auf welchen Propheten passen diese Aussagen? ❍ Jesaija ● Amos ❍ Elija
Er kritisiert die schlechten Verhältnisse, als Israel in wirtschaflicher Blüte steht. Das Volk Israel missachtet die Weisungen des Herrn, befolgt nicht seine Gesetze und lässt sich irreführen von seinen Lügengöttern. Die Reichen unterdrücken die Armen, die Herrschenden leben in Prunksucht und das Recht der Schwachen wird gebeugt.

❼ Woran erinnert dieser Prophet das Volk Israel?
● Er sagt, dass Gott eine gerechte Welt will.
❍ Er sagt, dass Gott die Reichen bestraft.
● Er sagt, dass sich jeder an Gottes Gesetze halten muss.

❽ Im folgenden Text hat sich ein folgenschwerer Fehler versteckt. ***Markiere ihn rot!***
Der Prophet **Amos** droht dem Volk Israel Gottes Strafe an: es wird untergehen. Er wendet sich im Auftrag Gottes gegen die Unterdrückung der Armen durch Reiche. Sein Wirken als Prophet wird durch zwei Anliegen deutlich:
1. Er ruft zur Veränderung ungerechter Zustände auf!
2. Er kritisiert Formen der Gewalt und Ausbeutung!

❾ Welcher Prophet spendete zur Zeit des Königs Ahas dem Volk Israel Trost und gab Hoffnung?
Jesaija

❿ Wie heißt jener Prophet im NT, dessen prophetische Botschaft uns alle angeht? ***Johannes der Täufer***

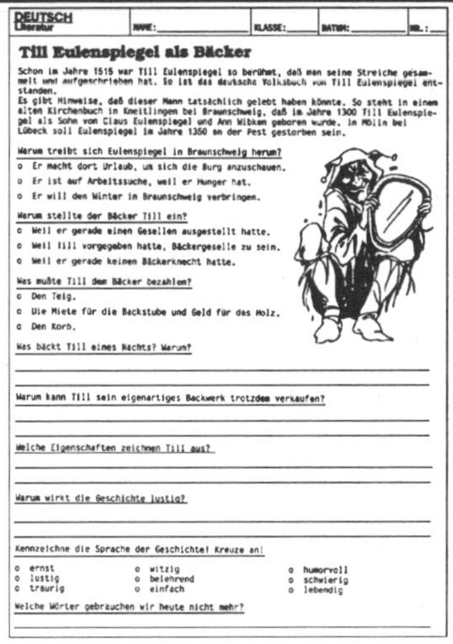

DEUTSCH Literatur | NAME: | KLASSE: | DATUM: | NR.:

Till Eulenspiegel als Bäcker

Schon im Jahre 1515 war Till Eulenspiegel so berühmt, daß man seine Streiche gesammelt und aufgeschrieben hat. So ist das deutsche Volksbuch von Till Eulenspiegel entstanden.
Es gibt Hinweise, daß dieser Mann tatsächlich gelebt haben könnte. So steht in einem alten Kirchenbuch in Kneitlingen bei Braunschweig, daß im Jahre 1300 Till Eulenspiegel als Sohn von Claus Eulenspiegel und Ann Wibken geboren wurde. In Mölln bei Lübeck soll Eulenspiegel im Jahre 1350 an der Pest gestorben sein.

Warum treibt sich Eulenspiegel in Braunschweig herum?
- o Er macht dort Urlaub, um sich die Burg anzuschauen.
- o Er ist auf Arbeitssuche, weil er Hunger hat.
- o Er will den Winter in Braunschweig verbringen.

Warum stellte der Bäcker Till ein?
- o Weil er gerade einen Gesellen ausgestellt hatte.
- o Weil Till vorgegeben hatte, Bäckergeselle zu sein.
- o Weil er gerade keinen Bäckerknecht hatte.

Was mußte Till dem Bäcker bezahlen?
- o Den Teig.
- o Die Miete für die Backstube und Geld für das Holz.
- o Den Korb.

Was bäckt Till eines Nachts? Warum?

Warum kann Till sein eigenartiges Backwerk trotzdem verkaufen?

Welche Eigenschaften zeichnen Till aus?

Warum wirkt die Geschichte lustig?

Kennzeichne die Sprache der Geschichte! Kreuze an!

o ernst	o witzig	o humorvoll
o lustig	o belehrend	o schwierig
o traurig	o einfach	o lebendig

Welche Wörter gebrauchen wir heute nicht mehr?

Inhaltsübersicht:

Fabel: Der Löwe und die Maus (Aesop)
Fabel: Der Fuchs und der Ziegenbock (Aesop)
Märchen: Die drei Federn
Sage: Die Kinder zu Hameln (Gebr. Grimm)
Volkssagen
a. Die Grafen von Eberstein
b. Der Mönch von Heisterbach
c. Die Sage von der Steinernen Brücke
Heldensage: Daidalos und Ikaros (R. Carstensen)
Schwank: Till Eulenspiegel als Bäcker
Schwank: Der listige Kaufherr (J.P. Hebel)
Schwank:
a. Seltsamer Spazierritt (J.P. Hebel)
b. Der kluge Richter (J.P. Hebel)
Erzählung: Das Gegengeschenk (K. Simrock)
Satire: Klagelied einer Wirtshaussemmel (K. Valentin)
Erzählung: Der Ha-Ha (E. Hasler)
Erzählung: Der Diebstahl (W. Bauer)
Kurzgeschichte: Im Warenhaus (A. Drawe)
Erzählung: Die Mutprobe (A. Lindgren)
Kurzgeschichte: Zweimal Begegnung (W. Altendorf)
Erzählung: Der Hund (T. Weißenborn)
Erzählung: Der Retter (W.M. Harg)
Erzählung: Jorgos und der Wolf (W. Helwig)
Satire: Zwillichs Zahlungsmoral (H. Holthaus)
Sachtext: Schreie unter Wasser (R. Ross)
Comics: Vergleich von Comics
Herbstgedichte
a. Herbstlandschaft (K. Krolow)
b. Herbst der kleinen Leute (C. Busta)
c. Verlassene Alm (G. Eich)
d. Novembertag (C. Morgenstern)
Gedicht: Heilige Nacht (L. Thoma)
Gedicht: In dieser Minute (E. Rechlin)
Gedicht: auf dem Lande (E. Jandl)

Deutsch Literatur 5/6
Nr. 568 *148 Seiten* €19,90

DEUTSCH Literatur | NAME: | KLASSE: | DATUM: | NR.:

Die drei dunklen Könige (W. Borchert)

"dunkle" Könige:

Sie stehen stellvertretend für die ganze Kriegsgeneration, zu der auch der Verfasser, Wolfgang Borchert zählt.

Vergleich mit der Weihnachtsgeschichte der Bibel:

DUNKELHEIT

"dunkle Vorstadt"
"Der Mond fehlte."
"Sterne waren nicht da."

LICHT

"Handvoll warmes Licht"
"über das ...Kind"

"Er hatte keinen, dem er dafür die Fäuste ins Gesicht schlagen konnte."

"Er hatte kein Gesicht für seine Fäuste."

Inhaltsübersicht:

Wir vergleichen zwei Geschichten zum Thema Advent/Weihnachten
a. Eine ganz belanglose Geschichte (Hugo Hartung)
b. Die Weihnachtsschlacht (Eveline Hasler)
Das Auto, nach dem man sich sehnt (G. Mikes)
Die Repräsentiertasse (Carlo Manzoni)
Shalom heißt Frieden (Susanne von Schroeter)
Sieben Buben - sieben Zitronen (W. Reichenbach)
Der Dreckspatz (E. Lange)
Onkel Podger macht alles (Jerome K. Jerome)
Mein Zeuge ist Don Gasparro (Sigismund von Radecki)
Die rote Katze (Luise Rinser)
Die drei dunklen Könige (Wolfgang Borchert)
Jenö war mein Freund (Wolfdietrich Schnurre)
Das Gottesurteil (Heinz Risse)
Das Trockendock (Stefan Andres)
Anekdote zur Senkung der Arbeitsmoral (Heinrich Böll)
Reisebericht: Rentiere (G. Kent)
Ballade: Hochzeitslied (J.W. von Goethe)
Ballade: Der Feuerreiter (E. Mörike)
Ballade: Belsazer (H. Heine)
Wir vergleichen Frühlingsgedichte
a. Frühlingsmahnung (Jean Paul)
b. Über das Frühjahr (Bertolt Brecht)
c. Frühjahr (Helmut Zöpfl)
d. Fröhlicher Regen (Georg Britting)
e. April (Georg Heym)
Der Panther (R.M. Rilke)
Sogenannte Klassefrauen (E. Kästner)
Die Verstreuten (H. Piontek)
Wetterhahn (G. Eich)

Deutsch Literatur 7-10
Nr. 569 *144 Seiten* €19,90

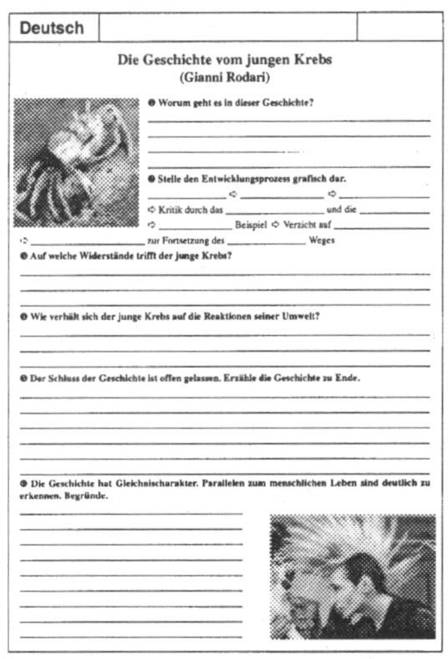

Deutsch

Die Geschichte vom jungen Krebs
(Gianni Rodari)

● Worum geht es in dieser Geschichte?

● Stelle den Entwicklungsprozess grafisch dar.
______ ➪ ______ ➪ ______
➪ Kritik durch das ______ und die ______
➪ ______ Beispiel ➪ Verzicht auf ______
➪ ______ zur Fortsetzung des ______ Weges

● Auf welche Widerstände trifft der junge Krebs?

● Wie verhält sich der junge Krebs auf die Reaktionen seiner Umwelt?

● Der Schluss der Geschichte ist offen gelassen. Erzähle die Geschichte zu Ende.

● Die Geschichte hat Gleichnischarakter. Parallelen zum menschlichen Leben sind deutlich zu erkennen. Begründe.

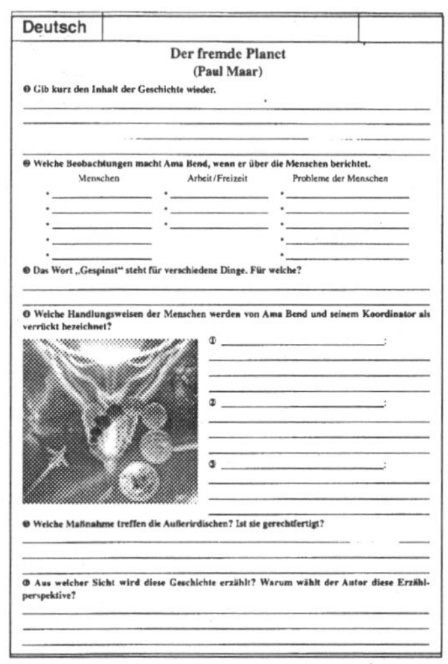

Deutsch

Der fremde Planet
(Paul Maar)

● Gib kurz den Inhalt der Geschichte wieder.

● Welche Beobachtungen macht Ama Bend, wenn er über die Menschen berichtet.

Menschen	Arbeit/Freizeit	Probleme der Menschen
•	•	•

● Das Wort „Gespinst" steht für verschiedene Dinge. Für welche?

● Welche Handlungsweisen der Menschen werden von Ama Bend und seinem Koordinator als verrückt bezeichnet?
① ______:
② ______:
③ ______:

● Welche Maßnahme treffen die Außerirdischen? Ist sie gerechtfertigt?

● Aus welcher Sicht wird diese Geschichte erzählt? Warum wählt der Autor diese Erzählperspektive?

Inhaltsübersicht:

1. G. Rodari: Die Geschichte vom jungen Krebs
2. P. Maar: Der fremde Planet
3. H. W. Franke: Gedankenkontrolle
4. Cyril Hare: Ein perfekter Mord
5. G. Ruck-Pauquet: Arbeitslos
6. A. Bröger: Ihr dürft mir nichts tun
7. P. Härtling: Die Möhre
8. P. Janda: Die Traumschule
9. E. Bregln: Stadt der Fahrräder
10. S. Lageröf: Es gibt immer einen Ausweg
11. S. v. Radecki: Eine eilige Geschichte
12. J. Reding: Die Bulldozer kommen
13. C. Nöstlinger: Unterschrift des Vaters
14. L. Geer: Die Schwimmprobe
15. H. Erdmann: Georg soll springen
16. R. Bradbury: Die Rache der Stadt

Kurzgeschichten u. Erzählungen 5./6.
Nr. 529 *108 Seiten* €17,50

Inhaltsübersicht:

Vorwort
Inhaltsverzeichnis
Definition „Kurzgeschichte"
Lesebuchgeschichten (W. Borchert)
So ein Rummel (H. Böll)
Nachts schlafen die Ratten doch (W. Borchert)
Die Probe (H. Malecha)
Das Stenogramm (M. von der Grün)
Brudermord im Altwasser (G. Britting)
Ein Kind töten (S. Dagerman)
Ein Freund der Regierung (S. Lenz)
Der Weg hinaus (H. Eisenreich)
An diesem Dienstag (W. Borchert)
Der Lacher (H. Böll)
Der Mensch, den ich erlegt hatte (G. Gaiser)
Saisonbeginn (E. Langgässer)
Die Küchenuhr (W. Borchert)
Der Tunnel (F. Dürrenmatt)

Kurzgeschichte Band I
Nr. 570 *120 Seiten* €17,90

Inhaltsübersicht:

W. Schnurre: Der Brötchenclou
L. Graf: Nichts Besseres zu tun
E. Junge: Der Sieger
H. Geck: Die Dynamitpatrone
N. Schindler: Haltestelle
S. Andres: Die beinah verhinderte Weihnacht
H. Bender: Die Wölfe kommen zurück
G. Weisenborn: Zwei Männer
G. Eich: Züge im Nebel
H. Böll: Die Waage der Baleks
W. Schnurre: Die Tat
E. Langgässer: Untergetaucht
W. Borchert: Die Kegelbahn
W. Borchert: Da gibt es nur eins

Kurzgeschichte Band II
Nr. 826 *124 Seiten* €17,90

Deutsch

Stundenbilder

362 **7. Schuljahr** *160 S.* ✍ 20,90
363 **8. Schuljahr,** *160 S.* ✍ 19,90
401 **9. Schuljahr,** *148 S.* ✍ 19,90

Deutsch integrativ

942 **7. Schuljahr** *118 S* ✍ 17,90
943 **8. Schuljahr** *150 S.* ✍ 20,50
944 **9. Schuljahr** *1 60 S.* ✍ 21,50

Rechtschreiben

487 **Rechtschreiben 7.-10.,** *96 S.* ✍ 16,90
543 **Mein Rechtschreib-Regelheft**
Schülerheft, *48 S. DIN A 4* ✍ 9,90
Im Klassensatz nur 6,90

Nachschriften/Diktate UP
mit abwechslungsreichen Übungen zu den einzelnen Nachschriften, Arbeitsblättern zur Überprüfung des Lernerfolges und weiteren Arbeitsmaterialien. Die Texte greifen Themen aus den Sachfächern auf.

906 **7./8. Schuljahr,** *96 S.* ✍ 16,90
907 **9./10. Schuljahr,** *96 S.* ✍ 16,90

Sprachlehre

434 **Sprachlehre 7.-10.** *136 S.* ✍ 19,90
483 **Sprachlehre KP 7./8.** *96 S.* ✍ 16,90
486 **Sprachlehre KP 9./10.** *128 S.* ✍ 18,90
988 **Sprach-Spiel-Spaß 7.-9.** *66 S.* ✍ 13,90

Aufsatzerziehung

864 **7./8. Schuljahr** ✍ 21,50
mit Stundenbildern, 160 S.
865 **9./10. Schuljahr** ✍ 21,50
mit Stundenbildern, 160 S.
911 **Kreatives Schreiben 7.-10.** ✍ 16,90
Techniken, Tipps, Schülerbeisp. 96 S.
976 **Aufsatz - mal anders 7.-10.** ✍ 15,90
80 S.
482 **Aufsatz 7./8.** ✍ 15,90
Kopierheft, 80 Seiten

485 **Aufsatz 9./10.** ✍ 16,90
Kopierheft, 96 Seiten

Begleithefte zu aktueller Jugendliteratur

914 **Jugendbücher 9./10.** *106 S.* ✍ 15,90

Gedichte

427 **7.-9. Schuljahr** 17,90
122 Seiten, 17 Gedichte z.B. von Kästner, Rilke, BrittingTucholsky, Fontane, Bachmann, Eichendorff...
510 **10. Schuljahr** ✍ 15,90
92 Seiten, 16 Gedichte z.B. von Goethe, Hölderlin, Benn, Brecht, Celan, Hesse, Heym, Huchel, Kästner, George...

Literatur/Lesen

570 **Kurzgeschichte Band I** ✍ 17,90
Texte v. Borchert, Böll, Lenz, Gaiser, Dürrenmatt, Langgässer...
120 S., 15 StB, 20 AB, 13 FV
826 **Kurzgeschichte Band II** ✍ 17,90
Texte v. Eich, Schnurre, Bender, Andres, Borchert, Böll..., 124 S.
571 **Erzählung,** *104 S.* ✍ 16,90
572 **Fabel/Parabel/Anekdote** ✍ 21,50
160 S., 22 StB, 23 AB, 23 FV
573 **Märchen/Sage/Legende,** *176 S.* ✍ 21,90
574 **Satire/Glosse.../Schwank** ✍ 16,90
96 S., 13 StB, 14AB, 14 FV
577 **Novelle** ✍ 20,90
152 S., 5 Novellen von G. Keller, J. Gotthelf, G. Hauptmann, A. v. Droste-Hülshoff, E.T.A. Hoffmann
578 **Roman** ✍ 21,50
172 S., Abenteuer-Roman, Jugend-Roman, Zukunfts-Roman, Kriminal-Roman, Entwicklungs-Roman, Gesellschafts-Roman
579 **Lyrik** ✍ 19,90
136 S., 18 Gedichte von Mörike, Hesse, Brecht, Fontane, Goethe, Schiller, Kaschnitz, Jandl...
580 **Texte aus den Massenmedien** ✍ 19,90
144 S., Kommentar, Nachrichten, Reportage, Bericht, Werbung - aus Zeitungen, Magazinen, TV, Rundfunk
581 **Triviale Texte** ✍ 19,90
Merkmale, Figuren, Handlungsschemata und Wirkung von Groschenheften, Western, Krimis, Arzt- und Heimatromanen, Comics im Vergleich mit literarischen Texten, 136 S.
538 **Gründlicher lesen-besser verstehen mehr behalten,** *78 S.* ✍ 14,90
999 **Liebe-und jeder meint was anderes**
25 Geschichten zum Lesen und Diskutieren
54 S. ✍ 11,90

Mathematik

Stundenbilder

340 **7. Schuljahr,** *160 S.* € ✍ 21,50
Dezimalbrüche, Prozentrechnung, Terme/Gleichungen, Größen, Proportionalität
341 **8. Schuljahr,** *164 Seiten* € ✍ 21,50
Taschenrechner, Prozentrechnung, Zinsrechnung, Gleichungslehre...
342 **9. Schuljahr,** *158 Seiten* € ✍ 21,50
Geschwindigkeitsaufgaben, Verhältnisrechnung, Gleichungen,...

Geometrie

343 **7. Schuljahr** *134 S.* € ✍ 18,90
Dreiecke, Vierecke, Gerade Prismen,
344 **8. Schuljahr,** *144 Seiten* € ✍ 19,90
Vielecke, Kreis, gerade Körper
345 **9. Schuljahr,** *138 Seiten* € ✍ 19,90
Konstruktionen, Pythagoras, gerade und spitze Körper, zusammengesetzte KörperÜbungen und Rechenspiele

Lernzielkontrollen

Proben in Mathematik und Geometrie

328 **7./8. Schuljahr,** *86 S.* € ✍ 15,90
986 **9. Schuljahr,** *77 S.* € ✍ 14,90

Mathe-Kartei 7.-10. Schuljahr
Übungsaufgaben mit Lösungen zur Lernzielkontrolle, Wiederholung, Partner- u. Freiarbeit

854 **Zuordnungen/Einführung** $ 6,90
897 **Zuordnungen/weiterf. Aufgaben** $ 6,90
855 **Größen/Rationale Zahlen** $ 6,90
856 **Prozentrechnen/weiterf. Aufgaben** $ 6,90
899 **Bruchrechnen** $ 6,90
915 **Regelmäßige Vierecke** $ 6,90

Konzentration/Denksport

Geistreiche und vergnügliche Denkspiele, nicht nur für den Mathematikunterricht

873 **Gripsfit 7.-10. Schulj.,** *78 S.* ✍ 15,50

Religion

Unterrichtspraxis Kath. Religion

918 **Religion UP 7.,** *144 S.* ✍ 19,90
623 **Foliensatz zu Religion 7.** $ 9,90
919 **Religion UP 8.** *130 S.* ✍ 18,90
618 **Religion UP 9./10.,** *144 S.* ✍ 19,90

Ethik

UP nach Themenkreisen

614 **In sozialer Verantwortung leben und lernen** *110 S.* ✍ 17,90
615 **Weltreligionen unter religiösen und sozial-ethischen Gesichtspunkten** *120 S.* ✍ 17,90
616 **Nach ethischen Maßstäben entscheiden und handeln** *88 S.* ✍ 15,90
617 **Ethische Grundfragen in der Literatur** *102 S.* ✍ 16,90

Erdkunde

Stundenbilder

331 **Asien und Afrika** ✍ 21,50
160 S., 19 StB, 30 AB, 18 FV
333 **Amerika** ✍ 21,50
Topographie,...160 S.
330 **Entwicklungsländer** ✍ 19,90
138 S.
332 **Naturkatastrophen** ✍ 19,90
144 S.
870 **Russland/GUS** ✍ 15,90
661 **Folien zu Russland/GUS** 21,50
9 Farbfolien, 36 Schwarzweißfolien

Geschichte

Stundenbilder

312 **Neuzeit bis Ende 18. Jahrhundert**
176 S. ✍ 21,90
831 **19. Jahrhundert u. Imperialismus**
112 S. ✍ 17,90
832 **I. Weltkrieg u. Weimarer Republik**
128 S. ✍ 18,90

€ = Alle Aufgaben in Euro und Cent | $ = Sonderpreistitel | ✍ = Neue Rechtschreibung